W0071902

RUEDIGER DAHLKE

RITA FASEL

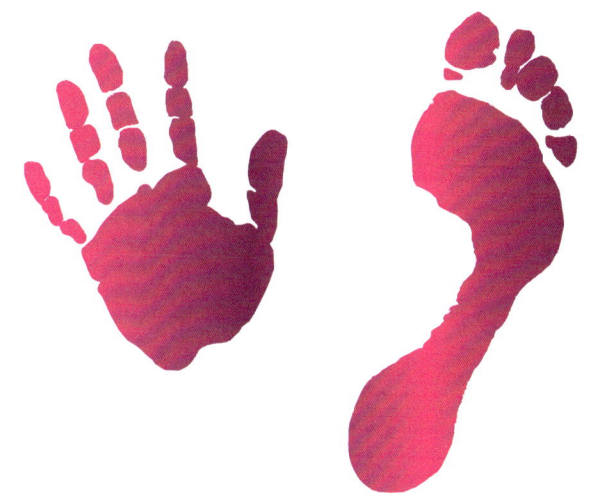

die **spuren**

der **seele**

WAS HAND UND FUSS ÜBER
UNS VERRATEN

IMPRESSUM

© 2010 GRÄFE UND UNZER VERLAG GMBH, München
Alle Rechte vorbehalten.
ISBN: 978-3-8338-1731-1

Bildnachweis: Corbis: S. 106; Getty Images: S. 16, 170;
Jahreszeitenzeiten Verlag: S. 10; Jump: S. 153, 172;
Plainpicture: S. 66; Stock Masterfile: S. 6, 96, 128
Alle anderen Fotos: Raïssa Lara Fasel

Titelgestaltung und Titelillustration: Hilden Design, München / www.hildendesign.de
Innenlayout: Sabine Krohberger
Illustrationen: Axel Hummert
Druck und Bindung: Firmengruppe Appl, Wemding

Die im Buch veröffentlichten Ratschläge wurden mit größter Sorgfalt erarbeitet
und geprüft. Eine Garantie kann jedoch nicht übernommen werden. Ebenso wird eine
Haftung für Personen-, Sach- oder Vermögensschäden ausgeschlossen.

4. Auflage 2010
www.graefeundunzer-verlag.de

GRÄFE
UND
UNZER

Ein Unternehmen der
GANSKE VERLAGSGRUPPE

Inhalt

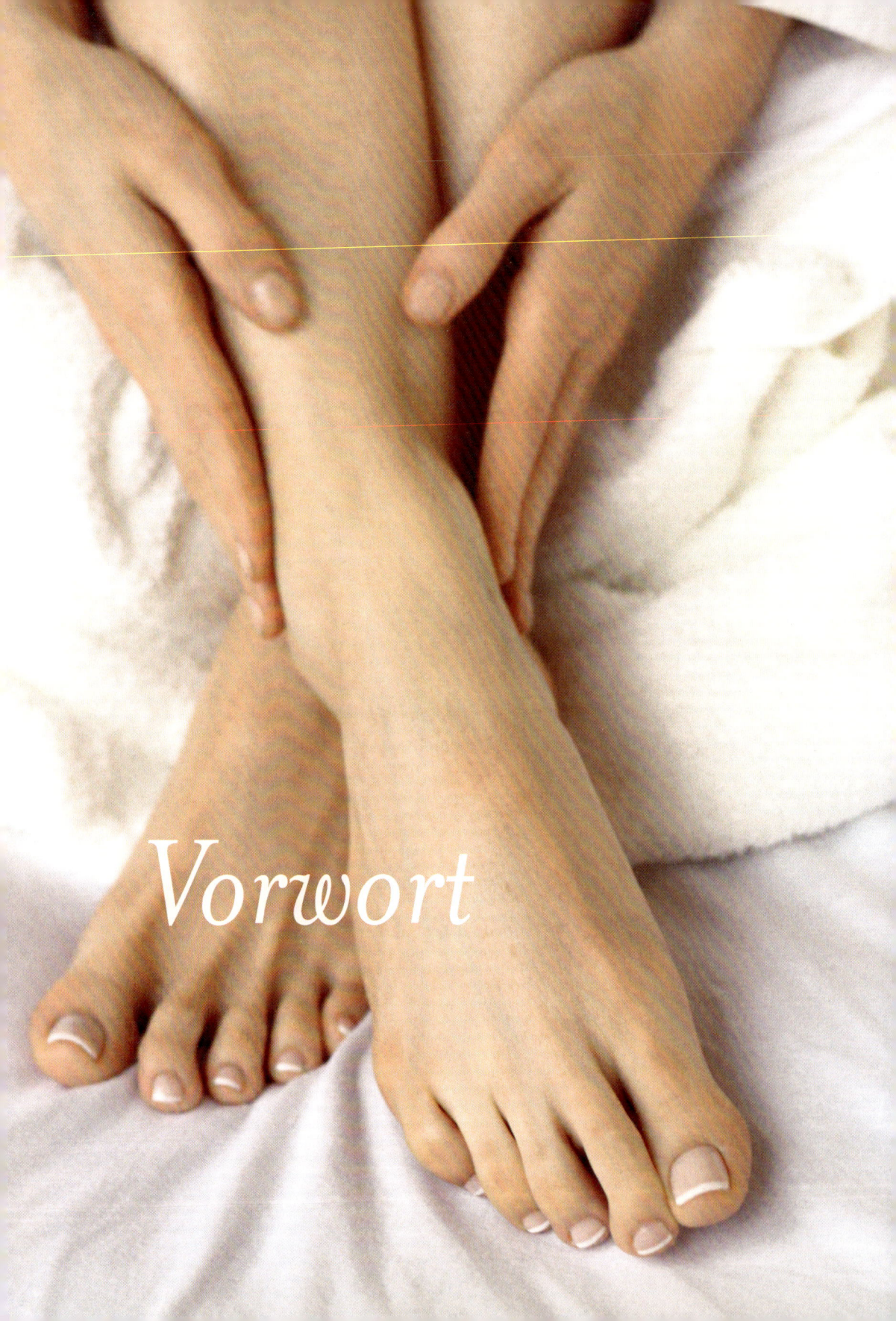

Vorwort

ZUR EINSTIMMUNG

*Schon immer haben mich Heiler und Ärzte besonders beeindruckt, die über einen
speziellen ärztlichen Blick verfügen, der ihr wichtigstes Arbeitsinstrument ist.*

Ruediger Dahlke

Wahrscheinlich hat meine Faszination für das besondere innere Instrumentarium eines
Heilkundigen, das er stets mit sich trägt, mit meinem Großvater zu tun, der – ebenfalls
Arzt – mich damit überraschte, was er alles an anderen Menschen sehen und durch-
schauen konnte. Als ich ihn als Kind darauf ansprach, verwies er auf ein Buch mit dem
Titel *Der ärztliche Blick*. Diesen weiterzuentwickeln habe ich mich in meiner Arztzeit
immer bemüht.

Auch meine Homöopathielehrer beeindruckten mich in dieser Richtung. Martin
Stübler verblüffte mit Ausdrücken wie: »Schau, da kommt Ignatia.« Ich sah nur eine
Frau auf uns zukommen, während er ganze Mittelbilder in Menschen erblickte. Willibald
Gawlik erkannte in Menschen nicht selten ihre Geschichte und verband sie mit Mythen
und Märchen und berührte mich mit seiner Bildung und dem Bilderreichtum seiner
persönlichen Arzneimittellehre. Ein anderer ärztlicher Lehrer konnte das Geschlecht
ungeborener Kinder aus den Augen der Mutter erkennen, und einer riet mir, den Patienten in die Augen zu schauen, um dort zu sehen, ob ich das richtige Mittel gefunden hätte.
So weit habe ich es nie gebracht. Aber in meiner Sportzeit, als ich Berge und trockene
Wildbäche hinunterrannte, gewann ich den Eindruck, dass meine Füße und Zehen mit
der Zeit sehen lernten; später lernte ich meine Partnerin Rita Fasel kennen, die Füße und
Zehen wirklich sehen kann.

Schon Paracelsus, der Begründer der modernen Medizin, hatte zu dieser Sichtweise
aufgefordert, wenn er sagte, ein Arzt müsse aus der Umgebung des Patienten auf dessen
Krankheitsbilder schließen können und umgekehrt aus den Krankheitssymptomen auf
die Umgebung des Patienten. Aus diesem Grund fand ich Hausbesuche immer lohnend.
Paracelsus sagte außerdem, dass ein Arzt, der nichts von Astrologie verstehe, keiner sei.

Natürlich meinte er damit nicht die Astrologie heutiger Illustriertenhoroskope, sondern die Urprinzipienlehre, die uns in diesem Buch am Beispiel von Hand und Fuß detailliert beschäftigen wird, und nach den *Schicksalsgesetzen*[1] meine Arbeit am meisten bestimmt.

An meiner Partnerin, Rita Fasel, fiel mir rasch auf, wie viel mehr sie über Menschen wusste und was sie ihnen alles ansah – in der Iris der Augen, aber noch elementarer an der Gestalt der Hände und Füße. So lag es nahe, nach dem Buch *Der Körper als Spiegel der Seele*, das sich mit der Deutung des ganzen Körpers beschäftigt, zusammen mit ihr speziell über Hände und Füße zu schreiben, die besonders aussagekräftig und aufschlussreich sind. Zu Hilfe kam uns bei den Händen Pascal Stössel, eine Koryphäe der Handdeutung.[2]

> *Gesundheit ist ein Geschenk, das man sich selbst geben darf!*
> Rita Fasel

Von Kindesbeinen an haben mich die Augen meiner Mitmenschen gleichermaßen fasziniert und interessiert und die Irisdiagnose zu meinem ersten Herzensanliegen gemacht. Später lernte ich aus Fuß und Hand ähnlich treffsicher zu lesen, und das ganz ohne technische Hilfsmittel. In den Teenagerjahren habe ich viele Handlesebücher verschlungen und wurde so – nur zum Spaß – zur Handleserin im Freundeskreis. Der Kontakt zu einer arabischen Fußleserin brachte mir die Füße noch näher als die Hände, und nach einigen Praktikumsjahren und vielen Fußlese-Erfahrungen konnte ich mit Fußanalysen noch weiter kommen als mit Handdeutungen. Das Bild der Persönlichkeit hat sich dadurch für mich noch erweitert und vor allem auch vertieft.

Wenn ich heute in Beratungen oder Seminaren Menschen oft längst vergessene, aber immer noch im Unterbewusstsein und im Körper schlummernde Themen und Probleme aufzeige, wie auch verschlafene Impulse wecke, blicke ich oft in erstaunte Augen. Sie drücken aus, wie überrascht, aber auch begeistert ihre Besitzer über all das sind, was ihnen die eigenen Füße »enthüllen«. So kommen meine beiden heutigen Interessenschwerpunkte – Augen und Füße – dann doch immer wieder zusammen.

Noch schöner ist es, mitzuerleben, wie sich Füße verändern, nachdem ein Muster erkannt und durchschaut ist und sich das Leben dadurch gewandelt hat. Als ich einem

---

1 Ruediger Dahlke, *Die Schicksalsgesetze – Spielregeln fürs Leben: Resonanz – Polarität – Bewusstsein*, München 2009.
2 Siehe auch die Internet-Seite von Pascal Stössel: www.handanalysis.ch

Ehepaar die Füße deutete, bekam ich nebenbei auch die Kinderfüßchen ihrer Tochter zu Gesicht. Ein extrem gestauter, nach oben biegsamer Aggressionszeh (rechter mittlerer Zeh) schrie gleichsam nach Entlastung. Als Einzelkind hatte das Mädchen gelernt, auf die Eltern Rücksicht zu nehmen, und sich selbst bereits mit acht Jahren hintangestellt. Mit den vielen geschluckten Aggressionen war es auch in der Schule ausgesprochen schüchtern geblieben. Es genügte, die elterliche Aufmerksamkeit auf diese Situation zu lenken, einige Vorschläge von offensiven Gesprächen über Kreativitätstraining bis zu Tanzen und Trommeln zu machen, und das junge Leben befreite sich dramatisch. Die Wandlung begann mit ungewohnt wilden Zeichnungen und erreichte über weitere Befreiungsaktionen schließlich ein ausgelassenes Stadium von sympathischer Lebendigkeit, das auch die Eltern ungleich glücklicher machte als der ursprünglich gestaute Energie- und Lebenszustand.

Die meisten Menschen reagieren auf Fußanalysen beschwingt, befreit und glücklich, wenn ich es wage, auch die wunden Punkte anzusprechen – ihre Hühneraugen im übertragenen Sinn, die Punkte, wo sie der Schuh (im Leben) drückt oder ihnen jemand auf den Zehen steht. Es macht mir große Freude, Menschen auf die eigenen Füße zu helfen, indem ich ihnen ausgehend von den Händen und Füßen Auswege aufzeige. Nicht wenige schweben davon, nehmen ihr Leben viel besser in die eigenen Hände und stehen auch besser da. Ich hoffe sehr, dass Sie nach der Lektüre diese Freude mit uns teilen können.

Der Mensch

DEN GANZEN MENSCHEN SEHEN

Warum treiben Menschen so viel Aufwand mit Kosmetik, Frisuren, Bärten und selbst mit plastischer Chirurgie? Immer steht dahinter der Wunsch, sich nicht so zu zeigen, wie man ist. Wir neigen zum Verbergen, und sei es nur von aschfahler, unlebendiger Haut. Wer lässt sich schon gern in die Karten schauen?

Aber wir würden nur zu gern den anderen in dieselben blicken. So haben wir uns daran gewöhnt, in einer Gesellschaft von Pokerspielern zu leben – mit entsprechendem Pokerface. Jeder hinter seinen Mauern verborgen und doch bemüht, hinter die Mauern anderer zu blicken, hinter ihre Geheimnisse zu kommen, ohne etwas von sich preiszugeben.

Manchmal denken sich astrologisch vorgebildete Menschen, sie hätten gern ein Horoskop ihres Gegenübers, bevor sie sich tiefer mit ihm einlassen. Viele brauchen viel Zeit und können erst nach langen Erfahrungen Vertrauen entwickeln. Andere würden gern wenigstens einen Blick in den Bücherschrank jenes Menschen werfen, mit dem sie zu tun bekommen. Junge Leute, die sich heute im Rahmen von Single-Gesellschaft und One-Night-Stands schnell *aufeinander* einlassen, haben oft nicht einmal mehr einen, aber was sie immer haben, sind Hände, und die müssen sie irgendwann auf den Tisch legen. Später in der Beziehungsanbahnung müssen sie auch ihre Füße zeigen, und zwar nackt. Denn längst hat sich herumgesprochen, dass, wer die Socken anlässt, in der Regel kalte Füße und damit Angst vor der neuen Situation hat. Er verbirgt mit seinen Füßen eine Visitenkarte, wie sie ehrlicher nicht sein könnte. Vielleicht ist es also unbewusste Absicht, wenn die Socken »in der Eile« vergessen und angelassen werden. Man(n) will sich dann noch nicht so ganz offen zeigen, sondern lieber verbergen, wie er im Leben steht und welche Ängste, welcher Kummer ihn betrüben, welche Wünsche und Freuden ihn andererseits antreiben. Das alles und noch viel mehr ließe sich nämlich an seinen Zehen ablesen.

Wer die Hände auf den Tisch legt und sich auf die blanken Füße schauen lässt, schafft damit nackte Tatsachen. Er offenbart sich in umfassender Weise denjenigen, die beides zu lesen verstehen. Die Hände zeigen unser Ver*hält*nis zur Welt, die Füße unser Ver*ständ*nis von uns selbst. Für ein erfolgreiches Leben mag Ersteres entscheidend sein, für ein glückliches Leben aber ist Letzteres mindestens genauso wichtig.

Während wir die Hände ständig der Welt zeigen, behalten wir unsere Wurzeln meist lieber für uns. Damit ist auch die häufig anzutreffende Diskrepanz zwischen oben und unten zu verstehen. Nicht selten gehören zu gepflegten Händen ziemlich heruntergekommene, vernachlässigte Füße, die von der Missachtung der eigenen Wurzeln erzählen. Dies passt zum modernen Trend, denn wir nehmen heute das Sichtbare wichtiger als das vermeintlich Unsichtbare, nach der Devise »Mehr scheinen als sein«. Somit sind uns die Hände im wahrsten Sinne des Wortes näher als die Füße. Menschen, die dem alten Modell des Unterstatement folgen und mehr sein als scheinen wollen, könnten sich dagegen bevorzugt zum Ver*ständ*nis der Füße hingezogen fühlen.

Moderne Menschen möchten zudem mehr über andere als über sich selbst wissen. Ersteres bringt ihnen Vorteile in der Gesellschaft; Letzteres halten sie oft nur für deprimierend. Auch aus diesem Grund dürften sie versucht sein, die Hände zu bevorzugen. Dabei wäre die Erkenntnis des eigenen Weges mindestens genauso wichtig für unseren Fort*schritt*, und dieser ist – *nomen est omen* – sehr mit den Füßen und ihren Schritten verbunden.

Wo Selbsterkenntnis vorangeht, ist alles Weitere in der Regel leicht. Deshalb raten wir unseren Lesern, hinsichtlich von Deutungen unbedingt bei den eigenen Händen und Füßen zu beginnen und erst dann auf die der anderen zu blicken. In allen helfenden Bereichen sind es die angenehmeren und kompetenteren Therapeuten, die zuerst mit sich selbst ehrlich werden, bevor sie daran denken, andere zu analysieren und zu behandeln. Im Tempel von Delphi stand außen am Eingang: »Erkenne dich selbst.« Erst im Innenraum folgte der Zusatz: »Damit du Gott erkennst.«

Ein Test zum Einstieg

Legen Sie gleich einmal Ihre Karten beziehungsweise Ihre Hände auf den Tisch, und betrachten Sie dabei nur die Länge Ihres Zeigefingers im Vergleich zum Ringfinger. Welcher ist länger, der Zeigefinger oder der Ringfinger?

Je kürzer der Zeigefinger und je länger der Ringfinger ist, desto archetypisch männlicher dürften Sie sein, beziehungsweise je kürzer Ihr Ringfinger und je länger Ihr Zeigefinger, desto weiblicher. Bei Frauen sind normalerweise beide Finger gleich lang, bei Männern die Zeigefinger kürzer als die Ringfinger. Dies liegt nach wissenschaftlichen

Erkenntnissen am männlichen Hormon Testosteron, das das Wachstum des Ringfingers fördert, während das weibliche Östrogen – oder auch nur das Ausbleiben von Testosteron – den Zeigefinger wachsen lässt. Mehr dazu beim Thema Finger ab Seite 54.

Wissenschaftliche Forschung und die Kunst der Körperdeutung

Das Interesse der Wissenschaft an Händen und Füßen war lange Zeit gering. Handlesen ist nach wie vor mehr mit Wahrsagerei assoziiert, und die Fußreflexologie hat sich trotz großer Erfolge und entsprechender Bemühungen ihrer Entdeckerinnen, Eunice Ingham (USA) und Hanne Marquardt (Deutschland), bis heute keinen Platz in der Schulmedizin sichern können. Die Psychologie, die sich eigentlich für alles interessieren müsste, was helfen könnte, seelische Entwicklungspotenziale zu erforschen, kümmert sich lieber um Statistiken als um Seelenbilderwelten und Symbole an Hand und Fuß.

Hin und wieder gibt es jedoch Ausnahmen. Als etwa im Rahmen einer medizinischen Dissertation die Chirologie (Handlesekunst) widerlegt werden sollte, verglich der englische Doktorand die Längen der Lebenslinien von gerade Verstorbenen mit ihrem Lebensalter, und siehe da: Je länger die Lebenslinie, desto älter war der Betreffende geworden, was den Erkenntnissen der Chirologie entspricht. Da dies nicht in das Konzept des zuständigen Professors passte, unternahm er den – allerdings vergeblichen – Versuch, das Ergebnis zu unterdrücken.

Inzwischen gibt es zudem eine große Fülle von neueren statistischen Wissenschaftsstudien über den Zusammenhang gerade von Ring- und Zeigefingerlänge im Hinblick auf Sportleistungen, Spekulationsfähigkeit und Geschlechtsprägungen, die im Anhang nachzulesen sind. Doch bei allen Statistiken handelt es sich lediglich um Korrelationen, die für den Einzelfall keine schlüssigen und schon gar keine sicheren Ergebnisse liefern. Es geht wissenschaftlich gesehen dabei um Wahrscheinlichkeiten. Auch Ergebnisse wie die aus unserem Test zu den Längen von Zeige- und Ringfinger legen bestimmte Vermutungen nahe; sie können Anstöße geben, aber nicht mehr. Die Länge von Fingern und sexuelle Prägungen haben bestenfalls eine gemeinsame Basis auf Hormonebene, aber niemals einen ursächlichen Zusammenhang.[3] Aber Naturwissenschaftler argumentieren ständig ursächlich, was unangemessen ist. Das heißt für unser Beispiel, dass die Finger genauso wenig wie andere Körperstrukturen als Ursachen in Frage kommen, sondern

---

3 Problematik der Kausalität siehe Ruediger Dahlke, *Die Schicksalsgesetze*, München 2009.

lediglich als Anzeigemöglichkeiten. Es lässt aber hoffen, dass die Naturwissenschaft sich überhaupt zunehmend mit solchen Themen beschäftigt (mehr dazu ab Seite 173).

Abgesehen von einem wünschenswerten erwachenden wissenschaftlichen Interesse an den Zusammenhängen zwischen Form und Inhalt ist es ungleich spannender und ergiebiger, aus den Quellen der Erfahrungsmedizin und den persönlichen Beobachtungen von Fachleuten wie der Koautorin zu schöpfen und eine Fülle von überliefertem und neuem Wissen über die Hände und Füße und spannende Zusammenhänge zum Leben ihrer Besitzer zusammenzutragen. Besonders ergiebig wird dies, wenn wir die Lehre von den Elementen und Archetypen oder Urprinzipien sowie die Chakra-Lehre einbeziehen und darauf achten, nicht in die Kausalitätsfalle zu tappen wie die erwähnten Wissenschaftler.

Selbsterkenntnis

Wir *haben es selbst in der Hand*, uns und andere besser kennenzulernen – und obendrein gute Chancen, zwischen mitgebrachten Anlagen und dem, was wir daraus gemacht haben, zu unterscheiden. Die Hände werden so zu wundervollen Landkarten mitgebrachter Aufgaben und zu einem Spiegel gegenwärtiger Entwicklungen.

Mittels der Finger können wir bis in Einzelheiten gehen und mit den Fingerspitzen bis ins Detail. Wenn wir jemandem so nahe kommen, dass wir Zugang zu seinen Fingerabdrücken beziehungsweise zu den Figuren seiner Fingerkuppen bekommen, können wir ein Bild seiner zentralen Lebensaufgabe gewinnen. Die Handflächen werden so zu einer differenzierten Karte der Schatzsuche im eigenen Reich des betreffenden Menschen. Der Schatz ist das eigene Selbst. Auf dem Weg zu ihm hat jeder viele Lebenslektionen zu meistern. Diese sind natürlich nicht nur angenehm und schön, sondern enthalten notwendigerweise auch viele Schattenaspekte. Denn Selbst-Verwirklichung ist nur möglich, wenn sich das Ich oder die bewussten Lichtseiten mit dem Schatten, der unbewussten dunklen Seite, verbinden und eins werden.

Die Absicht des Lebens, was das Schicksal mit uns vorhat, oder unsere Berufung bleibt den meisten Menschen lange Zeit wie ein »blinder Fleck« verborgen, obwohl sie ständig schauen und sogar nicht selten verbissen starren. Erst mit der Zeit enthüllt sich diese höhere Absicht durch die Hindernisse und Herausforderungen, die den Schatten entdecken und erfahren lassen. Werden diese dunklen Seiten integriert, gelingt es, den eigenen Weg zu finden und eins mit ihm und allem zu werden.

Wo es uns gelingt, den Lebensweg mit Hingabe zu gehen und seine Lektionen nicht als Strafe, sondern als Verbündete und Helfer zu sehen, werden die Aufgaben zwar nicht leichter, aber die ganze Lebensstimmung hebt sich. Die Lebenslinie ist dann wie ein roter Faden, der sich durch die Landschaft unserer Aufgaben zieht.

Die Hände sind somit nicht nur unsere großen Helfer in der Geschichte der Eroberung der Welt gewesen, sie werden auch zu Helfern auf dem Weg der Bewusstseinsentwicklung. Uns selbst werden wir dabei – hoffentlich – am nächsten kommen und können hier unsere eigenen Muster direkt vor unserer Nase sehen. Setzen wir diese noch in Beziehung zu den jeweiligen Fingern und ihrer urprinzipiellen Zuordnung, haben wir die vielfältigen Möglichkeiten unseres Lebensfahrplans immer dabei und direkt vor uns – wie eine Karte bei der lebenslangen Schatzsuche. So haben wir es also im wahrsten Sinne des Wortes selbst in der Hand, was wir daraus machen: ob wir dem vorgezeichneten und in unsere Hände geprägten Weg folgen oder versuchen, auf eigene *Faust*, vorbei an unseren Händen, andere Wege einzuschlagen. Dies wird in der Regel auf uns zurückschlagen.

In diesem Sinne ist es gut, auch die Füße mit einzubeziehen, die uns ebenfalls sagen wollen, wo wir im Leben herkommen, wo wir gerade stehen und wo wir hingehen sollten. Oft reicht ein genauer Blick von unseren Händen zu den Fingerspitzen, um zu erkennen, wer wir sind und wie uns das Schicksal – oder wie immer wir diese Instanz nennen – gemeint hat. Wollen wir ganz sichergehen, lohnt es sich, auch diesen längeren Blick hinunterzuwerfen und unsere Wurzeln einzubeziehen.

Hände

DIE HÄNDE AUF DEN ERSTEN BLICK

In der chinesischen Kultur wird den Händen und Füßen große Bedeutung zugemessen, vielleicht weil dort seit Jahrtausenden bekannt ist, dass alle Anfangs- und Endpunkte der Meridiane in den Nagelbett-Eckpunkten von Händen und Füßen liegen. Aber selbst eine so vergleichsweise flache Kulturszene wie die Hollywoods verewigt ihre großen Stars auf dem *Walk of Fame*, indem sie deren Hand- und Fußabdrücke in Beton verewigt. Im Französischen heißt »jetzt« »*main*tenant«, was wiederum wörtlich übersetzt »(in der) Hand haltend« bedeutet (*main* = Hand, *tenant* = haltend). Im Jetzt halten wir also alles in der Hand und *haben es in der Hand*; uns steht zur Verfügung, was wir im Moment brauchen. Der Bezug der Hände zur Gegenwart, zum Jetzt, wird damit deutlich. Die Füße dagegen gehören als unsere Wurzeln mehr zur Vergangenheit. Wenn wir Hand und Fuß vergleichen, ist die Hand moderner und auch damit gegenwartsbezogener. Die Opposition unseres Daumens ermöglicht das Greifen und Begreifen. Beim menschlichen Fuß ist der große Zeh noch in einer Linie mit den übrigen Zehen angeordnet und bleibt auch dort, wie es bei anderen Säugern ebenfalls an den »Händen« der Fall ist.

Unser Zugriff auf die Welt beginnt möglicherweise mit der Auflehnung des Daumens, der im Sinne von Prometheus in Opposition geht und eigene Wege wählt. Damit kommt etwas ganz Neues in die Welt – wie das Feuer, das Prometheus den Göttern entwendete und den Menschen brachte. Der erste Griff nach etwas bedeutete eine ähnliche Revolution und machte die Menschen auf andere Art den Göttern ähnlich. Die Revolution des Daumens in der Hand ermöglichte den Gebrauch von Werkzeugen. So sind die Hände – im Vergleich zu den Füßen – nicht nur mit unserer Gegenwart, sondern auch mit unserem Menschsein enger verbunden.

Die Form der Finger gibt weitere Hinweise. Gerade Finger und Hände gehören zu geradlinigen Menschen, die dazu tendieren, den Augenblick wertzuschätzen. Krumme Wege und Finger weisen auf andere Ausrichtungen hin. Je gebogener die Finger sind, desto mehr verbiegen sich ihre Besitzer. Jeder Finger steht darüber hinaus für eigene Bedürfnisse, die jeweils über urprinzipielle Zuordnungen definiert sind. Er weist auch auf die Angst seines Besitzers hin, diese Bedürfnisse nicht erfüllen zu können oder in diesem Punkt abgelehnt oder abgewiesen zu werden. Darum drehen und wenden wir uns und verbiegen uns sogar, und die Finger verraten es und präsentieren uns obendrein die Themen, bei denen es geschieht.

Seine Hände zeigt praktisch jeder Mensch, etwa beim Reden. Ließe er sie dabei in der Tasche, würde dies einen sehr verschlossenen und unhöflichen Eindruck machen. So viel Geheimniskrämerei um die Werkzeuge, mit denen er dem Leben begegnet, kann sich kaum jemand leisten. Und tatsächlich sprechen die Hände beim Reden gestikulierend fast immer ehrlich aus, was der Mund nur zu gern verschweigt. Wer sehen gelernt hat, wird rasch erkennen, ob die Gesten die Sprachbilder untermalen und der Betreffende sich elegant fließend über seine Gedanken der Welt nähert und dabei den Raum mit seinen Händen teilt oder ob er sich kämpfend durchschlägt oder ob er sich eher mühsam durchwindet. In diesen Luftmalereien wird deutlich, wie ausschweifend und fantasievoll oder wie strikt und konsequent wir unser Leben anpacken. Es zeigt sich, ob wir unsere Vorstellungen vage oder bestimmt vertreten, ob wir uns anbieten, sogar anbiedern oder ob wir uns energiegeladen mitteilen und durchsetzen.

Dabei sind Gesten nichts Festes, Dauerhaftes wie die Formen der Fingerspitzen oder gar die Bilder auf ihnen, unsere »Fingerabdrücke«, die wir ins Leben mitbringen und die uns auch zeitlebens begleiten. Gesten bilden sich im Laufe des Lebens und werden meist durch bewusste und unbewusste Imitation von der Umgebung übernommen. Doch selbst wer wenig spricht und sich kaum zu gestikulieren erlaubt, muss spätestens beim Essen seine Finger offenbaren. Die Art, wie man die Esswerkzeuge bedient, kann Bände sprechen und sowohl Herkunft als auch Erziehung verraten. Die Finger selbst aber dokumentieren, welche Art von Persönlichkeit jemand ist.

Etwas mit rechts oder links tun – ein Test

Die linke und die rechte Hand werden sich bei einem Menschen ähneln, aber keinesfalls gleich sein. Gerade die Unterschiede drücken die Besonderheit und den Reichtum einer Persönlichkeit aus.

Die linke Hand ist generell die passive, archetypisch weibliche Hand. Sie erzählt von der bewussten Auseinandersetzung mit dem Du, dem Anderen, dem Gegenüber. Außerdem verrät sie Details aus der Vergangenheit und ist (bei Rechtshändern) die stille Hand, die die unterdrückten Vorgänge und Wahrheiten offenbaren kann. Die linke Hand zeigt, wie wir sind, wenn wir uns unbeobachtet und privat fühlen, während die rechte wiedergibt, wie wir sind, wenn die Augen der Öffentlichkeit auf uns ruhen und wir uns beruflich beweisen. Links offenbaren wir, welche Anlagen wir mitbringen, während wir rechts zu erkennen geben, wie wir mit unseren Anlagen umgehen, was wir aus ihnen gemacht haben.

Die rechte Hand ist die aktive, archetypisch männliche Hand. Sie repräsentiert die Gegenwart und die zu fällenden Entscheidungen. Die rechte Hand ist unsere öffentliche Hand, die wir der Welt zeigen, zum Beispiel bei allen Gesten des (Be-)Grüßens. Bei Rechtshändern ist sie oft dunkler und schlanker, weil sie mehr benutzt und bewegt, also besser trainiert wird.

➤ Sind Sie ein umtrainierter Linkshänder?

Test: Stellen Sie sich vor, Sie hätten einer großen Künstlerin hingebungsvoll gelauscht und wollen ihr jetzt begeistert applaudieren. Fangen Sie jetzt tatsächlich an zu klatschen. Achten Sie dabei ganz bewusst auf Ihre Hände. Welche Hand dient nur passiv als Resonanzkörper, und welche ist aktiv und bewegt sich schlagend?

Auflösung: *Die aktive Schlaghand gibt die (ins Leben) mitgebrachte Lateralität an.*

1. *Wenn Sie mit der linken Hand schlagen und die rechte still halten, liegt der Verdacht nahe, dass Sie Linkshänder sind. Wenn Sie davon bisher nichts wussten, können Sie davon ausgehen, zur großen Gruppe der umtrainierten Pseudorechtshänder zu gehören, und sehr wahrscheinlich werden Sie mit weiteren Übungen diese Vermutung bestätigen und mit der entsprechenden Beobachtung einer Fülle von Tätigkeiten (vom Zähneputzen über Federballspielen, Ballwerfen bis zum Türaufschließen) erhärten.*

2. *Falls Sie mit der rechten als Führungshand geklatscht haben, sind Sie sicher ein Rechtshänder. Es ist praktisch nie vorgekommen, dass Rechtshänder umtrainiert wurden.*

3. *Wenn Sie mit beiden Händen geklatscht haben, nach Kinderart patschend, gibt es verschiedene Möglichkeiten. Sie könnten (a) ein verwirklichter, in der eigenen Mitte angekommener Mensch sein und jede Bevorzugung einer Seite überwunden haben oder (b) auf dem Kinderniveau stehengeblieben sein, oder (c) Sie wurden frühzeitig in Ihrer Lateralität verunsichert.*

Im Fall von 1. und 3.c wäre es das Einfachste, die Eltern mit der ehrlichen Frage zu konfrontieren, und in der Regel werden diese den Sachverhalt der Umtrainierung bestätigen (müssen). Allerdings erinnern sich oft nicht alle Eltern, oder die ungeschickte Aktion geschah im Kindergarten oder Hort.

Die Händigkeit oder Lateralität eines Menschen ist angeboren. Meist kann man schon sehr früh, spätestens wenn ein Kind zu malen beginnt, feststellen, welche Hand bevorzugt wird.

Im Gegensatz zum angelsächsischen wurden im deutschsprachigen Kulturraum bis vor kurzem Linkshänder rigoros umtrainiert und auf Rechtshändigkeit getrimmt, was in der Regel nur äußerlich und unzureichend gelang und weitreichende und unangenehme Konsequenzen für die Betroffenen hatte. Diese negativen Folgeerscheinungen sind in der Regel zeitlebens zu spüren, obwohl die Opfer ihre Orientierungsschwierigkeiten in vielen Belangen des Lebens meist nicht mit dieser frühen Sabotage ihres Orientierungssinnes verbinden.

Aber wie alles könnte sogar eine erzwungene Umstellung auch eine gute Seite haben. In einigen Fällen führte die Zwangsumstellung die Betroffenen dazu, neben ihrer begabten Hand zusätzlich die andere, schwächere zu entwickeln, was in der Konsequenz zu beidhändig besonders geschickten Uhrmachern, Pianisten oder Chirurgen führte. In jedem Fall ist das Gehirn daraufhin eher besser organisiert und gleichmäßiger im Einsatz. Es wurde für den Betreffenden dann vielleicht möglich, zusätzlich zu den linken kreativen Möglichkeiten, die sich gar nicht unterdrücken ließen, auch noch eine gute rechte und damit Verwirklichungshand zu entwickeln und so auch für ganz praktische Dinge *ein gutes Händchen* zu bekommen. Bei Linkshändern wird ja die dominante Hand von der rechten Gehirnhälfte geführt, die kreativer und ganzheitlicher arbeitet.

Statistiken legen nahe, wie sehr Linkshänder in kreativen Berufen überrepräsentiert sind. Dies mag natürlich auch mit der Herausforderung des Andersseins zusammenhängen. Bei den Umgeschulten, die diesen Prozess mit gutem, sogar gewinnbringendem Ausgang (üb)erlebt haben, dürfte dies noch verstärkt gelten.

Aber selbst wenn die Schattenseite in Gestalt von Ungeschicklichkeit bis zu Desorientierung die Folge der Umerziehung sein sollte, ist es nie zu spät, der angestammten Linken wieder zu ihrem Recht zu verhelfen und sie langsam und bewusst zu nutzen und damit – im Sinne der späten Berufung – auch zu trainieren. Bestenfalls wird sie selbst im vorgerückten Alter noch zu einer geschickten Führungshand – zumindest wird sie aus ihrem Dornröschenschlaf geholt. Vielleicht erlangt sie nicht mehr ihre ursprünglich angelegten Möglichkeiten, sie gewinnt aber doch an Bedeutung. Für das Gehirn ist die Rehabilitierung der ursprünglichen Führungshand jedenfalls ein großer Fortschritt und im Leben eine spürbare Erleichterung und Entspannung. So muss die Therapie zurück zur eigentlichen »linken« Bestimmung führen und zu der schicksalhaften Aufforderung, das Leben *mit links* und damit lockerer, leichter und beschwingter zu bewältigen im Sinne einer späten Heimkehr. Solche Spätheimkehrer können diese Chance auch oft besonders genießen. In vieler Hinsicht dürfen sie noch einmal neu anfangen, und diesmal mit der Schokoladenseite und den Chancen, die das beinhaltet (mehr zum Thema Lateralität im Anhang ab Seite 176)

Nur eine Frage des Temperaments? Händedruck und Hautfärbung

Die Hände sprechen im Alltag eine beredte Sprache nicht nur beim Gestikulieren, sondern auch wenn wir sie uns zur Begrüßung reichen. Ein fester Händedruck einer warmen Hand flößt uns spontan Vertrauen ein. So greift jemand im Bewusstsein seiner Vitalität vertrauensvoll zu und begrüßt diesen Kontakt. Er zeigt, wie zupackend er das Leben in Angriff nehmen und die Dinge in den Griff bekommen kann und will. Ist der Händedruck dagegen eher schlapp und kühl, klingt das Gegenteil an.

Eine kühle Begrüßung kommt offenbar nicht von Herzen und berührt niemanden. *Mit kalter Hand* heißt obendrein, dass kein Gefühl dabei ist und Energiemangel herrscht. Insgeheim wollen die Besitzer gar nicht zugreifen und in Kontakt kommen – ihre kalte Hand lässt es spüren.

Ist die kühle Hand obendrein feucht, schwingt noch Angst mit, denn in der Regel ist Angstschweiß die Ursache. Beim feuchtwarmen Händedruck besteht dagegen noch Hoffnung, denn aus solch feuchtwarmen Situationen entwickelt sich grundsätzlich viel Lebendiges: Wenn Energie und Angst zusammenkommen, werden Anstöße zur Veränderung gegeben. Beim feuchtkalten Händedruck dagegen schwingt in der Mischung aus fehlender Lebensenergie und Angst auch Ablehnung mit. Kalte Angst ist eine unlebendige, hoffnungslose Form der Enge, bei der Widerstand gegen die entsprechende Person oder gegen das Leben an sich anklingt.

Wenn die Hand ohne eigenen Zugriff gereicht wird im Sinne des »Bananenstaudenmodells«, wird fehlender Anspruch spürbar. So fühlten sich wohl jene weiblichen Hände an, um die früher angehalten wurde – und dies geschah nicht einmal bei der zukünftigen Braut selbst, sondern bei deren Vater. Solch ein Mensch nimmt das Leben nicht in die Hand, sondern lässt schlimmstenfalls mit sich machen, was andere wollen.

Die *ruhige Hand* charakterisiert dagegen jemanden, der – anders als ein Mensch mit unruhiger, zittriger Hand – keine Angst hat und vertrauensvoll seine Vorhaben anpackt.

Eine weiche Hand verrät Einfühlungsvermögen und Anpassungsfähigkeit bei mangelnder Durchsetzungskraft – im Gegensatz zur harten Hand, die eher von harter Arbeit und von einer entsprechenden Hornhaut geprägt ist. Die harte, starre Hand zeugt von harten Maßnahmen und strikter Durchsetzung bei Mangel an Flexibilität. Kommt noch ein knochiges Handgefühl hinzu, gehen die Assoziationen rasch in die unangenehme Richtung von Leblosigkeit und Knochenmann. Es könnte aber auch die Hand eines sehr strukturierten Menschen sein, der mit dem Saturnprinzip – mit der Reduktion auf das Wesentliche – ausgesöhnt ist und sein Leben mit konsequenten Entscheidungen und harter Arbeit füllt.

Allerdings beeinflusst die Arbeit die Beschaffenheit der Hände nicht annähernd so stark, wie zu vermuten wäre. Es gibt Sekretärinnen, die weder schwere Haus- noch Gartenarbeit verrichten und Hände hart wie Schmirgelpapier haben, und andererseits Bauarbeiter mit feinen, wenn auch nicht weichen, so doch elastischen Händen, die sich diese auch ohne Handschuhbenutzung über Jahre erhielten. Die Art der Hände ist also ebenfalls etwas Typisches, ein individuelles Muster, das viel weniger von der (Berufs-) Tätigkeit bestimmt wird als von mitgebrachten Anlagen.

Die *Farbe von Händen und Fingern* wird entscheidend von der Durchblutung geprägt. Andererseits sind bei solchen Beurteilungen auch Lufttemperatur und körperliche Aktivität zu berücksichtigen. Bewegung macht warm und rötet; Kälte dagegen bewirkt blasse bis blaue Hände.

Akut heiße, rote Hände deuten auf Fieber hin. Im chronischen Fall können Bluthochdruck oder Rheuma die Ursache sein. Aber auch ein cholerisches Temperament würde sich so zeigen. Drüsen- und Leberstörungen sowie Gicht führen ebenfalls zu roten Händen. Bei Frauen könnten sie auch ein frühes Anzeichen einer Schwangerschaft sein, vor allem wenn sich auch die Handkanten rötlich verfärben.

Sehr blasse Hände und Nägel können dagegen auf akute oder chronische Blutarmut (Anämie) hinweisen, bei Frauen etwa direkt während und nach der Menstruation. Aber auch tiefe Lustlosigkeit oder Schockerlebnisse lassen die Hände – wie ja auch das Gesicht – erbleichen. Wenn die Farbe aus dem Leben weicht, wird dies letztlich überall deutlich.

Eine anhaltende Blaufärbung der Haut und der Nägel im Sinne der Zyanose kann ein Hinweis auf Störungen des Kreislaufs oder der Atemwege sein. Leicht bläuliche oder, wie Ärzte sagen, livide Hände verraten innere Kältegefühle und einen Körper, der nicht mehr genug Eigenwärme gegen drohende Leblosigkeit aufbringen kann. Möglicherweise sind sie ein Hinweis darauf, dass den Betreffenden das Leben zunehmend kaltlässt und er sich damit nicht mehr so recht einlassen kann oder will.

Nägel – die gestutzten Krallen

Die Nägel sind wie die Haare Anhangsgebilde der Haut. Entwicklungsgeschichtlich sind sie Reste der Krallen, die sich einst wie bei den Raubtieren im täglichen Lebenskampf in der Natur abnutzten. Heutzutage haben wir uns sehr weit von Mutter Natur emanzipiert und wetzen sie nicht mehr ausreichend ab. Folglich müssen wir unsere Krallen selbst aktiv stutzen.

Die aus pragmatischen und auch modischen Gesichtspunkten zurechtgestutzte Form der Nägel kann das Fingerspitzengefühl betonen oder auch Gefährlichkeit vermitteln, etwa bei besonders spitzer, aggressiver Ausprägung. Wenn sich Frauen, die oft Wert auf lange Nägel legen, mit spitzen Feilen die Krallen schärfen, wird dies sehr deutlich. Werden Nägel betont kurz geschnitten, ist es in der Regel ein Zeichen von praktischem Denken. Es könnte aber auch, vor allem bei Frauen, auf Amputationsabsichten gegenüber der eigenen Aggression hindeuten. Meist betonen Frauen, die ihre Krallen äußerlich kultivieren, die eher weiblichen Eigenschaften des Lockens und Verführens. Schneiden sie sie dagegen betont kurz, neigen sie oft dazu, sich im Leben vom archetypisch männlichen Pol zu zeigen.

Bei Männern sind kurze Nägel die Regel. Dafür zeigen sie ihre Krallen – im übertragenen Sinn – meist offensiver im gesellschaftlichen Leben, ähnlich wie sie auch mehr dazu neigen, ihre Ellbogen einzusetzen.

Wenn Kinder Nägel kauen, ist immer der Aspekt der Autoaggression zu bedenken. Im Sinne einer Selbstamputation *beißen* sie sich mit den Resten ihrer Waffen im Mund, den Zähnen, die Reste ihrer Waffen an den Händen, die Krallen beziehungsweise Nägel, ab. Der Verdacht liegt nahe, dass sie nicht wagen können, ihre Aggressionen offen zu zeigen. Mehr dazu im einschlägigen Kapitel in *Krankheit als Sprache der Kinderseele*.[4]

In Asien sieht man häufig auch Männer mit einzelnen langen Nägeln am kleinen Finger oder auch am Daumen. Diese betonten Einzelkrallen gelten dort als Zeichen, nicht mit den Händen arbeiten zu müssen oder jedenfalls kein einfacher Bauer zu sein.

---

4 Ruediger Dahlke/Vera Kaesemann, *Krankheit als Sprache der Kinderseele*, München 2009.

► Nägel und Gesundheit

Weiße Flecken:	*Zinkmangel, meist aufgrund von Ernährungsfehlern; Zeichen von Müdigkeit und/oder Stress*
Rote Nägel:	*können Bluthochdruck, aber auch inneren seelischen Druck anzeigen; Indiz für cholerisches, ungeduldiges Temperament*
Blasse Nägel:	*oft Eisenmangel; stehen im seelischen Bereich für Egozentrik bis Egoismus*
Hakenförmige Nägel:	*Atemwegsprobleme, oft bei Rauchern und Asthmatikern; im seelischen Bereich mangelndes Loslassen bis zu Habgier*
Konkave Nägel:	*Eisenmangel, manchmal Schilddrüsenprobleme, häufig auch Ernährungsungleichgewicht; im seelischen Bereich oft Suchtanfälligkeit*
Fächerförmige Nägel:	*Erschöpfung, Mangel an Regeneration und Entspannung*
Waagerechte Rillen:	*Jede Rille entspricht einem prägenden Erlebnis; verraten (bis zu sechs Monate) zurückliegende Diätschocks (den Jahresringen von Bäumen entsprechend), auch seelische Schocks, Traumata*
Senkrechte Rillen:	*zeugen von Darmträgheit, Verdauungsproblemen wie Kolitis; in jungen Jahren oft Anzeichen für Rheumaneigung, ab der Lebensmitte sehr häufig; zeigen im seelischen Bereich Probleme, das Leben zu verdauen*

Nagelmonde

An der Basis unserer Krallen, die dem urprinzipiell männlichen Aggressionsprinzip zuzuordnen sind, finden sich die Nagelmonde. Sie sind von ihrer Symbolik weibliche Strukturen und können einiges über unsere Anlagen, vor allem über Schwachpunkte andeuten.

Fehlende Nagelmonde:	Große Nagelmonde:	Bläuliche Nagelmonde:	Unrunde, unebenmäßig geformte Nagelmonde:
Schwächezeichen; mangelnde Verwurzelung, tritt meist familiär über Generationen hinweg auf (Familiengemeinschaft mit Verwurzelungsproblemen)	*Überfunktion der Schilddrüse; Besitzer neigen dazu, großen seelischen Druck auszuüben*	*Lungen- und Herzschwäche; seelisch oft Kommunikations- und Gefühlsprobleme*	*bedrohliches Zeichen im Hinblick auf die Herz(ens)situation*

Botschaften aus dem Pflegezustand der Hände

Die Hände machen auf den ersten Blick viel her und – wie sich zeigen wird – noch viel mehr *deut*lich, wie wir das Leben anpacken und in den Griff bekommen, welche Art von Zugriff auf das Leben uns in die Wiege gelegt ist und was wir selbst noch dazu beisteuern und aus uns gemacht haben. Aber nicht nur unser Griff nach dem Leben, auch das Fingerspitzengefühl wird im alltäglichen Geschehen an den Fingerspitzen und ihrer Art, sich den Dingen (und Menschen) zu nähern, sichtbar.

Vieles zeigen wir unbewusst ganz aktiv, auch wenn es nur die wenigsten deuten und verstehen. Der Umgang mit Hygiene wird ganz vordergründig klar und von fast allen Frauen gedeutet, was Männer oft übersehen. Wer schmutzige Hände hat, verliert da schnell an Achtung, und noch schlechter schneiden ungepflegte Füße ab, von denjenigen, die Dreck am Stecken haben, ganz zu schweigen.

Ständiges Händewaschen – in Unschuld versteht sich – verrät ein entsprechendes Bedürfnis. Hier muss etwas abgewaschen werden, wohl weil das Leben als schmutzig *begriffen* oder auch von *schmutzigen* Gedanken beherrscht wird. Wer im übertragenen Sinn Blut an den Händen oder eben Dreck am Stecken hat, muss sich beide Regionen dauernd säubern: »Der Saubär muss säubern.«

Andererseits verraten schmutzige Hände Unachtsamkeit und eine gewisse Geringschätzung einer Umwelt, der man sich so präsentiert. Dass dergleichen bei Frauen fast nie, bei Männern aber nicht so selten vorkommt, lässt sich ebenfalls deuten und wirft ein schlechtes Licht auf das angeblich starke Geschlecht, das sich so starke Stücke leistet.

Nagelschmuck

Bei manikürten, also demonstrativ gepflegten Händen wird bewusst gepflegte Kultur gezeigt. Silikonverstärkte Nägel erzählen von Frauen, die sich mehr krallen wollen, als sie bisher haben, und sich in anderen Bereichen noch nicht so recht trauen, ihre Krallen auszufahren und einzusetzen.

Wenn man die Nägel als Reste der Krallen mit Farbe betont, werden Botschaften ausgesendet, die leicht zu deuten sind. Rot zieht als Signalfarbe zuerst einmal Aufmerksamkeit auf die Krallen, andererseits warnt es vor Gefahren und steht für Aggression. Rote Krallen fordern Beachtung und strahlen Energie und Vitalität aus. Sie wirken aber auch verlockend gemäß der Botschaft: »Trau dich mit solch einer Raubkatze, die noch Blut an den Krallen hat.«

Farbiger Nagellack und Ringe lenken die Aufmerksamkeit auf die Hände. Ringe betonen den Finger, an dem sie getragen werden, und vermitteln damit eine spezielle, eindeutige Botschaft.

Perlmutt verrät einerseits dezente Zurückhaltung, andererseits lockt es auch mit dem Strahlen und Schimmern der Perlen. Außerdem symbolisiert es etwas Geheimnisvolles und Kostbares.

Mit Schwarz will jemand eindeutig nicht locken, sondern abschrecken und eine Nähe zum Grab sowie zum dunklen Saturnpol der Verweigerung ausdrücken.

Trendy sind im Moment kleine Glitzerkristalle zum Aufkleben auf Finger- und Zehennägel. Tatsächlich werden diese wohl meist als verstärkende »Hilfen« für die jeweiligen Nägel- oder Zehenthemen unbewusst, aber dennoch themengerecht aufgetragen. Sie helfen, eigene und fremde Aufmerksamkeit auf diesen Nagel und sein Thema zu lenken.

Schon das Auftragen des modischen Nagelschmucks beinhaltet Zuwendung und eine gewisse Herausstellung der hier liegenden Thematik, die durchaus Beachtung verdient, wenn auch das überdeckende Glitzern das Thema meist zu schön färbt. Kein Problem lässt sich dadurch wirklich lösen, dass man es bunt übertüncht und ein paar Glitzersteine darüberklebt.

Fingerringe

Natürlich will ein Menschen auch mit Fingerschmuck immer etwas ausdrücken. Fast alle Ringe sollen vor allem Schönheit und Reichtum vermitteln und natürlich Interesse auf die Finger lenken.

Durch Ringe wird über den einzelnen Finger das entsprechende Urprinzip betont (siehe Seite 52), und dies lässt tiefergehende Deutungen zu.

Finger sind wie Bäume im Garten der Hand, und der Daumen fungiert als Gärtner. Ein anderes Bild sieht die Hand als Regierung unseres Lebens. Dann wäre der Daumen der Kanzler und Regierungschef, und die Finger würden als seine Minister dienen. Die Ringe verstärken die Wurzeln dieser Fingerbäume oder Minister, wobei der Daumen nur äußerst selten Ringe und Verstärkung nötig hat. Ist der Stamm eines Baumes jung, schwach und unstabil, befestigt man ihn an einer Stütze. Ringe wirken wie solche Stützen; sie verstärken und geben Hilfe von außen. Kann ein Finger(-Baum) sich selbst nicht mehr im Gleichgewicht halten, mag das Bedürfnis nach einem Ring wachsen. Beispielsweise ist der Wunsch vieler Frauen nach einem Ehering als unbewusster Hilferuf nach Unterstützung in verschiedener Hinsicht zu deuten. Erinnert sei in diesem Zusammenhang auch an die Mythen von Zauberringen, die bestimmte Kräfte herbeirufen und verstärken. Ringe können also Schwachpunkte anzeigen und zugleich kaschieren oder die Schwachpunkte ausgleichen und überwinden helfen. Nach einer überstandenen Schwächeperiode legen viele die Ringe wieder ab oder verlieren sie auch ganz einfach – im Sinne des griechischen Philosophen Epiktet: »Betrachte alles Gestohlene und Verlorene als zurückgegeben.«

Je schlichter der Ring, desto mehr geht es dem Träger um die Symbolik, zum Beispiel beim Ehering. Je auffälliger und demonstrativer, desto mehr will sein Besitzer damit auffallen und Status demonstrieren. Siegelringe (mit Wappen) etwa dokumentieren die Zugehörigkeit zu einem Geschlecht oder einer Familie, die etwas auf sich hält. Wer einen dicken Siegelring trägt und gar kein Familiensiegel hat, wäre gern Teil einer entsprechenden Dynastie. Noch interessanter wird es bei den unbewussten Botschaften, etwa wenn am Ringfinger zwei Ringe eine gewisse Ambivalenz im Zugehörigkeitsgefühl widerspiegeln, was der Betreffende natürlich nicht beabsichtigt. Drei in sich verschlungene Ringe verweisen in dieser Hinsicht auf verschlungene Situationen, die sich manchmal weder trennen noch durchschauen lassen.

Teure Ringe wollen von Reichtum erzählen, Imitationen denselben vortäuschen. Edelsteine können im Übrigen immer Urprinzipien zugeordnet werden und sind im Hinblick darauf, an welchem Finger sie getragen werden, sehr aussagekräftig. Wer diesem Buch die urprinzipiellen Zuordnungen der Finger entnimmt und die der Edelsteine[5] lernt, kann allein daraus ein interessantes Gesellschaftsspiel entwickeln.

---

5 Siehe Nicolaus Klein / Ruediger Dahlke, *Das senkrechte Weltbild*, Berlin 2004.

Angeborene Merkmale und Lebensspuren

Die Handform, die wir ins Leben mitbringen, bleibt uns im Wesentlichen erhalten. Manche Signaturen der Finger dagegen verraten, wie wir in der Vergangenheit mit uns und der Welt umgegangen sind und wie wir dies auch gegenwärtig noch tun. Wenn Zeige- und Mittelfinger zum Beispiel von der Mitte nach außen weisen, dokumentieren sie, wie sehr sich jemand für andere verbiegt. Solche Verformungen können sich im Laufe des Lebens auch langsam wieder zurückbilden und dadurch Entwicklungsschritte zu sich selbst verdeutlichen.

Die Formen der Fingerspitzen sind dagegen angeboren und bleiben uns ein Leben lang, ebenso die Länge der Finger und das Verhältnis der Fingerglieder zueinander. Je nach Fingerfertigkeit und Lebensgewohnheiten verändern sich allerdings die Muskeln an den Fingern. So lässt sich den Händen oft ihre Arbeit ansehen.

Die Fingerabdrücke, die sich in vier einfache Kategorien aufteilen lassen, sind ebenfalls mitgebracht und zeitlebens beständig. Sie sind so einmalig, dass sie einen Menschen eindeutig identifizieren. Darauf beruht ihre Verwendung in der Kriminalistik, die Scotland Yard als erste Behörde bereits zu Beginn des 19. Jahrhunderts einführte.

Die Handlinien, über die schon so viele Bücher geschrieben wurden und die wir deshalb bewusst weggelassen haben, verändern sich ein Leben lang, wenn auch selten in ihren groben Zügen. Die Linien der linken Hand zeigen mehr unseren mitgebrachten Seelenfahrplan, die der rechten, was wir daraus gemacht haben.

Jede Verletzung oder Warze an den Händen ist ein Hinweis, was bis zu Alarmzeichen und Hilferufen gehen kann.

Das oberste Fingerglied des rechten Zeigefingers ist die mit Abstand am häufigsten verletzte Zone der Hand und damit des Menschen. Wer ein Leben entgegen den eigenen Überzeugungen führt, wird vermehrt dazu neigen, sich hier zu verletzen. Aber auch wessen Ideale und Prinzipien missachtet werden und wer sich ohnmächtig und ausgeliefert fühlt, ist an dieser Stelle anfällig.

Bei Verletzungen ist im Übrigen darauf zu achten, wie schnell und auf welche Art sie verheilen.

Bleibende Narben in den Händen weisen fast immer auf *einschneidende*, nicht vollständig verarbeitete Erlebnisse hin. Die Art der Narbe, die sogar eine bleibende Entstellung und Behinderung darstellen kann, lässt oft tief blicken, zurück in der Zeit und tief in das Wesen des Betroffenen.

URPRINZIPIEN UND DIE VIER ELEMENTE
IM SPIEGEL DER HAND

Die Hände haben sich aus den Vorderfüßen unserer Urvorfahren entwickelt, deren Kopf noch zwischen den Vorderläufen pendelte, wenn sie durch die Steppen und Prärien der Vorzeit streiften. Mit der Aufrichtung auf die Hinterbeine beginnt die eigentliche Menschwerdung. Doch obwohl das Fußgewölbe das spezifisch Menschlichste an uns ist, haben die Hände die viel intensivere Entwicklung hinter sich. Aus Gehwerkzeugen wurden Handwerkszeuge. Wahrscheinlich waren es auch erst die Hände, die das Gehirn zu seiner Hochform auflaufen ließen und die Verbindung vom Greifen zum Begreifen ermöglichten. Die Fähigkeit des Greifens hat sich wohl parallel zum geistigen Begreifen entwickelt, denn Körper und Seele gehen praktisch immer *Hand in Hand*, wobei die Seele meist voran*geht*. Auch in unserer individuellen Entwicklung, die die stammesgeschichtliche widerspiegelt, versuchen wir als Kleinkind alles mit der Hand zu ergreifen, um es erkundend in den Mund zu stecken.

Die Hände gehören zum Urprinzip des **Merkur**, dem Kommunikation, Vermittlung, *Hand*werk und *Hand*el unterstehen, aber auch alle Wege, die geraden wie die krummen. Hier sind das *Hand*eln, Be*hand*eln und Ver*hand*eln zu Hause, aber auch die Manipulation (von lat. *manus* = Hand) und die Gestik. Wenn wir mit den Händen sprechen, wird Merkur doppelt deutlich, denn auch Worte fallen in seinen Bereich. Meist ist die Gestik der Hände noch ehrlicher als das gesprochene Wort, und die Manipulation geschieht mehr über den Mund als über die Hände, die in ihren Gesten enthüllen, was einen Menschen wirklich bewegt.

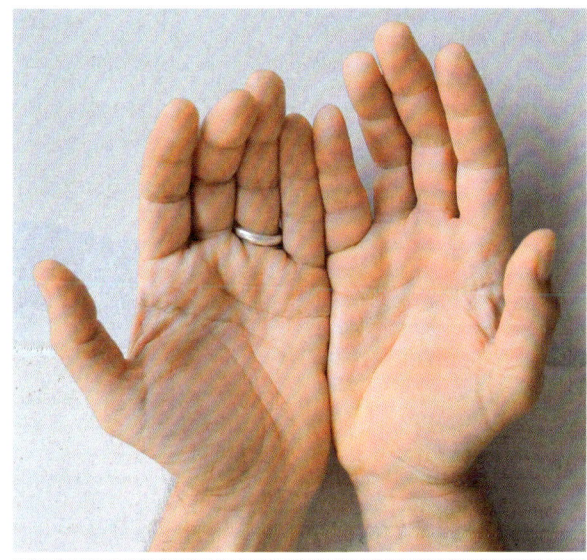

Über seine Hände kann sich jeder Mensch mit den klassischen Urprinzipien und den vier Elementen auseinandersetzen und seine Art des Zugriffs auf die Welt ablesen. Eine Übersicht zu den Urprinzipien und Elementen folgt auf Seite 41.

Die Finger der Hand gehören insgesamt zu Merkur, doch können sie zusätzlich weiteren Prinzipien unterstehen. Jeden einzelnen Finger teilen wir deshalb noch einem speziellen Urprinzip zu (siehe Seite 52). Die Finger drücken unsere Geschicklichkeit aus und zeigen, was wir in die Finger bekommen und wie wir die Welt befingern.

Bei *Hand*gemengen oder *Händ*eln kommt das **Mars**prinzip der Aggression mit ins Spiel, das sich im Daumen noch einmal besonders ausdrückt. Der Gegenpol der Kunst und Schönheit, für den **Venus** zuständig ist, findet sich im Handteller als sogenannter Venusberg, der also neben dem eher schamhaft verborgenen im unteren Bereich hier noch einen öffentlichen Auftritt hat, wobei er sich natürlich auch in der Hand eher zurückhaltend im Innern verbirgt.

Auch das andere weibliche Urprinzip des **Mondes**, dem sowohl alle Rhythmen unterstehen als auch das Mütterliche und Kindliche, zeigt sich im entsprechenden Mondberg im Innern der Hand.

Die drei männlichen Urprinzipien sind mit **Mars** im Daumen, **Sonne** im Ringfinger und **Jupiter** im Zeigefinger sehr deutlich. Wer den Daumen drauf hat, übt Druck aus im Sinne des Aggressionsprinzips, das Mars untersteht. Wenn jemandem der Weg gewiesen werden soll, kommt der jovische Zeigefinger zum Einsatz. Der Status des (Liebes-) Beziehungslebens wird in vielen Kulturen und Ländern am Ringfinger gezeigt, der dem Sonnengott Apollon zugeschrieben wird. Was bleibt, ist der Mittelfinger, der als längster eine gewisse Ordnung in das Gefüge der Finger bringt und dem **Saturn**prinzip der Konzentration und Reduktion auf das Wesentliche untersteht.

So wie wir in den fünf Fingern und zwei Bergen des Handtellers die sieben klassischen Urprinzipien der Antike wiederfinden, die auch den sieben Wochentagen ihre Namen geben, spiegeln sich darüber hinaus die Elemente in unsere Hand. Das **Feuerelement** ist am demonstrativsten im marsischen Daumen, im Ring- oder Sonnenfinger und im Jupiter zugeordneten Zeigefinger vertreten. Das **Wasserelement** wird im Mondberg der Innenhand deutlich, das **Luftelement** im Merkurprinzip der ganzen Hand mit all ihren Fingern und speziell im zu Merkur gehörigen kleinen Finger, das **Erdelement** im zum Saturnprinzip gehörigen Mittelfinger.

Die Handformen nach den vier Elementen

Aus den klassischen vier Elementen ergeben sich die entsprechenden vier Handformen, die wiederum Rückschlüsse auf vier Menschentypen und deren jeweils charakteristische

grundsätzliche Art von Zugriff auf das Leben ermöglichen. Allerdings gibt es auch Misch-
typen und fließende Übergänge.

Generell sind dem Erdelement irdische Bedürfnisse und das Streben nach Sicherheit
zugeordnet und dem Luftelement Denken und Wahrnehmung. Dem Wasser entsprechen
Gefühle und Ängste und dem Element Feuer die dynamische Aktion, aktives Tun und
Begeisterung.

Die Erdhand

An einer quadratischen Hand und kurzen Fingern lassen sich erdige, praktisch veranlagte
Menschen erkennen. Sie nehmen Dinge in die Hand und machen etwas daraus. Die Erdhand ist eher undifferenziert, aber kräftig. Ihre Innenfläche verfügt über wenige Hand-

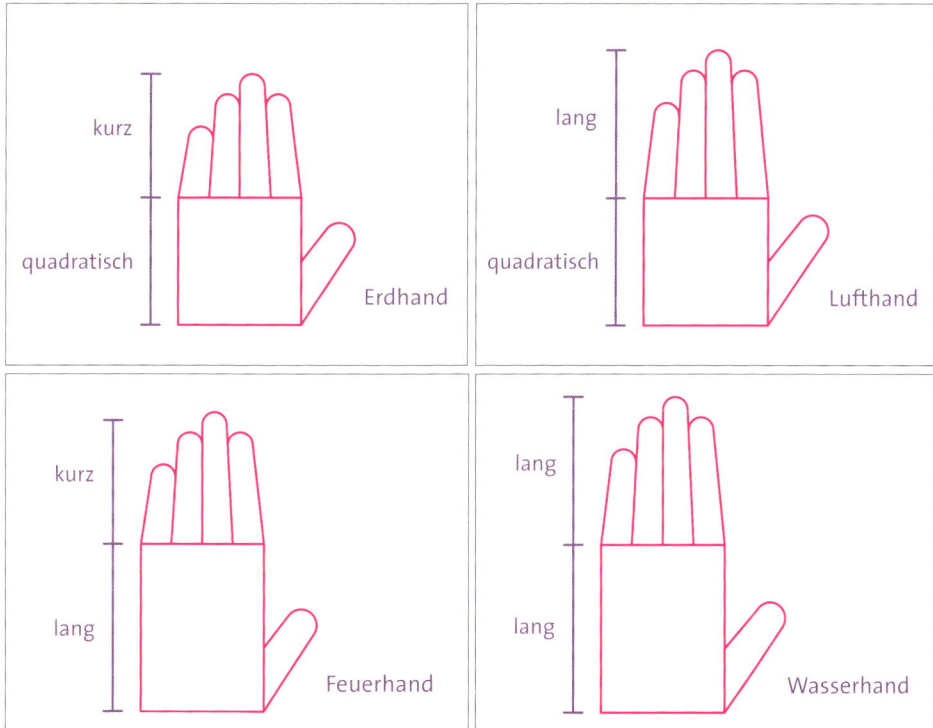

*Mit Hilfe der vier Elemente lassen sich die Hände und damit auch ihre Besitzer gut charakterisieren
und einordnen. Die Proportionen von Handfläche und Fingern sind dafür der wichtige Indikator.*

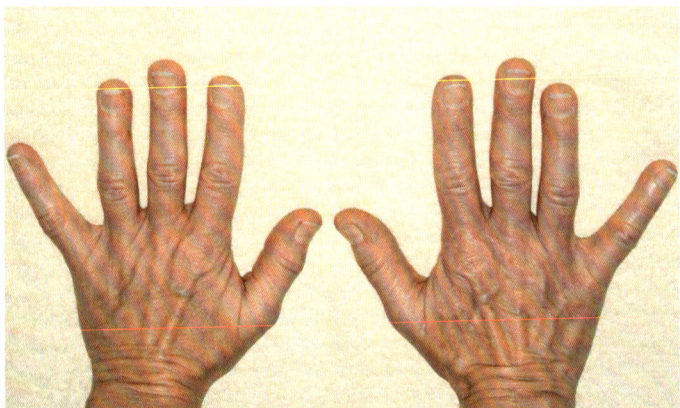

Menschen mit einer Erdhand packen ihr Glück beim Schopf und bauen sich etwas auf.

linien, oft sind die kurzen Finger knorrig im Sinne von knotig verkrampft. Diese Handform ist typisch für bodenständige, eher wortkarge, nüchterne Menschen, die vor harter Arbeit nicht zurückschrecken. Oft definieren sie sich über ihre solide (Hand-)Arbeit. Erdhände finden sich somit häufig bei (Hand-)Arbeitern. Ihre Besitzer bauen sich nicht selten ihr Haus in Eigenleistung und wollen sich ihr Glück mit eigener Hände Arbeit verdienen. Sie denken in konventionellen Bahnen, fühlen sich der Tradition verpflichtet und erweisen sich als verlässlich und emotional stabil. Dank ihres loyalen und hilfsbereiten Wesens sind sie beliebt. Etwaigen Mangel an Fantasie kompensieren sie durch praktische Begabung, Geschicklichkeit und gesunden Menschenverstand.

Menschen mit Erdhänden wirtschaften sparsam, um Rücklagen zu schaffen. Da ihnen Sicherheit ein so hohes Gut ist, legen sie viel Wert auf gesicherte Arbeitsbedingungen, eine Festanstellung und den Abschluss von Versicherungen. Auch lieben sie meist eine gewisse Routine in der Arbeit und darüber hinaus im Leben und neigen oft dazu, im Urlaub immer wieder an vertraute Orte zurückzukehren.

Bei Erdhänden besteht die Gefahr, ins Spießertum zu verfallen. Ihre Chance besteht in der Akzeptanz ihres zupackenden Wesens. Solche Hände wollen die Materie in den Griff bekommen, dann fühlen sie sich am richtigen Platz. So lässt man sie besser dieser mitgebrachten Lebensaufgabe gerecht werden und überfordert sie nicht mit feinsinnigen Gesten anderer Elemente, für die sie nicht geschaffen sind, auch wenn diese in der heutigen Zeit besser ankommen mögen.

Menschen mit Erdhänden sollten vorrangig lernen, mit Stress umzugehen und Übergewicht zu vermeiden. Für ihr Wohlbefinden ist entscheidend, dass sie sich ruhige, gesicherte Lebensverhältnisse schaffen. Falls sie sich zu sehr sorgen müssen, kann es zu Problemen mit der Verdauung des Lebens kommen, die sich in Magen- oder Darmkrankheiten offenbaren. Wichtig ist für sie auch, sich genug körperliche Betätigung in frischer Luft zu gönnen.

Im Alter fällt es Besitzern von Erdhänden ihrer Natur gemäß schwer, Beruf und Arbeit aufzugeben. Die Rettung sind dann oft Hobbys mit viel Bewegung in freier Natur mit neuen, aber nicht zu herausfordernden Aktivitäten. Die tiefe Ruhe der Erde ist eine Dimension, der sich auch Erdhandtypen oft erst spät zu ergeben lernen. Dabei besteht im Alter gerade für sie die besondere Aufgabe darin, die Hände in den Schoß zu legen und Ruhe zu geben.

Die Lufthand

Bei den vom Element Luft geprägten Händen kommt die quadratische Handfläche der Erdhand mit den langen Fingern der Wasserhand (siehe Seite 35) zusammen. Menschen mit quadratischer Hand und langen Fingern sind typische Luftmaler, die ihre Gedanken mit Gesten unterstreichen.

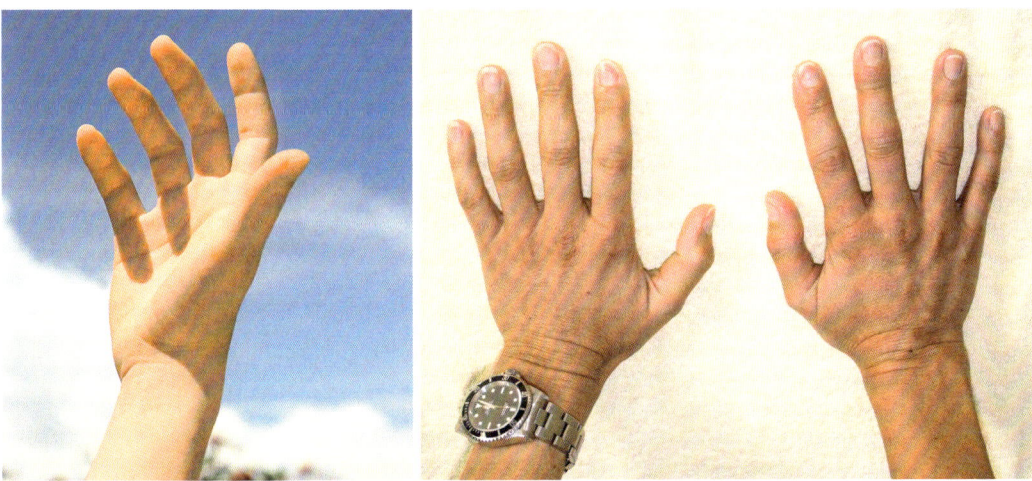

Die Lufthand drückt viel geistige Kraft und Beweglichkeit aus.

Im Element Luft verbinden sich Gedankenwelt, Inspiration und eine Vielfalt von Interessen mit Leichtigkeit und Eleganz. Lufthände sind ständig in Bewegung und können gestikulierend vermitteln und verbinden, ohne dabei zu verbindlich zu werden. Sie vermögen mit leichter Hand zu unterstreichen, was mit Worten und Haltung noch unvollendet blieb. Erdung ist die Schwäche von Menschen mit Lufthänden, und sie müssen darauf achten, dass sie es nicht bei Luftschlössern belassen, sondern ab und zu auch Nägel mit Köpfen machen.

Zu solch lebhaften Händen gehört im Idealfall ein ebenso aktiver, geistreicher und intelligenter Kopf. Menschen mit Lufthänden sind oft scharfsinnig und wissbegierig, aber auch leicht rastlos. Sie brauchen ständig intellektuelle Anregungen und Abwechslung, sonst langweilen sie sich rasch. Im Gegensatz zu Menschen mit Erdhänden verabscheuen sie jede Routine. Vor diesem Hintergrund ist ihre manchmal anzutreffende Untreue zu verstehen, sorgt sie doch immerhin für Abwechslung. Menschen mit Lufthänden reisen meist gern, schon weil sie den Tapetenwechsel brauchen. Fremde Länder und Kulturen reizen sie besonders, und keinesfalls mögen sie es, mit Besitzern von Erdhänden ständig an dieselben Ferienstrände und Lieblingsorte zurückzukehren.

Die Tendenz, in Gedankenwelten und Luftschlössern zu leben, kann auch eine gewisse Kühle mit sich bringen, die bis zu Unfreundlichkeit reichen kann. In der Höhe ist es bekanntlich kalt und einsam. Andererseits handelt es sich hier um Kommunikationshände, die gern lernen und vor allem im Umgang mit Computern und Elektronik geschickt sind. Diesen Menschen macht es vielfach Spaß, am Bildschirm Geld und anderes hin und her zu schieben und jeden Vorteil zu nutzen, wobei bei so vielen Verschiebungen auch einige Schiebungen herauskommen können, die aber meist gar nicht so böse gemeint sind, wie sie manchmal erscheinen. In Verbindung mit ihrem gut entwickelten Geschäftssinn haben Menschen mit Lufthänden oft Erfolg bei Geldanlagen. Sie arbeiten darüber hinaus mit Gewinn im Medien- und Politikbereich, im Handel und Verkauf sowie in der Reisebranche. An Fortbildung sind sie sehr interessiert, zumal diese sie nicht nur geistig, sondern oft auch geographisch *fort*bringt und sie Reisen lieben.

Im Gegensatz zu Besitzern von Erd- und Wasserhänden, die dem archetypisch Weiblichen zugeordnet werden, ist Stress für die Besitzer von archetypisch männlichen Lufthänden kein großes Problem. Sobald Lufttypen aber nervliche Anspannungen nicht ausreichend in Aktivität umsetzen (können), laufen sie schnell Gefahr, sich Atemwegserkrankungen einzufangen. Die bei ihrem Naturell naheliegende Überaktivität führt auch relativ rasch zu Erschöpfungszuständen, weil sie in der Regel nicht über die große Energie der Feuertypen verfügen. Diese haben eine solide Basis (langer Handteller) und stabile Antennen (kurze Finger), mit deren Hilfe sie ihre Energieversorgung bestens sichern können. Im Gegensatz dazu haben die Lufthände nur eine kurze Basis und lange Antennen, was schon bildlich für weniger Stabilität und leichtere Erschöpfung der Basis spricht. Deshalb sollten Besitzer von Lufthänden rechtzeitig lernen, regelmäßig zu entspannen und für Regeneration zu sorgen. Und obwohl sie hochfliegende Träume hegen, müssen auch sie im Laufe des Lebens Tiefe und Erdung finden.

An Lufthänden treten oft Knoten auf, die generell von Problemen sprechen und speziell an den Fingern auf die Verlangsamung der Gedanken hindeuten. In diesem Fall bleiben die Gedanken gleichsam in den Knoten hängen, und ihre Besitzer verfangen sich in Denkschleifen, ohne zu Ergebnissen zu kommen. Wir sprechen geradezu von einer Philosophenhand, wenn die langen Finger der Lufthand in der Mitte Knoten aufweisen.

Im Alter fehlen den Besitzern von Lufthänden häufig Anregungen durch abwechslungsreiche Arbeit und Gespräche im Kollegenkreis. Sie sind aufgerufen, sich nun selbst ein abwechslungsreiches Leben zu organisieren.

Die Wasserhand

Die dem archetypisch weiblichen Element Wasser zugeordnete Hand zeichnet sich durch einen länglichen Handteller und lange Finger aus. Die betreffenden Menschen sind ihren

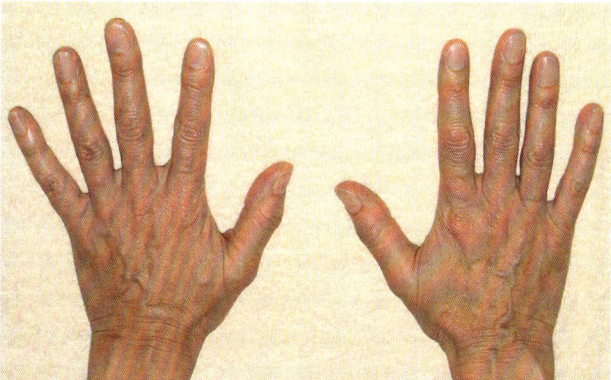

Die Wasserhand ist voll Weichheit und Feingefühl. Ihre Besitzer haben guten Zugang zu ihrer inneren Stimme.

Gefühlen und Stimmungen schnell ausgeliefert und sollten darauf achten, in Fluss zu kommen und zu bleiben.

Gegenüber den kompakten, ebenfalls archetypisch weiblichen Erdhänden sind die Wasserhände im Idealfall weich und einfühlsam. Sie wollen streicheln und liebkosen und sind dazu prädestiniert, Stimmungen und Gefühlen Ausdruck zu verleihen.

Die Wasserhand verfügt über Feinfühligkeit und Mitgefühl. Oft gehört sie zu kultivierten Menschen oder zu bildenden Künstlern, Dichtern oder Musikern. Aber auch Visionäre und Träumer, die in Gefahr sind, sich zu verlieren, besitzen oft Wasserhände. Wassertypen sind weniger an materiellen Welten interessiert und neigen eher dazu, auf ihr Unterbewusstes zu hören. Oft reagieren sie daher intuitiv und emotional und besitzen manchmal sogar übersinnliche Fähigkeiten. Da sie leicht verletzbar und kaum stressresistent sind, bevorzugen sie ein langsames Lebenstempo und verabscheuen Wettbewerb und Leistungsdruck, wodurch ihnen der moderne Lebensstil oft zuwider ist. Sie sollten aufpassen, sich nicht aufgrund einer gewissen Urteilsschwäche und leichten Beeindruckbarkeit zu Opfern machen zu lassen. In ruhiger, überschaubarer und beschaulicher Umgebung fühlen sie sich weit besser aufgehoben als in der modernen Hektik mit Dauerstress und den Anforderungen von Multitasking.

Menschen mit Wasserhänden sind in Pflegeberufen und im therapeutischen Bereich sowie im Kunstbetrieb in ihrem Element. Sie könnten als Designer und Schriftsteller ihren Weg machen. Da sie kaum Profitinteressen verfolgen und wenig geschäftstüchtig sind, bereichern sie weniger gern sich selbst als andere. Sie fühlen lieber ihr Herz, als das Bankkonto zu füllen. Gut verdienen können sie dennoch gleichsam nebenbei aufgrund ihrer Kreativität. Dann häuft sich manchmal Reichtum an, ohne dass sie danach bewusst gestrebt hätten.

Ihr Nervensystem ist oft so zart wie ihre Hände und macht sie anfällig für seelische Störungen, bei deren Bekämpfung es zu Arzneimittel- und auch Alkoholmissbrauch kommen kann. Wegen der hohen Sensibilität und Sensitivität liegt in der Überempfindlichkeit eine Gefahr, die sich körperlich manchmal in Allergien niederschlägt. Nicht nach außen gebrachte Energie in Gestalt von Aggression kann entgleisen und, gegen sich selbst gerichtet, unter Umständen in Autoaggressionskrankheiten wie Rheuma umschlagen.

Wie das Wasser als bestimmendes Element ihrer Hände sind diese Menschen beweglich und offen für die Rhythmen des Lebens. Ihnen liegen Reisen, bevorzugt in Gesellschaft und zu kulturell anspruchsvollen Orten, durchaus auch mit mystischem Hinter-

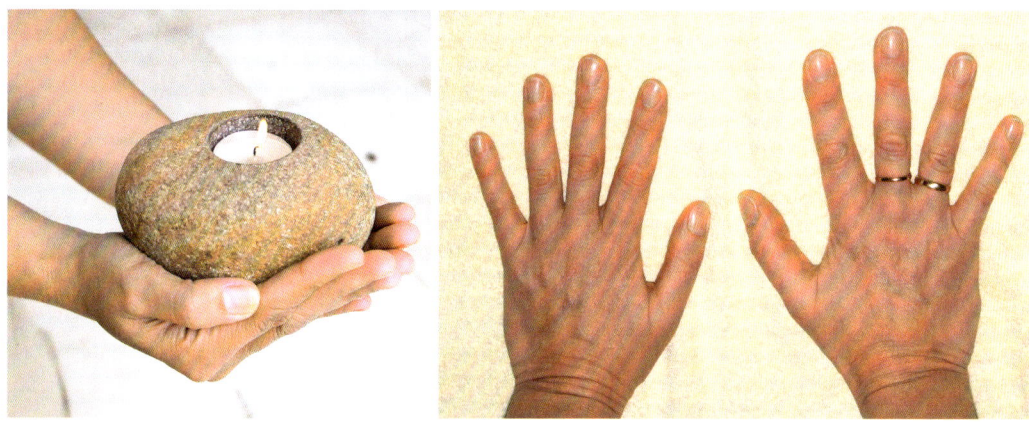

Menschen mit »heißen«, leidenschaftlichen Feuerhänden lieben Abwechslung und Abenteuer.

grund. Sie arbeiten gern kreativ, und es kann ihnen Erfüllung schenken, sich anderen zuzuwenden und (Mutter-)Liebe zu verströmen. Menschen mit Wasserhänden wollen den Fluss des Lebens begleiten und sanft modellieren. Auch sie schaffen dabei Bleibendes wie die »Handwerker« vom Erdelement, allerdings am liebsten in den Seelen auf der Gefühlsebene.

Lebensabend und Alter bieten den Betreffenden eher Erleichterung, Freude und Erfüllung, zumal Transzendenz und Mystik zu ihren Themen gehören und in der zweiten Lebenshälfte die Zeit für Kontemplation und Meditation für sie erst so richtig beginnen kann. Sie haben verglichen mit den anderen Elementetypen am wenigsten Probleme mit dem Alter und halten sich locker und entspannt über Wasser. Befreit vom Alltagstrott genießen sie Musik und Kunst und erfreuen sich an der Schöpfung und ihren eigenen schöpferischen Talenten, die sie gern aktiv pflegen.

Die Feuerhand

Feuerhände haben lange Handflächen wie Wasserhände, aber im Vergleich dazu relativ kurze, oft unruhige Finger, die wie züngelnde Flammen zu ständiger Bewegung tendieren. Diese Menschen packen begeistert zu und neigen zum Organisieren, aber auch zum Manipulieren.

Meist gehören diese aktiven bis hyperaktiven, archetypisch männlichen Feuerhände zu Menschen mit hoher Vitalität, die in ihrer Dynamik recht unbekümmert sein können.

Mit Feuereifer wollen sie die Dinge auf verschiedenen Ebenen in Bewegung bringen. Im Gegensatz zu den Besitzern der archetypisch weiblichen Erd- und Wasserhände ertragen sie ein ruhiges Leben kaum und suchen geradezu Herausforderungen. Das Feuerelement schürt die Lust auf Reisen in unbekannte Gefilde. Mit geradezu kindlicher Begeisterung sind die betreffenden Menschen für Abenteuer zu haben. Oft leben Feuertypen dank ihrer positiven Lebenseinstellung und charismatischen Ausstrahlung erfolgreich auf der Überholspur. Voller Leidenschaft können sie mitreißen und anführen. Da andere Menschen für sie sehr wichtig sind, fühlen sie sich in Gruppen oder auch Vereinen wohl. Dabei lieben sie es, im Rampenlicht zu stehen. Als Tausendsassas und Spaßvögel werden sie schnell zum Zentrum von Festen und Partys. Bei solchen und anderen Gelegenheiten könnten sie ihr Herz ungewöhnlich rasch verschenken – mit der ihnen entsprechenden Leidenschaft. Im Beruf vermögen sie gut zu organisieren und andere anzuleiten. Herausforderungen und Stress sind für sie vergleichsweise leicht(er) zu verarbeiten. In Gelddingen spielen sie ihrem Element entsprechend gern mit dem Feuer und riskieren viel. Sie tendieren zum Spekulieren und ziehen unter dem Strich eher Glück an. Dies ist über ihre meist gute Intuition erklärbar, die C. G. Jung dem Feuerelement zuordnet.

Wenn Besitzer von Feuerhänden ihre eher heißen Anlagen und Neigungen nicht über Herzensangelegenheiten oder begeisternde berufliche Projekte verwirklichen können, neigt der Körper im Sinne von *Krankheit als Symbol* dazu, einzuspringen und ihre Themen in Herz- und Gefäßkrankheiten darzustellen. Die in solche Hände gelegte Dynamik und Impulsivität, die bis zu Hast und Hektik führen kann, erhöht die Gefahr von Unfällen und Verletzungen. So müssen sich Besitzer von Feuerhänden immer wieder zügeln (lassen), sonst drohen Zusammenbrüche durch Überforderung. Mit ihrer starken Energie können sie auch rasch Strohfeuer entfachen.

Im Alter sind Menschen mit Feuerhänden gut beraten, freiwillig zur Ruhe zu kommen. Andernfalls wird das Nachlassen der Dynamik für sie leicht zum Problem und rasches Verglühen zur Gefahr. Im letzten Lebensabschnitt könnten sie sich und anderen mit ehrenamtlichen Tätigkeiten Erfüllung und Freude schenken.

Handtypen und Partnerschaft

Auf Basis der Zuordnung von Handform und Element lässt sich gut ergründen, welche Arten von Händen zum Bund fürs Leben gereicht wurden und was dabei herauskommt. Wichtige Fragen wären: Passen wir nach der Elementezuordnung der Hände überhaupt

► Der Reigen der Hände

Um zu erkennen, mit welcher Partnerhand Sie es zu tun haben, suchen Sie die eigene Hand in der linken senkrechten Spalte und vergleichen sie mit der Partnerhand in der oberen waagerechten Zeile. So ist gewährleistet, die Kombination aus der eigenen Perspektive zu begreifen.

Wer die Sicht seines Partners in Bezug auf die Beziehung verstehen will, sucht sich dessen Elementehand in der linken senkrechten Spalte und bringt sie mit der eigenen in der waagerechten Zeile zusammen.

Hand-form	Erdhand	Lufthand	Feuerhand	Wasserhand
Wasser-hand	*Sehr verschiedene Partner treffen aufeinander. Wasser wird Erde leicht als zu unsensibel empfinden. Erde könnte Wasser helfen, Träume in die Tat umzusetzen.*	*Luft kann Kosmopolit spielen und Wasser lehren, sich zu zeigen. Gefahr, dass Luft zu stürmisch agiert und Wasser wegfließt bzw. als Wasserhand abtaucht. Schöpferische Mischung zweier Energien bis hin zur schaumgeborenen Liebe.*	*Bei Wasser und Feuer ist viel Gefühl vorhanden; Genuss und Zuwendung sind wichtig. Wasser kann von der Großzügigkeit des Feuers lernen.*	*Begegnung zweier tiefgründiger Seelen, oft voller künstlerischer Ideen. Gemeinsame Projekte voller Idealismus, möglicherweise in eigenen, für andere schwer nachvollziehbaren Welten.*
Feuer-hand	*Feuer kann im Kontakt mit Erde ausgeglichener und weniger sprunghaft werden. Beide können Kreativität entwickeln und im Team umsetzen, falls Feuer seine Ungeduld bändigt und sich erden lässt.*	*Gute Partnerschaft, sofern beide kompromissbereit sind. Feuer muss Luft Freiheit geben. Luft muss lernen, sich mit Feuer zu verbinden.*	*Feuer und Feuer führt zu größter Leidenschaft mit allen Höhen und Tiefen; viel Dynamik, es wird nie langweilig. Zärtlichkeit ist besonders wichtig.*	*Feuer und Wasser können heiße Verbindung ergeben, wenn Feuer die Führung übernehmen darf und sein Elan nicht von Wasser gelöscht wird.*

Hand-form	Erdhand	Lufthand	Feuerhand	Wasserhand
Luft-hand	Redegewandte Luft langweilt sich mit Erde. Erde braucht Stabilität und Routine. Herausfordernde Verbindung; Erde könnte Bewegung lernen, Luft Verwurzelung.	Luft und Luft entsprechen sich in der Kreativität. Kühle Partner-schaft, wenig Dynamik wegen zu großer Ähnlichkeit; kann mit der Zeit eintönig werden. Beide möchten frei bleiben, wenig Eifersucht.	Luft und Feuer ergeben bewegte, spannende Beziehung. Leben in vollen Zügen; Geselligkeit wichtig. Unterschiedlichkeit kann zu Problemen führen; Feuer oft eifersüchtig auf Luft.	Luft und Wasser können kreative Verbindung eingehen; Luft kann von Wasser viel lernen. Wasser muss vorsichtig sein, Luft nicht mit Eifersucht und Besitzansprüchen zu blockieren.
Erd-hand	Erde und Erde verstehen sich natürlich gut, arbeiten beide hart und passen im Alltag gut zusammen. Solide, dauerhafte, klassi-sche Verbindung.	Verbindung kann aufgrund völlig verschiedener Lebensphiloso-phie schwierig sein. Erde wird Luft als oberflächlich empfinden, Luft Erde als schwer-fällig.	Erde und Feuer ergeben gute Verbindung mit großem Potenzial; Erde kann sich be-geistern für Feuer und Dynamik ler-nen, jedoch auch verwirrt werden. Feuer könnte Erde als zu träge und konservativ empfinden.	Erde und Wasser bilden schwierige Ausgangslage mit der Gefahr, sich herunterzuzie-hen. Erde ist leicht von oft unlogi-scher, wechselhaf-ter Wasserart gestört. Falls Erde sich flexibel zeigt, kann Wasser die Partnerschaft in Fluss bringen.

zusammen? Und mit welchen Händen und Aufgaben durften wir in unserer Herkunfts-familie zusammenleben?

Bevor wir bitten, jemand möge uns seine Hand reichen, sollten wir besser wissen, wel-che Art von Hand sich uns da gegebenenfalls entgegenstreckt. Auch falls eine Hand die andere waschen soll, wäre es hilfreich zu wissen, mit wem man das (Hand-)Waschwasser teilt – damit es am Ende nicht darauf hinausläuft, *schmutzige Wäsche zu waschen.* Je besser die Hände in einer Beziehung – gleichgültig ob Liebes-, Familien- oder Geschäftsbezie-hung – zueinander passen, desto einfacher werden natürlich gemeinsame *Hand*lungen.

Die Berge und Täler der Handfläche

Jede Hand lässt sich wie eine Landkarte lesen, wobei verschiedene Betrachtungsebenen deutlich werden. Die Berg- und Talebene der Hand entspricht auf den geographisch-physikalischen Landkarten den Höhenreliefs der Berge und den Niederungen der Seen. Die Handlinien entsprechen den Flüssen und Bächen. Auch diese können sich wie die Linien der Hand, obwohl nicht so rasch, im Laufe der Zeit und des Lebens ändern. Handkarten mit Bezeichnung und Abgrenzung verschiedener urprinzipieller Areale entsprechen politischen Landkarten mit Ländergrenzen, Städten, Straßen, Verkehrsknotenpunkten und dergleichen.

Die Handinnenseite lässt sich als eine tellerförmige, von Hügeln umschlossene Handebene beschreiben. Im oberen Bereich drücken die Fingerberge und die anschließenden Finger die männlich-feurigen Aspekte aus. Auf der Ebene der Archetypen sind hier alle drei Feuerzeichen vertreten. Das Marsprinzip mit dem dominierenden Daumen, das Sonnenprinzip mit dem Ringfinger und das Jupiterprinzip mit dem Zeigefinger. Daneben finden wir das Luftelement mit dem Merkur zugeordneten kleinen Finger und seinem entsprechenden Berg sowie das Erdelement mit dem Mittel- oder Saturnfinger (-berg). Damit ist die Hand, die an sich schon dem männlichen Merkurprinzip zugeordnet ist, mit den Fingern, die ebenfalls zu Merkur gehören, sozusagen fest in archetypisch männlicher Hand.

Das weibliche Erdelement ist mit dem Saturnfinger (Mittelfinger) nur schwach vertreten. Die weiblich-wässrigen Elemente sind überhaupt nur relativ versteckt in der Innenseite der Hand zu finden: in der unteren Begrenzung des Handtellers mit dem

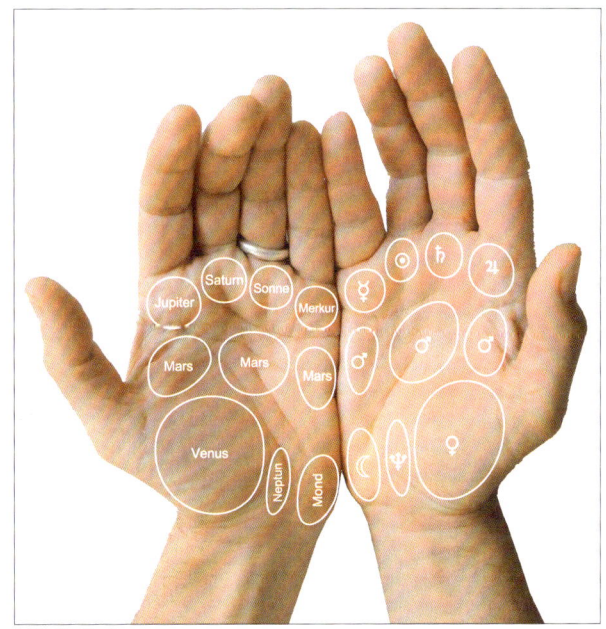

Die Hand liefert genaue Hinweise, wo die inneren Schätze und Talente verborgen sind. Herausforderungen fallen dem geübten Leser bald ins Auge.

Venusberg an der Daumenbasis, dem Mondberg gegenüber und dem des Neptunprinzips dazwischen. So stehen die Wasserberge den Feuerbergen gleichsam gegenüber.

Das Weibliche, Weiche ist innen besser geschützt, während die Feuerfinger und der Erd- und Luftfinger außen in der Welt agieren. Die tiefe Ebene des (Hand-)Tellers ist dem Marsprinzip zugeordnet, das bereits im Daumen seine dominierende Stellung ausdrückt.

Die Berge des Handtellers

Die Berge in der Hand können sich im Laufe des Lebens verändern. Sie sind eine Art Energiespeicher und neigen dazu, mit der Zeit und dem Alter zu verflachen. Übergroße Berge weisen auf überschießende Energien und Ambitionen hin, kleine zeugen von Energiemangel in der betreffenden Region. Beides lässt sich durch entsprechende Lebensharmonisierung ausgleichen.

Die weiblichen Berge an der Handbasis

Der **Venusberg**, am Fuße des Daumens, ist ein Anzeiger weiblicher Lebensenergie und -freude. Sein Ausmaß und seine Spannkraft sagen etwas über Libido, Sinnlichkeit, Schönheitssinn und Friedensliebe, aber auch allgemein über Gesundheit und Charakter aus. Ein harmonisch abgerundeter Venusberg ist ein Zeichen für ein ebensolches Gemüt. Auch ein liebendes Herz kann sich auf diese Weise ausdrücken. Ist der Venushügel dagegen leer und eingefallen, steht es schlecht um die Lebenskraft und -lust. Da der Venusberg anatomisch die Muskeln für den Daumen birgt, zeigt sich hier sehr deutlich, wie wichtig ein gut entwickeltes Verhältnis zum Venusprinzip für das marsische Agieren in der Welt ist, das vor allem der Daumen repräsentiert.

Der **Mondberg** liegt im Handteller dem Venusberg gegenüber, und tatsächlich bildet im Bereich der Weiblichkeit das Mondprinzip den Gegenpol zum Venusprinzip. Mond steht für das Unbewusste im Allgemeinen, für Mütterlichkeit und Rhythmusgefühl, für Empfindsamkeit, Intuition und Fantasie sowie als Berg in der Hand auch für künstlerische, kreative Veranlagungen. Ist dieser Hügel breit und lang bis zum Handgelenk, kann er übersinnliche Kräfte oder große Nähe zur Natur ausdrücken. Wenn er übertrieben groß und stark entwickelt ist, enthüllt er die Schattenseiten des Mondprinzips wie Launenhaftigkeit und die Tendenz, schnell beleidigt zu reagieren. Wo er dagegen sehr klein ist, verrät das Mangel an Vorstellungskraft und Sensitivität.

Der **Neptunberg** steht zwischen den beiden archetypisch weiblichen Bergen von Mond und Venus und ist bei den meisten Menschen eher wie ein Tal ausgebildet, was damit zu tun haben dürfte, dass dieses Prinzip des Mystischen, Hintergründigen heutzutage meist zu kurz kommt. Neptun schafft Verbindung zum Transzendenten, das den meisten unbewusst und fremd ist. Ein gut ausgebildeter Berg verdeutlicht hier entsprechende Beziehungen zu mystischen und jenseitigen Reichen, kann aber auch Charisma und eine rasche Auffassungsgabe für Hintergründiges anzeigen. Ein tiefes Tal an dieser Stelle verweist auf Menschen, die wenig mit den jenseitigen Bereichen unserer Existenz verbunden sind und diese ignorieren. Im Extremfall denken sie überhaupt wenig über sich selbst und das Leben nach.

Die Fingerberge

An den Wurzeln der Finger liegen die vier Fingerberge, die mit leicht gebeugten Fingern (siehe Bild) zu beurteilen sind und die Prinzipien und Botschaften des jeweiligen Fingers in die Hand fortsetzen. Sie bilden eine Hügelformation, die von der beschriebenen weiblichen Hügelkette auf dem gegenüberliegenden unteren Handtellerrand durch eine Kette von Repräsentanten des Marsprinzips in der Ebene getrennt ist.

Der **Berg des kleinen Fingers**, wie sein zugehöriger Finger dem Merkurprinzip zugeordnet, steht für Kommunikation, Vermittlung und Beziehung. Ein gut ausgeprägter Berg weist auf eine aufgeschlossene, am Leben interessierte, häufig auch warmherzige Persönlichkeit hin. Bei Überentwicklung verrät sich hier jedoch Schwatzsucht, wie auch übertriebenes Interesse an Sex. Unterentwicklung deutet einen Mangel an Austausch an und steht für zu kurz kommende Beziehungen.

Der **Ringfingerberg**, wie sein Finger dem Sonnenprinzip zugeordnet, steht für Kreativität und Liebe zur Kunst sowie für die Dynamik des Lebens und seine Emotionalität. Ein ausgeprägter, runder Berg mit guter Spannung spricht für ein sonniges Gemüt und eine strahlende, anziehende Persönlichkeit. Überentwicklung drückt oft Selbstüberschätzung bis zur Überheblichkeit aus. Ist diese Region unterentwickelt, verrät sie ein Defizit an Ausstrahlung und Ausgeglichenheit.

Der **Mittelfingerberg** gehört zum Saturnprinzip. Ein gut ausgeprägter Berg enthüllt Disziplin und strukturiertes, konsequentes Handeln sowie Eigenverantwortlichkeit und Verantwortungsbewusstsein. Eine Überentwicklung lässt auf übertriebene Sparsamkeit bis zu Geiz schließen, auf verbale Härte mit der Tendenz zu Zynismus. Hier kann sich auch ein Leben in Einsamkeit, als Einzelgänger abzeichnen. Ist der Mittelfingerberg unterentwickelt, deutet sich darin ein Mangel an praktischem Lebensbezug an.

Der **Zeigefingerberg** entspricht dem Jupiterprinzip. Gut ausgeprägt, zeugt er von Toleranz und Großzügigkeit, Selbstsicherheit und Menschenfreundlichkeit. Ist er übertrieben entwickelt, verrät er überzogene Ansprüche bis zu Größenwahn, brennenden Ehrgeiz und eine dominante, oft überhebliche, autoritäre Art. Unterentwicklung ist hier ein Hinweis auf Mangel an den genannten positiven Eigenschaften des Jupiterprinzips und steht eher für Kleinkariertheit.

Die mittlere Ebene des Marsprinzips

Die mittlere Ebene des Handtellers wird gebildet vom kleinen Marsberg auf der Daumenseite zwischen Zeigefingerberg und Venusberg, von der mittleren Marsebene im tiefsten Punkt der Handtellers, wo die meisten Menschen ihr Handlinien-M haben, und vom großen Marsberg zwischen Kleinfinger- und Mondberg.

Der **kleine Marsberg**, unterhalb des Jupiterberges gelegen, verdeutlicht typische Marsaspekte wie Energie, Selbsterhaltungstrieb, Kampfgeist und Mut. Ein gut entwickelter Berg deutet auf die Fähigkeit, sich im Leben kraftvoll und mutig zu behaupten. Übermäßig entwickelt, kann es zur Selbstüberschätzung kommen, wo die Aggressionsenergie in Brutalität und Grausamkeit auszuarten droht. Ein flacher, unterentwickelter Berg enttarnt Konfrontationsscheu mit einer Tendenz zu Energiemangel und manchmal auch Feigheit.

Die **mittlere Marsebene** verdeutlicht Leidenschaften und Emotionalität. Ein gut ausgeprägtes Tal mit Spannkraft weist auf ein reiches Gefühlsleben hin. Ist der Bereich eher überentwickelt und geradezu aufragend, spricht dies für ein aufbrausendes Wesen, Eifersucht und Jähzorn. Eine unterentwickelte Ebene im Sinne einer Mulde ohne Spannkraft und Fülle im Gewebe verrät einen Mangel an Ausstrahlung und Dynamik.

Der **große Marsberg** zwischen Kleinfinger- und Mondberg zeigt die Leistungsfähigkeit und allgemeine Integrität. Ein ausgeprägter Berg spricht für die Fähigkeit, zu sich und anderen zu stehen und den Lebenskampf überzeugend anzugehen. Ist dieser Berg überentwickelt, kann das darauf hinweisen, dass ein Mensch Leistung über alles stellt und dazu neigt, auch riskante Kämpfe um des Kampfes willen zu führen oder missionarisch bis fanatisch vorzugehen. Unterentwicklung deutet in dieser Zone auf einen Mangel an Integrität hin und verrät den Opportunisten und Wendehals.

Besonderheiten der Handstruktur

Wird die Hand zur Faust geballt und der Daumen auf die gekrümmten Finger gepresst, wölbt sich in der Regel ein Hügel auf, der **Daumenmaus** genannt wird und für den Lebensantrieb steht.

Je fester die Daumenmaus ist, desto robuster und widerstandsfähiger ist ihr Besitzer. Eine weiche Daumenmaus weist auf geringe Vitalität hin. Beginnt dieser Muskel zu schwinden, kann es einen bedrohlichen Vitalitätsmangel anzeigen und ein früher Hinweis auf Diabetes sein.

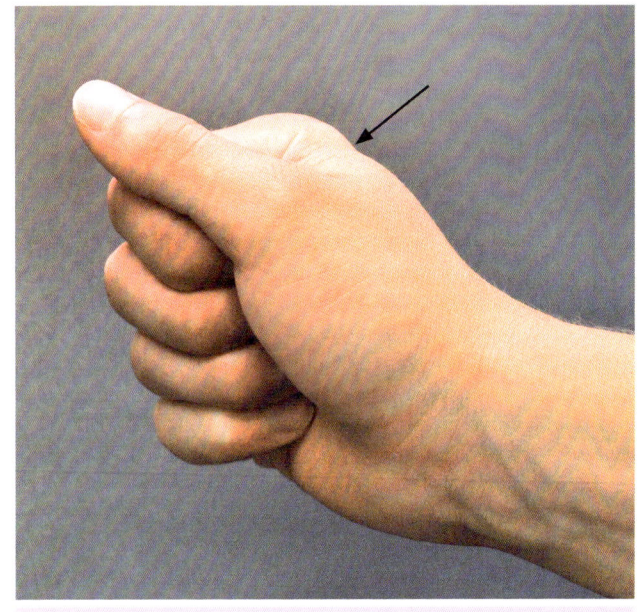

Die Daumenmaus ist ein Indikator für den Lebensantrieb.

Da die Daumenmaus auch für Willensstärke steht, dokumentiert ihre geringe Entwicklung entsprechende Schwäche.

Die **Fingerwurzeln**, das heißt die Ansätze von kleinem, Ring-, Mittel- und Zeigefinger, bilden im Idealfall einen gleichmäßigen Bogen, der eine runde, ausgewogene Persönlichkeit andeutet. Es handelt sich um einen Menschen, der das Leben im Griff und *den Bogen heraushat*. Eine Gerade statt des Bogens würde für außergewöhnliches Selbstvertrauen und damit auch besonderen Erfolg stehen.[6]

Ein deutlich niedriger Fingeransatz zeigt an, dass dieser Bereich zurückgenommen und folglich im Leben zurückgestellt und von großer Bedürftigkeit geprägt ist. Vorkommen kann dies natürlich nur beim Zeige- und kleinen Finger. Ist mit dem Zeigefinger das Jupiterprinzip zurückgestellt, dokumentiert dies einen Mangel an Vertrauen in die eigenen Wachstums- und Entwicklungsmöglichkeiten und letztlich an Selbstvertrauen. Die Betreffenden bekommen oft zu wenig Respekt für sich und ihre Leistungen.

---

6 Siehe zur Deutung der Ansatzhöhe der Finger auch Richard Unger, *Lebensabdruck*, München 2008.

Im Idealfall bilden die Fingerwurzeln einen harmonischen Bogen.

Als Reaktion können daraus leicht Ärger und Wut entstehen.

Ein tiefer Ansatz des dem Merkurprinzip unterstehenden kleinen Fingers drückt Mangel an Kommunikationsbereitschaft und Verbundenheit aus, der wiederum in Minderwertigkeitsgefühlen gründen kann. Bei Frauen deutet ein tiefer Ansatz des kleinen Fingers auch vielfach an, dass sie mit einem emotional abwesenden Vater aufwachsen mussten. Oft wählen sie dann unbewusst wieder einen solchen Mann als Partner. Bei Männern können sich hier »Muttersöhnchen« verraten, die, in ständiger Sorge, ihre Mutter glücklich zu machen, oft vergaßen, was sie selbst brauchten. In Beziehungen haben sie Schwierigkeiten, ihre eigenen Herzenswünsche zu spüren.

Mit dem kleinen Finger (Merkur) und dem Zeigefinger (Jupiter) ist die Achse von Wissen und Weisheit angesprochen. Sind beide Finger zurückgestellt, bedeutet es einen Mangel an Einsicht und Perspektive.

Die **Höhe des Daumenansatzes** zeigt die angeborene Fähigkeit, Projekte erfolgreich abzuschließen und Resultate zu erzielen. Schließlich ist der dem Marsprinzip zugeordnete Daumen das entscheidende Element der Hand für unser Zugreifen. Er bildet den entscheidenden Teil der Zange, mit der wir das Leben anpacken. So wird er zu einer Art Hebel, der veranschaulicht, wie die (arche-)typisch männliche Kraft ins Leben gebracht wird.

Je tiefer er liegt, desto mehr Oppositionskraft hat der Daumen und desto eher erzielt sein Besitzer Ergebnisse und fallen ihm Erfolge in den Schoß. Besitzer eines tiefer liegenden Daumenansatzes mit mehr Hebelkraft können offenbar auch im übertragenen

Sinn mehr Hebel in Bewegung setzen. Der tiefe Daumenansatz findet sich bei praktisch veranlagten, geschickten Menschen.

Je höher andererseits der Ansatz des Daumens liegt, desto weniger kann er in Opposition zu den Fingern gehen und desto schwächer wird die Zange und ihre Hebelkraft. Betroffene müssen sich mit harter Arbeit und im Schweiße ihres Angesichts Erfolge verdienen.

Die Daumen von Affen, zum Beispiel Gorillas, sind hochgestellt, und darum sind ihre Hände weniger Hebel und Zangen denn Klammerhände. Sie helfen, sich von Baum zu Baum zu schwingen, sind aber weniger geeignet, Werkzeuge zu (be-)nutzen. Unter den Menschenaffen haben Schimpansen zwar einen sehr kurzen, aber immerhin tief ansetzenden Daumen. Sie sind damit die geschicktesten unter unseren tierischen Verwandten und kommen uns beim handwerklichen Greifen und auch vom *Begreifen* her, also im Hinblick auf die Intelligenz, am nächsten. Selbst ein hoch ansetzender menschlicher Daumen ist immer noch deutlich größer und besser als Hebel entwickelt.

Ein hoher Ansatz, der den menschlichen Daumen tendenziell mehr in eine Reihe mit den übrigen Fingern stellt, deutet allerdings auch auf eine Bevorzugung und Hochstellung männlicher Eigenschaften hin, die sich im marsischen Daumen mit seiner Dominanz und Feuerkraft ausdrücken. Damit sind Intellektuelle ausgerüstet, kreative Denker, die geistige Probleme als Herausforderungen sehen und sich auf deren Lösung stürzen. Im geistigen Bereich und so auch in dem der Kommunikation haben sie deutliche Vorteile; als Problemlöser sind sie beliebt. Die Praxis ist jedoch meist nicht ihre Stärke.

Beim mittleren Daumenansatz verbinden sich die beiden obigen Tendenzen. Eigentlich handelt es sich um die vollkommene Hand, die zu Menschen gehört, die sich in allen Lebensbereichen zu helfen wissen.

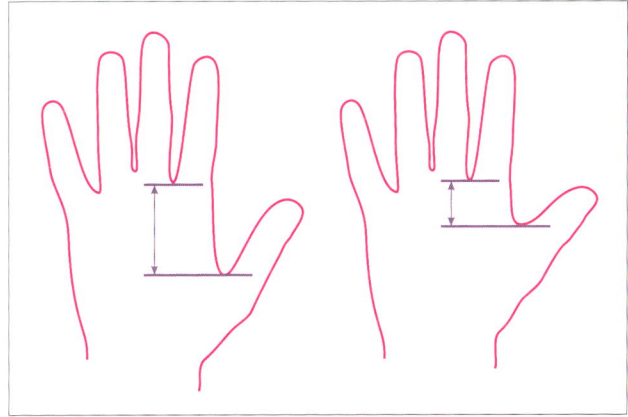

Der das Selbst symbolisierende Daumen bekommt in der Handanalyse viel Aufmerksamkeit. Neben der Form geben auch Ansatz und Beweglichkeit Aufschlüsse.

Der **Daumen-Zeigefinger-Winkel** zeigt den Aktionsradius und Wirkungsbereich eines Menschen und im weitesten Sinne die Fähigkeit, göttliche Maßgaben ins Leben zu übertragen. Wird der Daumen so weit wie möglich abgespreizt, ergibt sich im ausgewogenen Fall ein Winkel von neunzig Grad. Es zeigt, dass der Betreffende sich der Welt ausreichend öffnen und sich ihr gegenüber auch wieder verschließen kann.

Kleinere, spitze Winkel gehören zu vorsichtigen, zurückhaltenden Menschen, die tendenziell gehemmt sind und sich nicht trauen, ihre marsischen Kräfte frei einzusetzen. Sie sind recht widerstandsfähig gegenüber äußeren Reizen und versuchen, sich vor äußeren Einflüssen und auch vor Wachstumsaufforderungen des Schicksals zu schützen. Dies lässt sie manchmal als engstirnig und antriebsschwach oder gar als faul erscheinen. Moderne Multitasking-Anforderungen sind ihnen ein Gräuel, da sie sich mit Vorliebe nur einer Aufgabe zur selben Zeit widmen, dies aber mit starkem Willen, der leicht etwas Stures haben mag.

Ist der Winkel dagegen größer als neunzig Grad, kann dies auf einen Mangel an Konzentration und Selbstbeherrschung hinweisen mit der Gefahr von Energievergeudung, vor allem in dieser Kombination von Unkonzentriertheit. Wer auf neunzig Grad und mehr kommt, wird gern nach außen gehen und sich auch *äußern*. Die Frage ist, ob er seine Ziele umsetzen kann. Dieses Kennzeichen findet sich oft bei Frauen, die ihr Potenzial kaum leben und sich ständig zurückhalten.

Im Gegensatz zu den spitzwinkligen haben die breitwinkligen Typen eine hohe Fähigkeit zur Anpassung. Sie sind intellektuell sehr aufgeschlossen und nicht selten schöpferisch begabt. Da sie so offen sind, kann ihnen jedoch alles schnell zu viel werden. Ihre Extrovertiertheit bringt sie leicht aus ihrer Mitte, dafür sind sie aber bereit, jede neue Idee aufzugreifen. So laden sie sich oft mehr Aufgaben und Verantwortung auf, als ihnen guttut. Mangelnde Erdung in Verbindung mit Extrovertiertheit lässt sie leicht haltlos erscheinen, zumal sie ebenso rasch abzulenken wie zufriedenzustellen sind.

Menschen, deren Hände verschiedene Winkel aufweisen, sind entweder hinter ihren Möglichkeiten zurückgeblieben, wenn (bei Rechtshändern) der linke Daumenwinkel größer ist als der rechte, oder im umgekehrten Fall über sich hinausgewachsen. Bei Linkshändern gilt dies natürlich umgekehrt.

Bezieht man zusätzlich die **Beweglichkeit der Daumen** in die Betrachtung ein, bieten sich weitere interessante Aufschlüsse. **Steife Daumen** stehen für eine unnachgiebige Haltung gegenüber sich selbst und dem Leben. Auf das Bild des Gartens zurückkommend, wo die Finger als Bäume imponieren und der Daumen als ihr Gärtner, haben wir hier die Eiche vor uns, die stark, aber unflexibel jedem Sturm aufrecht trotzt, statt sich zu beugen und zu biegen wie etwa eine Weide. Die sprichwörtliche deutsche Eiche, die unbeugsam lieber bricht, als sich dem Sturm vorübergehend zu fügen, der ebenso unbeugsame Ritter, der in aussichtsloser Lage lieber stirbt als verhandelt, oder der Reformator Martin Luther mit seinem berühmten Ausspruch »Hier stehe ich und kann nicht anders« sind typische Beispiele. Besitzer solch starker Daumen können sich auf ihre *unnachgiebige* archetypisch männliche, marsische Energie verlassen. Eiserner Wille und starke Konzentrationsfähigkeit auf eine Aufgabe lassen sie entschlossen und aufrecht bis zum Erreichen ihres Ziel durchhalten. Dies kann sie aber auch hartnäckig und starr machen, so dass sie zu widerstandsfähig gegenüber den An- und Herausforderungen des Lebens werden. Oft wirken sie dabei ebenso rechthaberisch wie in ihrer Kraft überzeugend. Der Macho könnte über solche Daumen verfügen. Im Bewusstsein seiner männlichen, phallischen Kraft und im Vertrauen auf sie kann er sehr zurückhaltend sein, was das Erlernen neuer Muster und Möglichkeiten angeht. Wo die kindliche Lust fehlt, wird die männliche Kraft oft zu steif und unflexibel und verliert ihren Charme und alles Spielerische.

Flexible, bewegliche Daumen, die Weiden im Gartenbild der Fingerbäume, symbolisieren anpassungsfähige Menschen, die sich dem Rhythmus des Lebens viel leichter hingeben können als die widerstandsfähigen Typen vom steifen Daumen. Sie schwimmen gern mit dem Strom, was aber noch nicht heißt, dass sie immer mit der Meute kläffen. Da sie intellektuell aufgeschlossen und kreativ sind, können sie ihre schöpferischen Begabungen leicht ins Spiel des Lebens bringen und haben mit dieser Anlage viele Ideen. Oft nehmen sie allerdings zu viel (Aufgaben und Verantwortung) auf sich. Wie die Menschen mit einem übergroßen Daumenwinkel sind sie rasch zufrieden und leicht ablenkbar durch die Fülle ihrer (Bewegungs-)Möglichkeiten. Es fällt ihnen meist nicht schwer, die östliche Weisheit zu beherzigen: »Wenn du es eilig hast, mache einen Umweg« oder »Der direkte Weg ist vielleicht der schnellste, aber oft nicht der beste«.

Ihrer Natur gemäß gehören flexible Daumen häufiger zu den breitwinkligen Typen mit großem Bewegungsumfang des Daumens, während steife Daumen eine gewisse Verwandtschaft zu den spitzwinkligen Typen mit geringem (Bewegungs-)Radius haben.

Mit den **Fingerknöcheln** sind die Grundgelenke der Finger gemeint. Wenn die Knöchel einen harmonischen Bogen beschreiben, spricht dies für eine sehr auf ihr eigenes und

Die Fingerknöchel der geballten Hand weisen auf deutlich hervortretende oder vernachlässigte Lebensthemen hin.

das Erscheinungsbild der Umgebung achtende Person, die am Außen hängt. Ein unregelmäßiges Bild haben Menschen, die mit allen möglichen Lebensthemen großzügig und zwanglos umzugehen verstehen. Sind die Knöchel des kleinen (Merkur-)Fingers unbedeutend, weist dies auf Kommunikations- und Liebesdefizite hin; sind die des Ringfingers gering ausgeprägt, deutet sich mangelnde Selbstliebe an. In der geringen Ausprägung des Mittelfingerknöchels zeigen sich mangelnde Ordnung und Struktur; Verantwortung wird kleingeschrieben. Falls der Zeigefinger nur einen kleinen Knöchel hat, könnte es auf mangelnde Sinnfindung und Lebensphilosophie wie auch auf geringe Lebensfreude hinweisen.

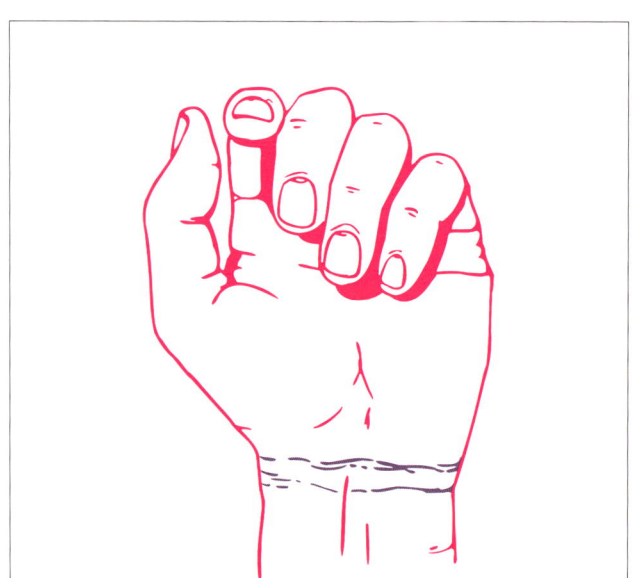

Für in ihrer Heimat hoch angesehene orientalische Handleser sind drei durchgehende Raszetten bei Frauen ein sicheres Langlebigkeitszeichen.

Die **Raszetten** genannten Ringe an der Grenze von der Hand zum Unterarm, die wie Armreife das Handgelenk umfassen, sind bei Männern selten und wenig aussagekräftig. Die oberste steht bei Frauen für Gesundheit ihrer Gebärmutter und für Fruchtbarkeit. Diese ist bei durchlaufender Raszette gut. Ist sie unterbrochen oder durchhängend, weist dies auf entsprechende Probleme hin. Im Orient werden Frauen mit fehlenden oder nicht durchgehenden Raszetten diskriminiert, da die Fruchtbarkeit enormen Stellenwert hat.

DIE FINGER – DIE ANTENNEN ZUR WELT

Die Gestalt der Finger, unserer Antennen zur Welt, lässt vielfältige Rückschlüsse zu, wie wir unsere Umwelt begreifen und wahrnehmen, mit welchem Fingerspitzengefühl wir dem Leben begegnen und welche Spuren oder Fingerabdrücke wir hinterlassen. Eine erste Differenzierung bezieht sich auf die Fingergröße und -form:

Kleine, kurze, dicke Finger gehören zu Menschen, die sich durch die Fähigkeit schneller Informationsverarbeitung auszeichnen. Die Betreffenden sind seltener Theoretiker oder Philosophen als vielmehr Praktiker und neigen als solche zu intuitivem Denken und instinktiven Reaktionen. Detailfragen kommen bei ihnen wie bei ihren Fingern oft zu kurz, und so sehen sie vorzugsweise das Ganze und achten weniger auf Einzelheiten. Als praktisch veranlagte Menschen sind sie häufig gute Konstrukteure und Planer. Allerdings zeigen sie sich oft ungeduldig und neigen zu Abkürzungen, um gesteckte Ziele schneller zu erreichen. Dies kann zu Nachlässigkeit und regelrechtem Pfuschen verleiten und langfristig Probleme schaffen.

Lange, schlanke Finger zeichnen Menschen aus, die sehr ins Detail gehen und zur Differenzierung bis in letzte und kleinste Einzelheiten neigen – umso mehr, wenn die Finger mit Knoten versehen sind. Diese stoppen den Gedankenfluss, und so nehmen die Betreffenden sich noch mehr Zeit, sich um Einzelheiten und alle Eventualitäten zu kümmern. In der Konsequenz herrschen bei ihnen Sorgfalt und exaktes, analytisches Denken vor, was sie für Präzisionsarbeiten prädestiniert. Mit ihrer in der Regel guten Koordination sind sie aber auch für so anspruchsvolle Herausforderungen wie chirurgisches Arbeiten geeignet. Andererseits macht ihre Gründlichkeit sie oft langsam, was zum Problem werden kann. Eine andere Schwäche ist, den Überblick schnell zu verlieren und wegen der Detailverliebtheit den Wald vor lauter Bäumen zu übersehen. Ein Chirurg zum Beispiel muss immer die ganze Situation im Auge haben. Eine noch so wunderbar reparierte Einzelstruktur nutzt wenig, wenn es am Ende heißt: »Operation gelungen, Patient tot.« Insofern findet man gar nicht so selten gute Chirurgen und Pianisten mit kurzen, optisch weniger eleganten Fingern, mit denen sie aber virtuos auf den verschiedenen Klaviaturen des Lebens spielen.

Schlanke, knotige Finger deuten auf einen scharfen Verstand und ein Talent zum Problemlösen hin. Jeder Knoten entspricht symbolisch und oft genug auch konkret einem Problem. In der Medizin sind Knoten nicht umsonst gefürchtet, denn in ihnen verkörpern sich fast immer ungelöste und aufgeschobene Aufgaben, die im Guten oder Bösen einer Lösung harren. Zu lange übersehen, erweisen sie sich nicht selten als gefährlich. Menschen mit knotigen Händen sind also im wahrsten Sinne des Wortes Probleme in die Hände gelegt. Detailversessen schaffen sie (sich) oft selbst noch zusätzliche Probleme, indem sie alles (sehr) lange und wiederholt durchdenken. Ihr großer Drang nach Ordnung kann Vorteile haben, aber auch zur Besessenheit werden. Wer viele Hürden in den Weg gestellt bekommt, mag sich – in erlöster Form – auf Dauer als Problemlöser hervortun. Er könnte aber auch an zu vielen eigenen ungelösten Problemen untergehen.

Jeder Finger vermittelt etwas Besonderes. Deshalb werden sie im Folgenden auch einzeln gedeutet und gewürdigt:

Daumen

Der Daumen ist dem archetypisch männlichen Marsprinzip zugeordnet und auch aus diesem Grund die Nummer eins. Astrologisch betrachtet beginnt die Entwicklung mit dem von Mars beherrschten Widderprinzip. Wie schon erwähnt ist der Daumen der wichtigste und spezifisch menschlichste Finger, der uns erlaubt, zu greifen und damit Werkzeuge zu benutzen. Alle anderen Finger beziehen sich beim Greifen auf den Daumen und spielen mit ihm das Spiel der Polarität: Greifen und Begreifen durch Gegensätz-

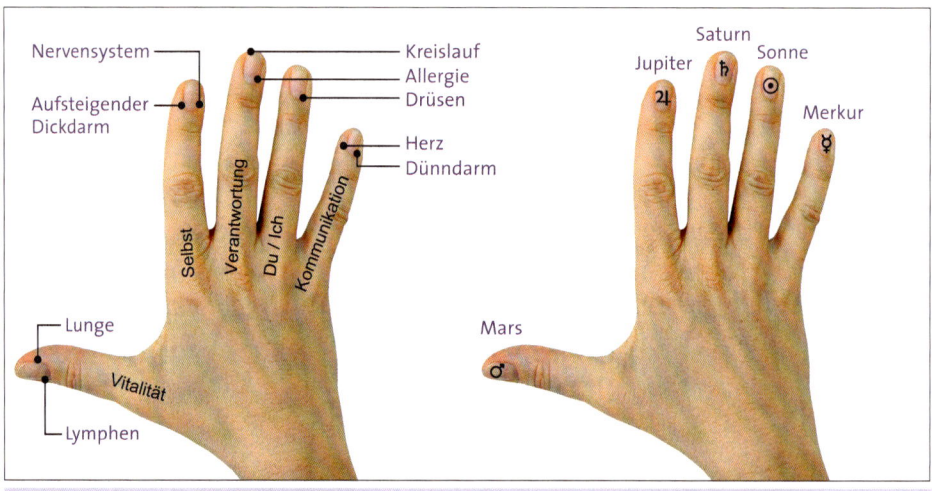

Die Finger und ihre Verbindung zu Lebensthemen und Meridianen sowie zu den Urprinzipien.

lichkeit. Tendieren die im Daumen verkörperten Marskräfte in eine unerlöste Richtung, können sich hier Ärger und Wut in entsprechenden Verkrümmungen ausdrücken. Oft nehmen auch Rheuma und Gicht ihren Anfang am Daumen – oder an seinem unteren Gegenpol, dem großen Zeh.

Wenn wir jemandem *den Daumen drücken*, wünschen wir ihm Glück. Mit dieser Geste bergen und schützen wir stellvertretend für ihn unsere archetypisch männliche marsische Kraft und unser Selbst, bringen damit aber auch zum Ausdruck, dass wir ihm nicht aktiv beistehen und helfen können, da wir keine Kontrolle der Lage besitzen. Die optimistischere Geste wäre, ihm bei geballten übrigen Fingern beide Daumen aufgerichtet entgegenzuhalten und ihm so viel Glück zu wünschen. Der in solcher Art erhobene Daumen ist ein Zeichen der Zuversicht. Geht er hoch und wird demonstrativ gezeigt, markiert er in dieser archetypisch phallischen Geste Erfolg oder doch den Wunsch nach solchem oder auch Lob. Wir wünschen damit letztlich, jemand möge zu seiner männlichen Energie *stehen*, aufrecht bleiben, sich durchsetzen und seine Ambitionen verwirklichen. Umgekehrt deutet der nach unten weisende Daumen auf ungenügende Ergebnisse oder Misserfolg hin. Im alten Rom konnte diese Geste vonseiten des Imperators das Todesurteil sein (mehr zur Symbolik des Daumens ab Seite 97). Der Daumen wird hier also zum entscheidenden Anzeigeinstrument für das Schicksal und damit zum alles entscheidenden Finger. Nicht zufällig verbindet er sich in den Mudras (Fingerhaltungen) aus dem Yoga und der Meditation mit den anderen Prinzipien und enthält als Repräsentant des Selbst immer auch etwas von ihnen. Als Nummer eins unter den Fingern entspricht er so auch der Ganzheit, wie sich im Märchen vom kleinen Däumling zeigt.

Wenn wir einem Menschen *Daumenschrauben anlegen*, setzen wir ihn unter Druck. Er kommt also mit seinem Willens- und Vitalitätssymbol unter den Einflussbereich unserer archetypisch männlichen marsischen Kraft und wird zu deren Opfer, bis er tut, was wir wollen. Wir zwingen ihm unseren Willen auf und tun dies symbolisch typischerweise über seine Daumen. Wo wir *den Daumen drauf haben*, dort ist unser Einfluss- und Herrschaftsbereich, den wir mit dieser Geste zugleich markieren und selbstbewusst beanspruchen. Durch Daumendruck setzen wir unser Siegel, wie es dereinst in China ganz offiziell ge*hand*habt wurde.

In der sogenannten Gliedertaxe der Medizin wird der Daumen wie ein Auge bewertet, jenes andere Symbol der Einheit. Das zeigt, welch zentrale Bedeutung dem Daumen selbst von ganz pragmatischen Versicherungsleuten zugeschrieben wird.

In der Differenzierung zwischen archetypisch weiblicher linker und archetypisch männlicher rechter Seite gilt nach Richard Unger[7] der rechte Daumen als Meister des Erfolges und als Macher. Als »Regierungschef« der Hand muss er etwaige Teufelskreise des Misserfolges durch Zusammenarbeit mit seinen Ministern, den anderen Fingern, durchbrechen. Der linke Daumen regiert dagegen die Angelegenheiten der Familie oder der Gemeinschaft. Er muss alle Aufgaben im Zusammenspiel mit den anderen Fingern mit beweglichem Geist lösen, ohne das eigene Wohlergehen voranzustellen. Hier geht es um echte Zusammenarbeit ohne Rücksicht auf das eigene Ego.

Zeigefinger

Der dem Jupiterprinzip zugeordnete Zeigefinger ist unser zweitwichtigster Finger. Mit dem Daumen zusammen bildet er jene Zange, in uns erlaubt, Werkzeuge zu halten und nach dem Leben und seinen Angeboten zu greifen. Auch wenn wir jemanden *in die Zange nehmen*, sind in der Regel diese beiden Urprinzipien vorrangig beteiligt. Hierbei handelt es sich auf der Urprinzipienebene um eine Zusammenarbeit von Mars und Jupiter. Marsische Aufbruchskraft und persönliche Energie verbinden sich mit jovischer Zielorientierung und Lebensphilosophie.

Bei dem anfänglichen Test auf Seite 12 wurde bereits deutlich, dass der Zeigefinger bei besonders männlichen Männern (und Frauen) klein ausfällt und gegenüber dem Ringfinger zurückbleibt. Je männlicher sich jemand gebärdet, desto weniger mag er tatsächlich mit jovischen Eigenschaften wie Toleranz und Güte, Religio und Philosophie, der Liebe zur Weisheit, zu tun haben. Je länger aber dieser Jupiterfinger ist, desto feingeistiger werden Macht und eigener Einfluss geltend gemacht, wie es ja auch eher typisch für weibliche Wesen ist. Kleine Zeigefinger sprechen eher für Angst vor Konfrontationen, was an geringfügigem Selbstvertrauen liegen mag, obwohl typisch männliche Männer dazu neigen, das Gegenteil zu demonstrieren. Wahrscheinlich müssen sie sich außen so hart geben, weil innen alles so weich ist, nach dem Motto »Harte Schale, weicher Kern«. Dem entspricht die Erfahrung vieler Frauen, dass ihr männlicher Partner vor Konfrontationen und Aussprachen zurückschreckt, wahrscheinlich weil er sich in diesen nicht mehr durchsetzen kann. Dass sich hinter betont männlichen Gesten und Auftritten – etwa aufgepumpten Muskelbergen – wenig Selbstvertrauen, Mut und erlöst Männliches

---

7 Siehe Richard Unger, *Lebensabdruck*, München 2008.

verbirgt, ist eine Alltagserfahrung. Bodybuilder und auftrumpfende Männer legt man in der ärztlichen Praxis zum Blutabnehmen besser hin und oft sogar gleich in Schocklage; Frauen, die Kinder geboren haben, kann man (im Notfall) selbst im Stehen Blut abnehmen. Ein Blick auf die Finger kann hier einiges ehrlicher und deutlicher machen.

Der Jupiterfinger ist der (An-)Zeiger, der den Weg weist und unsere Verbindung zur Einheit herstellt. Bezeichnenderweise ist er es auch, mit dem Gott den ersten Menschen Adam bei dessen Erschaffung an ebendiesem Finger berührt, jedenfalls in der Darstellung von Michelangelo in der Sixtinischen Kapelle. Wir müssen also nur diesem (Jupiter-)Prinzip folgen, um wieder eins zu werden. Das heißt, es gilt, jovische Toleranz zu entwickeln, auf Wachstum und Entwicklung zu setzen, die Liebe zur Weisheit und die Suche nach dem Lebenssinn an die erste Stelle zu rücken. Mythologisch gesehen ließe sich hier noch auf zwei Brüder von Jupiter-Zeus verweisen, die in der Hand keinen Ausdruck finden, die aber ebenfalls im Laufe des Lebens integriert werden wollen: erstens Pluto-Hades, Gott und Prinzip der Unterwelt, der mit dem Stirb-und-werde-Thema und den großen Wandlungen des Lebens, den Metamorphosen und der Metanoia, der reuigen Umkehr, verbunden ist, und zweitens Neptun-Poseidon, Gott und Prinzip des Transzendenten und der Allliebe.

Als Anzeiger sollte der Jupiterfinger auf das Ziel deuten und uns die Richtung weisen. Er hat in seiner Eigenschaft als Indexfinger somit auch noch einen merkurialen Aspekt, ähnlich dem kleinen Finger. Der Index eines Buches ist dessen merkurialster Aspekt, einzig gedacht, um sich besser und rascher zu orientieren. Der Gott Merkur ist als Bote des Jupiter-Zeus im Mythos dem Göttervater ebenfalls sehr oft sehr nahe und vertritt dessen Anliegen wie eigene. Letztlich ist mit der Eigenschaft als Anzeiger auch noch ein Sonnenaspekt verbunden, denn wenn der Mensch sich selbst meint, deutet er mit diesem jovischen Finger und dem unterstützenden marsischen Daumen auf sein Herz und verbindet so alle drei Feuerprinzipien miteinander. Noch umfassender würde bei dieser Geste die ganze Hand zum wahren Herzen gehen, das dem Herz-Chakra entspricht und im Gegensatz zum physischen Herz genau in der Brustmitte liegt.

Zudem hat der Zeigefinger auch etwas Saturnines, denn mit erhobenem Zeigefinger, energetisch unterstützt vom marsischen Daumen, verbieten wir Kindern all das, was sie am meisten reizt. Wenn wir ihn so mit der Außenseite nach vorn den Kinder vor der Nase schwenken, wird damit unsere momentane Verschlossenheit und Unnachgiebigkeit ausgedrückt. Abgrenzungen marsischen Charakters kommen hinzu in Gestalt des ebenfalls aufrechten Daumens. Mit dem erhobenen, gleichsam phallisch erigierten Zeigefinger können wir auch dem Gegenüber einiges (an-)drohen, etwa eine Strafe.

Wenn wir den Zeiger so zur *Waffe* machen und möglicherweise auf andere richten, wobei es um unsere eigene Verantwortung und manchmal auch Schuld geht, sollten wir uns an die Analyse dieser Geste erinnern und erkennen, dass dabei immer drei Finger auf uns selbst zeigen, selbst wenn das Duo Jupiter-Mars (Zeigefinger-Daumen) weit von uns weg weisen will. Generell lässt sich sagen: Je weiter wir etwas von uns weisen wollen, desto näher und wichtiger ist es für uns und unsere Entwicklung.

Dies gilt auch für so aggressive Gesten wie das *Vogelzeigen*, die sich ebenfalls des Zeige(finge)rs bedienen. Auf diese Weise verbindet sich das jovische Prinzip mit dem uranischen des Verrückten, Ausgeflippten. Eigentlich wäre es ja logischer, wenn man jemanden herabsetzen will, ihm am Hinterteil ein Wildschwein zu zeigen statt an der Stirn ein so ansprechendes Tier wie einen Vogel. Aber die Stirn ist nun einmal die Region (uranischer) Geistesblitze, symbolisiert durch den Vogel. Folglich verbindet sich der Zeiger mit der Stirn als symbolischem Ort und mit dem Vogel als Wappentier dieses Prinzips, das nicht zu den klassischen sieben gehört und früher vom Saturnprinzip mit-vertreten wurde.

Bei jedem Vogelzeigen und Verrückterklären weist der jovische Finger, unterstützt vom Daumen, stellvertretend in die Richtung des diskriminierten Bereichs bei einem selbst: des Stirnhirns. Die anderen drei Finger zeigen zurück auf den Diskriminierten. Eigentlich ist diese Geste überaus ehrlich, zeigt man doch auch auf die eigene Stirn, obwohl sie nur stellvertretend für die des Diskriminierten berührt wird. Tatsächlich liegt das Problem aber bei einem selbst, und beide deuten dies an.

Bei Projektionen dagegen, wenn der Zeigefinger sich (zusammen mit dem Aggression ausdrückenden Daumen) auf den vermeintlich Schuldigen richtet, um ihn zu richten, geben die drei anderen Finger der Ehrlichkeit die Ehre. Der für Kommunikation zuständige merkuriale kleine Finger stellt die Verbindung zum eigenen Zentrum her. Der Mittelfinger (Saturnfinger) weist darauf hin, dass die Verantwortung doch bei einem selbst liegt, und auch der Ringfinger (Sonnenfinger) tendiert in diese Richtung und weist auf das eigentliche Probleme in der eigenen Mitte.

So könnten wir am jovischen Zeigefinger das Prinzip der Projektion durchschauen lernen. Wer sich nach der Motto »*Quod licet Iovi, non licet bovi*«, sinngemäß übersetzt: »Was Jupiter geziemt, geziemt noch lange nicht jedem Rind«, der Welt nähert, wird zu ihrem Opfer. Wer dagegen die erlöste Variante von Jupiter wählt und das Prinzip des antiken Göttervaters nutzt, um eins mit allem zu werden, eben auch mit dem, was man von sich weisen will, der ist auf dem direkten Weg zu Gott beziehungsweise zur Einheit.

In der Mythologie zeigt Jupiter allerdings auch große Schattenseiten, die sein Finger ebenfalls andeuten kann. Er wickelt zahlreiche andere Götter, aber auch Menschen ein. Manchmal – wenn weiblich und attraktiv – zieht er sie nahe zu sich, auch zieht er sie nicht selten über den Tisch und arbeitet häufig mit Haken und Ösen. Sein Finger stellt tatsächlich auch einen Haken dar, wie die alpenländischen Sitte des Fingerhakelns *zeigt*. Dabei ziehen in der Regel rauflustige Burschen, um mit ihrer männlichen marsischen Kraft zu protzen, einander im wahrsten Sinne des Wortes über den Tisch unter Nutzung ihrer gekrümmten Zeigefingerhaken. Der Zeigefingerhaken lässt sich aber noch viel problematischer verwenden, um andere in falsche Richtungen zu locken und im übertragenen Sinn über den Tisch zu ziehen. Die Geste, bei der der (An-)Zeiger eine ausholende und zugleich einladende heranziehende Bewegung immer wieder in die Luft malt, um jemanden zu sich heranzulocken, wie es die Hexe im Märchen von *Hänsel und Gretel* tut, spricht Bände. Dem solcherart Angelockten und Verführten wird nur die Außenseite der Hand geboten, von echter Offenheit also keine Spur. Er kann gar nicht sehen, was sich innen befindet und was im Schilde geführt wird. In solchem Fall kommen marsische, merkuriale und jovische Aspekte in ihrer unerlösten Form zum Zuge.

Der rechte Zeigefinger ist auch ein Repräsentant eigener Macht, ein Anführer, bei dem vorsichtig darauf zu achten ist, wie er mit seiner Macht umgeht. Der linke Zeigefinger steht dagegen für gelebte jovische Leidenschaften und für Sehnsüchte nach Unabhängigkeit. Hier ist Vorsicht vor versteckten Blockaden, vor Apathie und Abstumpfung geboten.

Ein kurzes Endglied des Zeigefingers deutet auf sehr materialistische Züge hin. Sollte der Finger obendrein dick sein, wäre der Materialismus noch ausgeprägter. Ein längeres, schlankes Ende des Zeigefingers ist dagegen ein Zeichen für Scharfsinnigkeit.

Mittelfinger

Der *Mittel*finger ist der längste unter den Fingern und ragt heraus, meist um seine ganze Nagellänge. Obendrein hält er die Mitte, so dass die anderen Finger ihm gleichsam zur Seite stehen und sich manchmal sogar der Daumen in diese Phalanx einreiht.

Wenn Frauen, und selten auch einmal Männer, nur am Mittelfinger einen Ring tragen, sind sie häufig sehr auf sich und ihr Ego bezogen. Sie markieren damit sozusagen ihre längste Fahnenstange und stellen sie noch mehr heraus, als es schon natürlicherweise geschieht. Solches Betonen des längsten Fingers der Hand ist meist eine Kompensation einer dahinterliegenden Selbstwertschwäche. An der linken Hand verrät ein Mittelfinger-ring, der natürlich selbst in seiner Art und Größe noch einiges ausdrückt, in den Keller gesunkenes Selbstwertgefühl. Die therapeutische Botschaft könnte lauten: »Räum inner-lich auf.« Rechts getragen spricht er für Unordnung im Alltag, für Arbeits- und oft auch Geldprobleme.

Bei fast allen Gesten geht der Mittelfinger voran. Wenn nicht der Zeige(finge)r aus-drücklich auf etwas hinweist, übernimmt der längste unter den Fingern die führende Position und Rolle. Da er dem Saturnprinzip untersteht, sollte folglich bei allen Ges-ten die Verantwortung betont sein. In der unerlösten Variante droht sonst die Ebene von Schuldzuweisungen. Struktur und Disziplin, ebenfalls zum Saturnprinzip gehörig, bekommen so *vorrangige* Bedeutung, und die Reduktion auf das Wesentliche ist uns sozu-sagen in führender Position in die Hand geschrieben. Auch Einfachheit und Selbstverant-wortung wurden uns *hervorragend* in die Hand gelegt und überragen damit Themen wie Kommunikation (Merkur: kleiner Finger), Ausstrahlung und Selbstdarstellung (Sonne: Ringfinger), Toleranz und Großzügigkeit (Jupiter: Zeigefinger) und selbst Energie und Kraft (Mars: Daumen). In Gestalt des Mittelfingers sind uns auch die zentralen Schat-tenthemen Krankheit und Tod als wesentliche Aspekte des Lebens in führender Rolle *an die Hand gegeben.*

Als »Stinkefinger« vertritt der Mittelfinger den unerlösten Saturnaspekt und weist die Verantwortung von sich, indem er sie auf andere abschiebt oder genau genommen nach oben an den Himmel verweist. Bei dieser Geste wird der Mittelfinger als einziger in die Höhe gereckt, nur verdeckt unterstützt vom marsisch-feurigen Daumen, der dabei meist gleichzeitig noch den Zeige- und manchmal auch den Ringfinger zurückhält, die zusam-men mit dem kleinen Finger die eigentliche Quelle des Elends bezeichnen, indem sie auf den Stänkerer selbst deuten. Verantwortung (Saturn) wird mit viel Engagement und Energie (Mars) in Gestalt des mitziehenden Daumens von sich gewiesen und dreht dem stellvertretend Angeschuldigten den Handrücken zu, was Verschlossenheit offenbart.

Letztlich ist der »Stinkefinger« der normalen Geste des Zeigens von der Signatur her ähnlich. Geht aber der mit Strenge und Struktur, Gericht und Reduktion assoziierte saturnine Mittelfinger voraus statt des mit Großzügigkeit und Toleranz verbundenen jovi-schen Zeigefingers, ist die Bedeutung sofort völlig anders und viel negativer.

Der Mittelfinger ist auch beim Victory-Zeichen beteiligt. Mit dem Zeige(finge)r verbindet er sich zum V. Das Jupiter- und Saturnprinzip kommen zusammen und weisen – allerdings auseinanderstrebend – zum Himmel. Dabei wird in der Regel die offene Hand nach vorn gehalten und enthüllt damit, dass der Daumen und Repräsentant der Energie (Mars) den Ringfinger (Sonne) niederhalten muss. Es ließe sich damit übersetzen, dass Selbstdarstellung und Egozentrik als negative Aspekte des Sonnenprinzips energisch niedergehalten werden müssen, damit der Sieg (engl. *victory*) von Verantwortung und Toleranz gelingen kann. Als Churchill dieses Zeichen am Ende des Zweiten Weltkrieges machen konnte, war genau dies gelungen. Sein V(ictory) wurde der Welt zum Symbol der Erlösung vom Albtraum des Faschismus.

Thema des rechten Mittelfingers ist Verantwortung – er ist diesbezüglich eine Art unbestechliches Alarmsystem. Hier zeigt sich, ob Vorhaben auch zu Ende gebracht werden. Der linke Mittelfinger hat eher die ebenfalls mit Saturn verbundenen Schuldgefühle zum Thema. Er ist für Verlässlichkeit im Alltag zuständig und dafür, gesundes Selbstbewusstsein zu entwickeln.

Ein langes Endglied des Saturnfingers verrät die Ernsthaftigkeit seines Besitzers; ein kurzes ist Indiz für großen Einfluss der Umgebung und deutet erhebliche Skepsis in alltäglichen Dingen an.

Ringfinger

Obwohl er Apollon und damit dem Sonnenprinzip zugeordnet ist, das für sich stets den *Mittel*punkt und ersten Platz beansprucht, kämpft der Ringfinger in Bezug auf die Länge um die Position der Nummer zwei. Falls das männliche Prinzip in Gestalt des Testosterons im Mutterleib vorherrschte, kann er sich unter dessen Einfluss zur Nummer zwei herausgewachsen haben. Überwog dagegen weibliches Östrogen, wird er auf gleicher Höhe mit dem Zeigefinger oder sogar noch hinter ihm zurückgeblieben sein und damit nur den dritten Rang einnehmen. Es ist also viel männliches Hormon notwendig, um der Sonne in der Hand zum Durchbruch beziehungsweise zweiten Platz zu verhelfen – und damit Themen wie der Liebe aus vollem Herzen, sprichwörtlichem Löwenmut, Ausstrahlung und Charisma.

Dem Ringfinger werden auch Verlässlichkeit, Treue und natürlich die Ehe zugeordnet, obwohl sie vom urprinzipiellen Standpunkt alle drei eindeutig zu Saturn gehören. Die Ehe ist ja sogar eine in der Praxis erheblich einschränkende Institution. Außerdem wird der Ringfinger mit dem zweiten Chakra, dem Sakral- oder Sexual-Chakra, in Verbindung gebracht und dadurch in Beziehung zu Partnerschaft und Sexualität gesetzt, wobei letztere noch mehr mit dem kleinen Finger assoziiert ist.

Der Ringfinger ist jener Ort, der über den Ring oder sein Fehlen bis heute den Familienstand anzeigt und deshalb für viele Frauen von großer Bedeutung war und zum Teil noch immer ist. Unter dem Einfluss von viel männlichem Hormon (hervor-)gewachsen, fasziniert der Ringfinger Frauen naturgemäß mehr als Männer, und sein Schmuck, die Ringe, wurde mehr oder weniger Frauensache.

Unter den Fingern fällt der Ringfinger durch geringe Eigenständigkeit und Beweglichkeit auf. Viele Menschen können ihn kaum unabhängig von den anderen Fingern bewegen, weil er zu sehr mit seinen Nachbarn zusammenhängt. Einzeln kann er kaum agieren, wie auch das Sonnenprinzip immer andere braucht, um sich in ihnen zu spiegeln. Beim Schachspiel ist der ihm zugeordnete König ebenfalls wenig beweglich und ständig auf die Figuren seiner Umgebung angewiesen. So ist der Ringfinger unter seinen Kollegen der faulste, besonders im Vergleich zum aktiven Daumen. Dafür kann er mit demonstrativem Schmuck auftrumpfen. Kostbare Ringe sollen das Funkeln des inneren Lichts und das Strahlen des Herzens imitieren und letztlich ersetzen, ähnlich wie die Edelsteine in Königskronen das Leuchten des obersten Scheitel- oder Kronen-Chakras.

Der rechte Ringfinger ist vor allem der Kreative, der Künstler und zeigt an, wie sehr wir geliebt werden wollen. Der linke steht für Selbstsicherheit, Experimentierfreude und Eigenliebe. Ein langes Ende verdeutlicht die Fähigkeit, sich an Kunst zu erfreuen, eine Überlänge des Endgliedes des Ringfingers verrät Narzissmus, während eine spachtelformige Spitze schauspielerisches Talent andeuten kann. Ist er insgesamt dünn, verweist dies dagegen auf mangelnden künstlerischen Sinn.

Kleiner Finger

Der kleine Finger ist wie die Hand an sich dem Merkurprinzip zugeordnet und im weitesten Sinne mit dem Thema Kommunikation verbunden. Solcherweise doppelt von Merkur geprägt, dient er in manchen Kulturen als Anzeigeinstrument für die Art der Arbeit oder des Standes. Häufig darf sein Nagel in Asien beliebig wachsen als Zeichen, dass sein Besitzer etwas Besseres ist oder sein möchte. Wenn diesem Finger Ringe Glanz verleihen oder wenn man ihn (un-)absichtlich abspreizt, werden Finger und ganze Person, vor allem bei männlichen Ringträgern, auffallend herausgestellt.

Von seiner Funktion her hat der Kleine relativ wenig zu bieten. Wir würden ihn noch weniger als den Ringfinger vermissen, wenn wir nicht gerade beim Schreiben auf der Computertastatur auf das Zehnfingersystem trainiert haben. Wie der Planet Merkur aus Sicht der Erde ständig in der Nähe der Sonne und mit ihr besonders eng verbunden ist, bleibt auch der zurückgesetzte, viel kleinere Merkurfinger seiner Natur gemäß immer mit dem ihn überragenden Sonnenfinger verbunden, von dem er manchmal eben auch einen oder gleich mehrere Ringe abbekommt. Typischerweise ist er viel agiler und beweglicher als der Ringfinger, was sowohl zum Sonnen- als auch zum Merkurprinzip gut passt. Auf der Merkurseite ist viel Bewegung und wenig Macht angesiedelt, auf der Sonnenseite viel bewusste (Macht-)Demonstration und geringe Beweglichkeit.

Sprichwörtlich heißt es, dass jemand die ganze Hand nimmt, wenn wir ihm nur den kleinen Finger reichen. Tatsächlich stellt der kleine Finger, dem Merkurprinzip entsprechend, verblüffende Verbindungen her. Mittels Merkurprinzip lassen sich viele Türen öffnen und Zugänge verschaffen. Der Mythos kann hier einiges erklären und vertiefen. Hermes-Merkur ist als Seelenführer oder Psychopompos ebenfalls äußerst beweglich und damit beschäftigt, den Menschen ganz konkret den Weg zu zeigen. Als Herr der Wege – der geraden wie der krummen, der Abkürzungen wie der Umwege – ist er für Verkehr und Austausch zuständig. Sowohl Händlern als auch Dieben verpflichtet, denn beide fördern – in seinem Sinn – Austausch, ist er flexibel und anpassungsfähig und überall zu Hause. Er kann in das gefühlstiefe neptunische Meeresreich einweisen (der kleine Finger erreicht in der Handfläche tatsächlich gerade eben den Neptunberg), aber auch in das Totenreich der Unterwelt von Hades. Selbst in das himmlische Reich des Olymps hat er Zugang (der kleine Finger reicht gerade eben zum jovischen Zeigefinger hinüber) und ist von seinem Vater Jupiter immer gern gesehen. Ein Charakteristikum von Hermes-Merkur sind seine geflügelten Sandalen, mit deren Hilfe er sogar fliegen kann. Darüber hinaus ist er in der Lage, sich mittels Tarnkappe unsichtbar zu machen, was ihm vielfältige Möglichkeiten und eine noch größere Bewegungsfreiheit in der Welt der Menschen und Götter verleiht. So ist er prädestiniert, die Seelen zu führen und ihnen ihren unausweichlichen Weg zu weisen.

Der rechte kleine Finger zeigt, wie der Bereich Kommunikation gemeistert wird. Der linke kleine Finger verrät den Grad der Selbsterkenntnis und wieweit Einsicht und Heilkraft zur Verfügung stehen. Darüber hinaus ist er Ausdruck von Intimität und sexuellen Neigungen. In seiner spontanen Haltung als Teil der Hand und in den Hand- und Finger-

➤ Die Finger und ihre Bedeutung

	Rechte Hand Bedeutung	Aufgaben des jeweiligen rechten Fingers	Linke Hand Bedeutung	Lebensschule des jeweiligen linken Fingers
Daumen	Erfolg und Einheit	Macht und Ohnmacht durchleben und Erfolge genießen	Boss im persönlichen Umfeld, in der Familie	Persönliche Umsetzungsprobleme aufspüren und erlösen
Zeigefinger	Göttliche Macht, allgemeine Orientierung	Persönliche Orientierungslosigkeit akzeptieren und umwandeln	Luxus (aus-) leben und genießen	Lebensfreude und -sinn finden und sich gönnen
Mittelfinger	Verantwortung, Führung	Verantwortungslosigkeit bei sich selbst erkennen	Struktur und Ehrlichkeit	Sich mit Schuldgefühlen aussöhnen und sie überwinden
Ringfinger	Ästhetik, Liebe und Kreativität	Übertriebene Zurückhaltung aufgeben	Beziehung, Partnerschaft	Probleme mit Intimität lösen
Kleiner Finger	Kommunikation	Ausdrucksunfähigkeit erkennen und neue Ausdrucksarten lernen	Einsicht, innere Kommunikation	Angst vor Kritik überwinden, Wahrnehmung schärfen, sich Ausdruck verschaffen
Handinnenfläche	Offenheit	Seinen Weg gehen, ohne an der Vergangenheit hängenzubleiben	Ehrlichkeit, Eigenverantwortung	Verkrampfungen eingestehen und loslassen

spielen, in die er einbezogen wird und an denen er sich beteiligt, liegt viel *Deut*liches auch im Hinblick auf diese Venuskomponente. Kaum jemand hält ja seine Finger still, vielmehr spielen die meisten Menschen ständig mit und an ihnen.

Ein langes Endglied des kleinen Fingers ist ein Zeichen für herausragende Ausdrucksfähigkeit und, wenn es spitz zuläuft, obendrein für große Beredsamkeit in der erlösten Form und Redseligkeit in der unerlösten. Ein kurzes Endglied verrät dagegen Denkfaulheit.

Fingerausrichtungen

Abstände und Krümmungen

Falls die Finger bei der locker auf eine Tischplatte gelegten Hand eng nebeneinander liegen, spricht dies für zurückhaltende, wenig gesellige Menschen und zeugt von Angst und Konservativismus. Solche Menschen sind meist innerlich so eng, wie ihre Finger liegen. Stehen die Finger weiter auseinander, zeugt dies von Offenheit oder sogar von Extrovertiertheit. Von der »Bohemien-Spreizung« spricht man, wenn alle Finger auseinanderliegen.

Darüber hinaus sind auch die einzelnen Abstände von individueller Bedeutung: Ein abstehender Zeigefinger deutet auf intellektuelle Freiheit hin, aber auch Ehrgeiz kann sich so äußern. Die Besitzer neigen dazu, Entscheidungen selbstständig zu fällen. Tut sich zwischen Mittel- und Zeigefinger eine auffallende Lücke auf, verweist dies auf einfallsreiche, fantasievolle und vor allem unabhängige Persönlichkeiten, die ihren Weg ohne Angst vor Konsequenzen gehen. Sie verzichten auf Rückversicherungen und machen leicht den ersten Schritt. Um innere Ruhe zu finden, brauchen diese Menschen viel Zeit für sich. Sie sind gern allein.

Steht der kleine Finger deutlich ab, ist dies ein Zeichen für eine unabhängige Person, die sich kaum je körperlich oder seelisch einzwängen lässt. Allerdings kann sich darin auch Extravaganz bis hin zur Exaltiertheit ausdrücken. Der weit abgespreizte kleine Finger wird von der Umgebung oft als maniert und zickig gedeutet.

Durchlässige Hände

Der Volksmund geht davon aus, dass Löcher zwischen den Fingern das Geld durchrinnen lassen. Wer in seine aneinandergelegten offenen Handflächen trockenen Sand oder Wasser gibt, hat einen einfachen Test, ob Materielles rasch durch seine Finger gleitet oder ihm weitgehend erhalten bleibt.

Ein guter Durchfluss stellt eigentlich den idealen Umgang mit Geld dar, das ja gerade nicht gehortet, sondern als Tauschmittel genutzt und ausgegeben werden soll. Solange es im Sinne des Merkurprinzips eingesetzt wird, also als Mittel zum Zweck, um mit Situationen und Gelegenheiten, Menschen und Ländern oder mit Kunstobjekten und Handelsgütern in Kontakt zu kommen, wird es in Umlauf bleiben. Dann ist Geld in seinem merkurialen luftigen Element. In diesem Sinne gehört es auch urprinzipiell unbedingt in die Hände. Sobald sich aber zu viel Gefühl daran bindet oder es zum Zweck der Spekulation und des Machtausübens gesammelt wird, entstehen jene Probleme, unter denen die Menschheit heute ächzt.[8]

Verbogene Finger

Das selten vollkommen verwirklichte Ideal sind völlig gerade Finger. Bei der Deutung von Verbiegungen liefert der Daumen (Marsfinger) den Ausgangspunkt, denn er steht für das Selbst und wird damit zum Maß aller Dinge in der Hand. An ihm richten sich die Finger aus. Entweder wenden sie sich ihm zu oder von ihm ab. Beide Richtungen kennen erlöste und unerlöste Entwicklungen.

Wenn der **kleine Finger** (Merkurfinger) zum Daumen strebt, ist das Denken eher angepasst. In erlöster Version dient es dann vorzugsweise dem Selbst und seiner Entwicklung. Falls der Kleine aber vom Daumen wegstrebt und sich damit der Kontrolle entzieht, spricht es für geistiges Abschweifen, Gedankenflucht und Konzentrationsmangel. Das Wegstreben kann im erlösten Zustand ein Zeichen für freie, unabhängige Kommunikation sein.

Tendiert der **Ringfinger** (Sonnenfinger) zum Daumen, ordnen sich die künstlerischen Talente und expressiven Elemente unter und passen sich dem Wohl des Ganzen an. Im erlösten Sinne dient dies der Selbstverwirklichung. Strebt der Ringfinger vom Daumen weg, bricht er aus dem vorgegebenen Rahmen aus und geht in Hinblick auf Ausdruck und künstlerische Ambitionen eigene Wege, die im unerlösten Fall auch Abwege sein können.

Falls der **Mittelfinger** (Saturnfinger) zum Daumen und damit zum Selbst steht, tendiert der Besitzer dieser Hand – im erlösten Fall – zur Unter*ordnung* unter das große Ziel der Selbstverwirklichung. Er könnte sich aber auch in weniger entwickelter Hinsicht dem einfacheren Weg des Sichfügens und Anpassens verschreiben und ein Duckmäuser sein. Falls der Mittelfinger sich vom Daumen abwendet, haben wir es mit einem Menschen zu tun, der eigene Wege anstrebt, aber dabei auch seine Selbstverwirklichung riskiert.

8   Siehe Dahlke, *Die Psychologie des Geldes,* München 2008.

Hier zeichnet sich die Tendenz ab, sich für ehrgeizige Ziele zu verbiegen. Im erlösten Fall könnte auch große Bereitschaft bestehen, Eigenverantwortung zu übernehmen und sich für andere oder die Berufung zu verbiegen.

Ein sich zum Daumen neigender **Zeigefinger** (Jupiterfinger) spiegelt eine in weltanschaulichen Dingen gefügige und eher unterwürfige Einstellung wider. Es könnte auch für einen Menschen sprechen, der in religiösen Dingen konservativ dem traditionellen Weg folgt. Im unerlösten Fall besteht die Gefahr darin, sich zu wenig eigene Gedanken über den persönlichen Weg zu machen und sich blind unterzuordnen. Strebt der Zeigefinger nach außen in die Freiheit, weg vom Daumen als dem Kontrolleur und Selbst, will sein Besitzer eigene Wege im Hinblick auf Lebenssinn und Lebensphilosophie gehen. Dies könnte die Gefahr des Egotrips beinhalten, aber auch die Chance ausdrücken, einen eigenen Weg der Befreiung zu finden.

FINGERSPITZEN – DIE WELT BERÜHREN UND (BE-)GREIFEN

Dem jeweiligen Prinzip folgend, dem der Finger zugeordnet ist, prägen die Fingerspitzen (unabhängig von der Nagelform) unsere Art, Dinge zu ergreifen und die Welt zu begreifen, während die Zehenspitzen zeigen, wie wir auf ihr stehen und vorankommen. Im

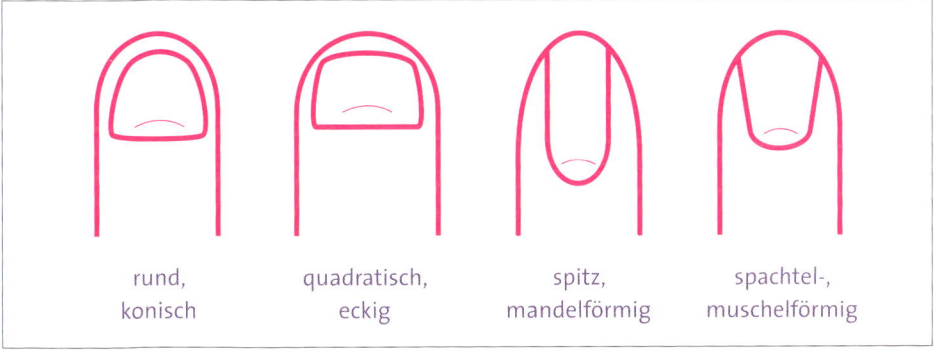

| rund, konisch | quadratisch, eckig | spitz, mandelförmig | spachtel-, muschelförmig |

Muster zur Bestimmung der für eine Hand charakteristischen Fingerenden-Form

unteren, bodenständigen Bereich sind diese Muster sogar noch verlässlicher und bedeutungsvoller, wie der Fußteil zeigen wird.

Meist finden sich an einer Hand verschiedene Fingerspitzenformen. Am häufigsten sind runde Fingerenden anzutreffen, am zweithäufigsten die kantig-quadratischen, gefolgt von den schon eher seltenen Spitzen und den muschelartigen Spachteln.

Rundes Herantasten

Runde Fingerenden, die wie abgeschmirgelt wirken, gehören zu diplomatischen Menschen, die sich ihre Worte gut überlegen. Sie stehen für eine venusische Art der Annäherung an das Leben. Diese Fingerkuppen können in ihrer runden, gefälligen Art kaum verletzen und sehen aus, als hätten sie sich im Eifer der (Lebens-)Gefechte abgerieben und so alle Ecken und Kanten eingebüßt beziehungsweise abgeschliffen. Tatsächlich sind sie aber angeboren und verkörpern die ins Leben mitgebrachte Aufgabe, ein rundes Weltverständnis zu entwickeln und sich anpassungsfähig den Herausforderungen zu widmen.

Die Art, die Welt zu begreifen, halten wir in den Fingerspitzen.

Ihre Besitzer neigen nicht dazu, die Dinge auf die Spitze zu treiben und bis zum Äußersten zu gehen. Bei ihnen bleibt eher einiges an Individualität auf der (Lebens-)Strecke bei dem Versuch, ohne anzuecken und anstößig zu werden und auch ohne sich zu stoßen, auf runde, gefällige Weise durchzukommen. Sich selbst etwas vorzumachen und anderen Honig um den Mund zu schmieren ist dabei die Schattenseite. Wer dazu neigt, alles schönzureden, läuft Gefahr, sich zu verbiegen, und falls hier noch nach außen gebogene Zeige- und Mittelfinger hinzukommen, wird ein Mensch deutlich, der sich für andere verbiegt und mehr darauf achten sollte, die eigene Lebensrichtung nicht aus den Augen zu verlieren. Wenn das für den Lebensweg zielführende jovische Prinzip sich so verbiegen lässt und das für Struktur und Ordnung und das Wesentliche zuständige Saturnprinzip in Gestalt des Mittelfingers dieser Verirrung folgt, ist die Gefahr mehr als verdoppelt. Hier geht viel (Lebens-)Energie nach außen verloren und fehlt zum Errei-chen des wirklichen Zieles.

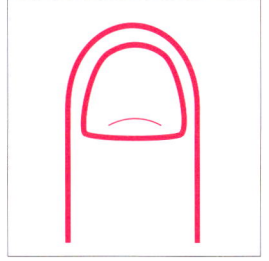

Anpassung ist eine Auf-gabe, aber auch eine Gefahr bei runden Fingerenden.

Falls die ganze Hand beziehungsweise (fast) alle Finger überkuppelt sind, ist die überwiegend venusische Art des Umgangs mit der Welt natürlich noch leichter in Gefahr, in Schattenbereiche abzugleiten und schließlich zu stürzen. Statt alles rund hinzubekom-men, könnte man sich und anderen ständig etwas vormachen, Probleme übertünchen und sich mit anpässlerischer Unehrlichkeit durchs Leben schwindeln. Schönfärben und -reden könnten dann zur Methode der Lebensvermeidung verkommen. Auf runde, ein-fühlsame Art Wogen zu glätten ist die erlöste Form, diesem Lebensauftrag nachzukom-men. Im Einzelnen heißt das beim:

- **Daumen:** Die Lebensenergie teilt sich auf (ab-)geschliffene Weise der Welt mit. Das Aufbrausende und Überbordende des Marsprinzips bekommt hier Schliff und Stil, kann aber auch unter übertriebener Diplomatie verkümmern oder sogar in Feigheit (ver-)enden.
- **Zeigefinger:** Das Thema Lebensweg und -philosophie gerät unter einen vorsichtigen, angepassten, diplomatischen Stil und leidet möglicherweise darunter. Die jovische Entwicklung von Wachstum und Expansion einerseits und Großzügigkeit und Tole-ranz andererseits kann auf diese Weise aber auch gut den Verhältnissen angepasst erfolgen. Allerdings verlangt der Entwicklungsweg nicht vorrangig diplomatischen, sondern mutigen Einsatz, der unter der runden Kuppel oft zu kurz kommt. Hier hat Planung oft Vorrang vor Handeln, und es entwickelt sich leicht ein sehr angepasstes Sozialverhalten.
- **Mittelfinger:** Die saturnine Thematik von Struktur und Strenge, Disziplin und Kor-rektheitsanspruch kann abgemildert, stilvoll und rund ins Leben gebracht werden. Auch die Härte und Kantigkeit des saturninen Anspruchs lassen sich so weich und rund vermitteln. Selbstverantwortung unter vollkommener Abrundung ist allerdings

nicht immer leicht, da sie sich nicht um der runden Erscheinung willen verleugnen darf, und (Eigen-)Verantwortung meint auch viel mehr, als jede Sache zu einer runden, (ab-)geschliffenen zu machen. Ein rundes, konisches Ende mildert jedenfalls die saturnische Strenge und gibt Raum für Gemütlichkeit und schöpferische Momente.

- **Ringfinger:** Das runde Ende steht hier für eine diplomatische und den Umständen gut entsprechende Art, das Sonnenprinzip zu integrieren. Diesem kommen der angepasste, geschliffene Stil und die entsprechende Art zugute. Das Runde passt offensichtlich gut zur Sonne und zur Mitte. Statt andere mit dem eigenen Mittelpunktswunsch dominant und auftrumpfend ins Abseits zu stellen und zu frustrieren, wird die geschickte, angepasste runde Art weniger Widerstand hervorrufen. Der Ringfinger wird sich also unter der runden Kuppel wohlfühlen. Solch ein konisches Ende verrät obendrein großes Einfühlungsvermögen und die Fähigkeit, Trost und Rat zu spenden.
- **Kleiner Finger:** Ein Kuppeldach macht hier die Kommunikation noch runder und kommt Merkur sehr entgegen, der in geschickter und ebenfalls angepasster Art auf allen Wegen versucht, alle möglichen Verbindungen zu knüpfen und Beziehungen herzustellen. Auf runde Art gelingt dies leichter und sogar verbindlicher als etwa auf spitze oder platte.

Eckiges Zugreifen

Quadratische, eckige Fingerenden bilden den Gegenpol zu den runden und stehen Mars, dem Urprinzip der Aggression, nahe. Oft sind sie in der unerlösten Variante ein Indiz für eine unachtsame, schludrige Art, Dinge anzufassen und zu begreifen. Die Betreffenden scheinen oft nicht auf den Punkt zu kommen. Sprichwörtliches Fingerspitzengefühl ist ihnen fremd. Im Gegensatz zu den Kuppelbesitzern handelt es sich hier um wenig diplomatische Menschen, die mit dem Kopf durch die Wand wollen und ungern andere Meinungen gelten lassen. Können sie ihre Vorstellungen nicht durchsetzen, neigen sie zu immer wieder gleichen Fehlern oder schlimmstenfalls sogar dazu, Schiffbruch zu erleiden.

Die runde, weiche Art, sich an die Welt heranzutasten, ist ihnen *natür*lich ebenfalls fremd. Mit ihren Ecken und Kanten können sie verletzen, wobei dies manchmal auch notwendig sein mag. Andererseits verfügen sie – auf der erlösten Seite – über viel übersprudelnde Energie. Indem sie unvermittelt und direkt zugreifen, bringen sie sich selbst spontan und energievoll ein. Auch Ritterlichkeit, Fairness und Ehrlichkeit gehören zu ihren Lichtseiten und können in ihrem Wesen eine gewisse Ausgeglichenheit ermöglichen.

Menschen dieses Typs sind praktisch veranlagt und geschickt sowie meist nüchtern und rational. Lieber halten sie sich an Regeln und Gesetze, statt der eigenen, wenn oft geringer ausgeprägten Fantasie zu folgen. Dafür gehen sie in ihren beruflichen und privaten Aktivitäten sehr besonnen und methodisch vor, was sehr produktiv sein kann.

Breit angelegte Fingerenden weisen auf ausgewogene Persönlichkeiten hin. Sehr breite Nägel stehen für einen starken Charakter, insbesondere am Daumen. Solche Menschen

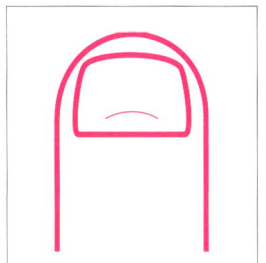

Finger, die eckig enden, deuten auf kraftvolle, pragmatische Menschen hin.

sind belastbar, verlässlich und eher konservativ. Im Schattenaspekt können sie aber auch ein unkontrolliertes hitziges Temperament besitzen, das sie im negativen Sinn zu Draufgängern macht. Im Einzelnen:

- **Daumen:** Das kantige Ende spricht für einen pragmatischen, recht direkten Einsatz der Lebensenergie, der anderen Druck machen und ihnen die berüchtigten Daumenschrauben ansetzen kann. Mars ist hier doppelt vertreten, vom Finger und von seiner Endform her. Das kann leicht des Guten beziehungsweise Energ(et)ischen zu viel sein. Im erlösten Fall bedeutet es aber auch viel Kraft und ausdauernde Dynamik. Dann finden sich hier ruhige, stabile, realistische und fleißige Menschen.

- **Zeigefinger:** Das Marsisch-Energetische verbindet sich mit dem Jupiterprinzip und unterstützt es noch. Wo so viel Feuer zusammenkommt, mag sich missionarischer Eifer bis zu Fanatismus steigern. Auch gegenüber der eigenen Person wird dies oft zu übertriebener Selbstkontrolle führen, zu einer überzogenen Genauigkeit, die Grenzen gnadenlos überbewertet. Der Überfluss an Energie wird den Mangel an Diplomatie und Weltklugheit oft nicht ausgleichen. Andererseits können mit diesen Zeichen charismatische, wegweisende Persönlichkeiten ausgestattet sein, die ihre ganze Kraft in die dem göttlichen Weg verpflichtete Sendung fließen lassen und die Fackel ihrer Begeisterung hell leuchten lassen.

- **Mittelfinger:** Ein kantiger Abschluss kann hier Probleme schaffen, aber natürlich auch lösen. Falls die marsische Energie der kantigen Form mit den saturninen Themen dieses Fingers zusammentrifft, ist ein Konflikt programmiert, das heißt, sobald es im Leben schwierig wird und Hindernisse auftauchen, laufen die Besitzers solcher

Auszeichnung zur Höchstform auf. Allerdings zeigen sich bei ihnen auch rasch Widerstände, wenn sie Energie spüren. Insofern ist es unter dieser Konstellation möglich, Probleme unter Hochdruck anzugehen – aber auch in einem Sportwagen mit Höchstgeschwindigkeit (beides steht für Energie) gegen einen Baum (Widerstand) zu donnern. Wenn Verantwortung energisch durchgesetzt wird, ist dies natürlich von Vorteil; wenn jedoch viel Energie in Widerstände und Krankheit fließt, ist das naturgemäß ungünstig. Andererseits läuft diese Konstellation meist darauf hinaus, übernommene Pflichten gewissenhaft zu erfüllen, ohne von den gestellten Aufgaben abzuweichen. Die Betroffenen haben das Gefühl, diese Einstellung sich und anderen schuldig zu sein.

- **Ringfinger:** Der viereckige, kantige Abschluss bringt hier Sonnen- und Marsenergie zusammen, die sich gut ergänzen. Es wird dadurch allerdings viel feurige Energie an diese Stelle geleitet. Offensive und manchmal peinliche Selbstdarstellung und das *Mittel*punktsthema könnten – im unerlösten Fall – vorrangige Rollen spielen. Falls sich allerdings Kunst und Kreativität mit Energie verbinden, sind (wunder-)schöne Ergebnisse zu erwarten. Dieser der Kreativität und Ausstrahlung verpflichtete Finger könnte idealerweise den in der kantigen Form angelegten Fantasiemangel ausgleichen und seinen Besitzern so erlauben, die Ecken, Kanten und Grenzen der Welt zu beachten und ihre Aufgaben zu erfüllen. Wer hochfliegende Pläne selbst zurechtrückt und verzettelte Vielfältigkeit schon im Keim erstickt, wird Ordnung ernten. Mit solch einem eckigen Finger lässt sich gut planen, immer wieder probieren und erfolgreich arbeiten, auch an sich selbst.
- **Kleiner Finger:** Durch das Kantige wird viel Energie in die Vermittlungsversuche von Merkur fließen. Obendrein begünstigen sich beide Prinzipien, wenn die Kommunikation offener, direkter und weniger diplomatisch und vorsichtig wird. Solches Zur-Sache-Gehen zeichnet gute Geschäftsleute aus, die praktische Lösungen suchen und Ideen rasch und energ(et)isch umsetzen. Forschergeist und Organisationstalent sind ihnen nicht fremd.

Mit Fingerspitzengefühl

Spitze Fingerenden zeichnen empfindsame und verletzliche Persönlichkeiten aus, die viel künstlerisches Talent mit großer Fantasie verbinden und in Gefahr sind, sich in Tagträumen zu verlieren. Sie müssen lernen, mit ihren Spitzen auf den Punkt zu kommen. Entgegen der Signatur ihrer Fingerspitzen neigen sie keinesfalls dazu, zuzustechen und zu verletzen oder etwas auf die Spitze zu treiben. Sie berühren die Welt *mit spitzen Fingern*, also sehr vorsichtig und sanft, fast wie Tänzerinnen, die auf ihren Spitzen mehr schweben als berühren. Oft bewirken sie mit dieser Einfühlsamkeit besonders viel.

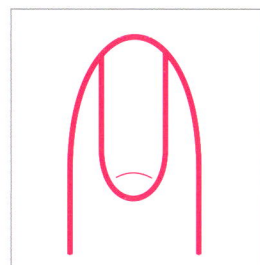

Die spitze Fingerform schenkt die Möglichkeit einer zarten, punktgenauen Berührung.

Diese Form der Fingerenden ist allerdings sehr selten und häufiger bei Asiaten zu finden als bei Europäern oder Amerikanern weißer Hautfarbe. Häufig haben Dichter, Schriftsteller und Theoretiker, die empfindsam und impulsiv zugleich die Welt berühren und beeinflussen wollen, solche Spitzenfinger. Hinzu tritt oft ein sonniges Gemüt und die Fähigkeit, schnell und prägnant das Richtige zu sagen. Es kann sich – im unerlösten Fall – aber auch die Neigung zu Schwatzhaftigkeit entwickeln, entgegen der eigentlichen Aufgabe, die Dinge – ohne Spitzfindigkeit – auf den Punkt zu bringen. Die Besitzer sind aufgefordert, in lockerer Art ihre Finger auf die eigenen Schwach- und Angstpunkte zu legen. Für die einzelnen Finger:

- **Daumen:** Die Lebenskraft bekommt einen einfühlsamen, sanften Touch, und Künstlerisches, Fantasievolles mischt sich in ihren Fluss. Oft fließt viel Energie in künstlerische, empfindsame Lebensaspekte. Betroffene setzen sich weniger auf männliche marsische Art durch als durch weibliche Einfühlung und künstlerische, fantasievolle Impulse, zu berühren und sanft anzustoßen. Der Handlesespezialist Pascal Stössel spricht hier vom »Daumen des Predigers«, der sich zum Kanal für Gott macht und ihn durch sich sprechen lässt: Von Gott berührt, berührt er mit göttlicher Energie.

- **Zeigefinger:** Die empfindsame, feine Art verbindet sich – wie im Spitzentanz der Primaballerina – mit dem jovischen Anspruch, den Lebensweg zu zeigen und die große Richtung zu *weise*n. Freude an Schönheit, Wachstum, Entwicklung, Toleranz, Großzügigkeit und Weisheit finden in der feinen Art dieser echten Spitzen Unterstützung und Förderung. Die erlöste Botschaft könnte lauten: »Liebt euch, und erlaubt mir, euch Gott näher zu bringen. Auf meine Art vermittle ich Gott in die Welt – er zeigt mir und euch den Weg.« Das weist in Richtung des christlichen »Liebe deinen Nächsten wie dich selbst« oder des indischen »*Tat twam asi*« (»Ich bin das und das und alles«).

- **Mittelfinger:** Das Feinfühlige und Zarte der Spitzen, das eher mit dem Luft- und Wasserelement verbunden ist, stößt sich mit der Härte und Konsequenz, der Strenge und dem Verantwortungsgefühl des hier herrschenden sehr irdischen Saturnprinzips. Wenn es darum geht, Selbstverantwortung und Struktur, Disziplin und Konsequenz ins Leben zu bringen, kann die luftig-leichte und zugleich empfindsam-wässrige Art der Spitzen leicht zur Verwässerung führen und dazu, die Strukturen wie Spuren im Wüstensand zu verwehen. Andererseits hat die dezente, feine Art der Spitzen auch besonderen Charme bei der Umsetzung saturniner Anliegen wie Ordnung und Verantwortung. Nach Pascal Stössel tragen die wenigen Menschen mit dieser Konstellation – in der erlösten Version – unsichtbar den Druidenstab Merlins in der Hand. Mystisches zieht sie an, und sie könnten wie Moses direkt von Gott ihre Gebote empfangen. In der unerlösten Variante wären hier dunkle Hexenenergien zu vermuten mit einer Tendenz zu Machtzauber und düsterer Magie. Dieses eher seltene Zeichen findet sich relativ häufig unter starken Rauchern.

- **Ringfinger:** Hier verbinden sich die musischen, künstlerischen Ambitionen des Apollon- oder Sonnenfingers mit den wundervoll entsprechenden empfindsamen Ambitionen der Spitzenform und ihrer Fantasie. Das führt in der Regel zu schönen Verbindungen bis hin zu Symbiosen. Die sanfte Zartheit der Spitzen besänftigt andererseits die *Mittel*punkt-Ambitionen des Sonnenprinzips in angenehmer Weise und mildert dessen Dominanzansprüche. Mit ihrer ebenfalls sonnigen Art bringen Spitzen natürlich die Sonnenqualität des Ringfingers zusätzlich zum Strahlen. Spitze Apollonfinger sind selten und können – in unerlöster Variante – auch eine abgehobene spirituelle Kreativität bedeuten nach dem Motto: »Ich male jetzt nur noch Aurabilder.« Eine Gefahr liegt hier auch darin, die Verwirklichung eigener Pläne nicht forsch genug anzugehen, sondern eher – höchst sensibilisiert – darauf zu warten, dass sich Lösungen von selbst ergeben. So wird zu wenig unternommen, und vieles bleibt Traum, was Ent-Täuschungen programmiert.

- **Kleiner Finger:** Dank der spitzen Form kann der Merkurfinger seine kommunikativen Absichten in einfühlsamer, sanfter und zugleich fantasievoller Weise transportieren. Die den Elementen Luft und Wasser verpflichteten Spitzen ergänzen die luftigen Anliegen von Merkur und bringen noch Gefühl, Fantasie und sonnige Stimmung dazu. Merkur und spitze Finger sind also gute Freunde. Menschen mit dieser Anlage haben ähnlich feine Fühler wie Schmetterlinge. In erlöster Form könnte diese Konstellation einen direkten Draht zu Gott bedeuten nach dem Motto: »Ich höre Gott singen und bin eins mit seinem Lied, dem Universum.« Der Schattenaspekt wird deutlich, wenn

Intuition und okkulte Interessen zur Flucht in Traumwelten führen, was bis zu Sektierertum gehen kann.

Spachtelförmige Vielfalt

Spachtel- oder muschelförmige Fingerspitzen weisen auf Menschen hin, die dem Sonnenprinzip entsprechend Kreativität schätzen. Darüber hinaus sind sie flexibel und passen sich herrschenden Verhältnissen gut und vor allem wortgewandt und mit schöpferischem Geist an, was auch noch Merkur anklingen lässt. Sie neigen dazu, Äußerlichkeiten wichtig zu nehmen, und sind stets bestrebt, einen guten Eindruck – im Sinne des Venusprinzips – zu machen. Menschen mit spachtelförmigen Fingerenden haben also eine bunte Auswahl an Möglichkeiten, die Welt zu begreifen und anzurühren, und zeigen dabei in ihrer Originalität auch einiges vom Urprinzip Uranus. So finden sich unter ihnen häufig

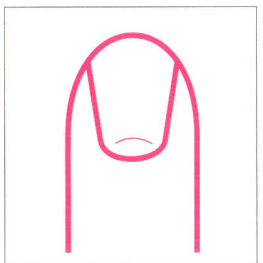

Menschen mit spachtelförmigen Fingerenden zeichnen sich unter anderem durch ihren Pioniergeist aus.

Pioniere, Forscher und Erfinder. Die erlöste Form dieses Prinzips ist ein unkonventioneller Zugriff auf das Leben. Auf der Schattenseite könnten sie sich als Pechvögel erweisen, die kein Fettnäpfchen auslassen, zu Unfällen neigen und damit auf ver-rückte, ungeschickte Art ihre Außergewöhnlichkeit leben. Im Einzelnen:

- **Daumen:** In Verbindung mit den marsischen Ansprüchen des Daumens kann die in der Spachtelform angelegte bunte Mischung gut zur Geltung kommen. Die Betreffenden haben gleichsam die Wahl, ihre Lebensenergie kreativ zu tönen, sie in den Nestbau zur Schaffung emotionaler Sicherheit fließen zu lassen oder sie zu mitreißenden Reden zu nutzen. Sie können all ihre Energie in den äußeren Eindruck investieren oder sich der Umgebung perfekt anpassen. Es handelt sich oft um ausgesprochen energ(et)ische Menschen mit viel Ausdruckskraft; sie sind anspruchsvoll und deshalb schwer zu befriedigen. Ihre Welt liegt bevorzugt außerhalb der Norm. Eigenwillig und manchmal wild verfolgen sie eigene Wege und lieben Aufregung und daher auch Abenteuer. Sie denken originell und *natür*lich unternehmerisch. Wenn das Daumenende knollig wirkt, verrät es obendrein eine gewisse Penetranz und Aggressionslust. In der unerlösten Form führt dies zu Starrheit und Unvernunft. Ein dünnes Daumenende, das wie abgeschliffen wirkt, verrät einen Hang zur Geselligkeit.

- **Zeigefinger:** Hier verbinden sich jovische Themen der Sinnfindung, des Lebensweges, der Entwicklung und des Wachstums mit der originellen Spachtelform, was zu außergewöhnlichem Führungsstil und Einflussreichtum führen kann. Nicht selten handelt es sich um Grenzgänger mit Pioniergeist, die – mit erheblichen Kraftreserven ausgestattet – auf ihrem Weg über erstaunliche Endspurtqualitäten verfügen. Das uranische Prinzip vermittelt auf seine ungewöhnliche Art jovische Themen und lässt außergewöhnliche bis verrückte Lebensentwürfe und Lebensphilosophien zum Durchbruch kommen. Originelles, verblüffendes Wachstum kann so Neuem beim Einbruch in konservative Bereiche den Weg bahnen.

- **Mittelfinger:** Lediglich beim vom Saturnprinzip so irdisch geprägten Mittelfinger findet sich in der Mischung, die die Spachtelform mit sich bringt, nichts wirklich überzeugend Passendes. Diese Muschelenden bringen wenig Irdisches ins Leben und entsprechen mit ihren Möglichkeiten den saturninen Themen Verantwortung, Struktur, Konsequenz, Disziplin und Ordnung so gar nicht recht. Der kreative Anspruch kann natürlich die Strenge des Saturn etwas variieren und spielerisch umsetzen. Die Anpassungsleidenschaft mag etwaiger Prinzipienreiterei den Stachel nehmen. Die Wortgewandtheit wird an der Gesetzesfurcht des Saturn nagen und kratzen, aber letztendlich von ihr gemaßregelt werden, wie wohl auch die Suche nach emotionaler Geborgenheit mit der Härte und Konsequenz von Saturn keine Freude haben wird. Energie kann sich aber auch in beeindruckender Weise mit Struktur verbinden, was zu kreativer Zuverlässigkeit führen mag mit einem Hang zu Technik, Programmierung, Musik usw. Dies könnte bis zu außergewöhnlichen Forschungen und Studien gehen.

- **Ringfinger:** Die Sonneneigenschaften des Ringfingers werden von der Spachtelform unterstützt, wobei das Sonnenprinzip auch die Anpassungsfähigkeit und Wortgewandtheit für seine Zwecke zu nutzen weiß. Bei Spachtelform und Sonnenprinzip findet sich Verwandtes: »Hier bin ich, schaut mich an! Ich bin anders und einzigartig. *I do it my way which is simply the best.*« Die Spachtelform deutet hier auf großen Gestaltungsdrang hin, gemischt mit Abenteuerlust und Sehnsucht nach Popularität und gefeiertem Heldentum.

- **Kleiner Finger:** Die merkurialen Aspekte des Fingers weisen in ähnliche Richtung wie die Spachtelform, und auch die Anliegen der Venus harmonieren im Kommunikationsbereich sehr gut. Oft handelt es sich um erfinderische Menschen, denen nichts zu viel wird und die sich in Wort und Schrift gewandt auszudrücken wissen. Tausend kreative und verrückte Ideen, die die Betreffenden zu Trendsettern machen können, lassen sie oft ihrer Zeit weit voraus erscheinen. Ihre Redegewandtheit kann sich in Situationskomik bis hin zur Stand-up-Comedy zeigen.

Besonderheiten an den Fingerspitzen

Tröpfchen unten an der Fingerbeere stehen für guten Tastsinn und werden auch Hügel der Empfindsamkeit genannt. Mit diesem kleinen Anhang bekommt jede Fingerspitzenform noch einmal eine Deutungsvariante in dem Sinne, dass er ein Tröpfchen Gespür und Empfindsamkeit ins Leben des jeweiligen Fingers und seines Prinzips bringt.

Urprinzipiell ist dabei das archetypisch weibliche Mondthema im Spiel, zu dem auch der Wassertropfen gehört. Wer die Welt mit solch einfühlsamen, weichen Tropfen berührt, wird sie mehr erspüren und weniger dominieren. Er neigt dazu, sie zu lassen, wie sie ist, als sie verändern zu wollen. Statt ihr seinen Stempel aufzudrücken, wird er sie fühlen und sich in sie einfühlen. Solche Menschen passen sich der archetypisch weiblichen Wasserwelt auf allen Ebenen an.

Linien auf den Fingerkuppen (nicht zu verwechseln mit jenen auf den Nägeln) können Hinweise auf die Gesundheit liefern. Generell sind Rillen Stressfaktoren. Meist verlaufen sie senkrecht, das heißt in Fingerrichtung, wie in die empfindlichen Fingerkuppen geschlagene Kerben. Verlaufen sie waagerecht, ist der dahinter verborgene Stresspegel noch höher. Diese Querrinnen durchkreuzen sozusagen das vom jeweiligen Finger vorgegebene Thema und machen seinem Besitzer in diesem Punkt und Lebensbereich einen mehr oder weniger dicken Strich durch die Rechnung. Kurze waagerechte Linien deuten auf intensiven Stress. Kommen senkrechte noch hinzu, deuten sich obendrein Hormonprobleme an. Beide Zeichen verschwinden nach der Genesung beziehungsweise nach Auflösung der jeweiligen Belastung.

Senkrechte Linien

- Auf den *Zeigefingern* sind senkrechte Linien häufig mit Problemen der Hirnanhangsdrüse (Hypophyse) verbunden, die eine zentrale Stellung im Hormonhaushalt einnimmt, weil sie die sogenannten Releasingfaktoren freisetzt. Diese steuern die Ausschüttung der eigentlichen Hormone. Es liegt nahe, dass der mit dem Lebensweg und

Lebenssinn verbundene jovische Zeigefinger diese zentrale Drüse, die alle anderen lenkt, vertritt.

- Entsprechende senkrechte Zeichen an den *Mittelfingern* weisen auf Störungen der Zirbeldrüse (Epiphyse) hin, die unter anderem die Funktion der inneren Uhr des Organismus erfüllt. Insofern liegt der Bezug zu Saturn-Chronos auf der Hand, dem die Zeit untersteht und alle Chronometer.

- Der sonnenhafte *Ringfinger* verdeutlicht Themen der Thymusdrüse, die zu Beginn des Lebens im Zentrum der sich entwickelnden Abwehr steht. Später können senkrechte Linien am Ringfinger auch auf Probleme mit dem Herzen sowie dem Herz-Kreislauf-System und folglich dem Blutdruck hinweisen.

- Senkrechte Linien auf dem *kleinen (Merkur-)Finger* sind ein Indiz für Störungen der Schilddrüse, die für die Stoffwechselgeschwindigkeit zuständig ist und darüber bestimmt, ob wir uns eher phlegmatisch durchs Leben treiben lassen oder stürmisch darauf zugreifen.

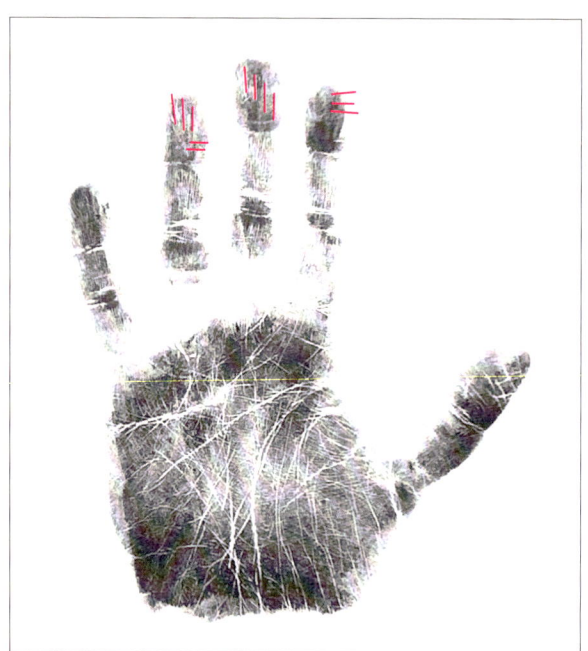

Linien auf den Fingerkuppen können eine ernste Warnung sein.

Waagerechte Linien

- Auf der Kuppe des *Zeigefingers* können waagerechte Linien auf eine Vertrauenskrise hindeuten oder auf Stress auslösende Machtspiele. Der von diesem Finger symbolisierte Lebenssinn ist in Frage gestellt, die Richtung des Lebensweges mehr oder weniger unklar oder ganz verloren. Auch Toleranz und Wachstum können durchkreuzt sein. Es wird ein Strich durch die Entwicklungsrichtung und damit durch die Rechnung (des Lebens) gemacht.

- Am *Mittelfinger* verraten waagerechte Linien Sorgen im Hinblick auf die Sicherheit im Leben, den Beruf und das Zuhause.

- Am *Ringfinger* zeigen sie, dass der Betreffende unglücklich ist. Wenn Mittelfinger und Ringfinger stark mit waagerechten Linien gekennzeichnet sind, enthüllen sie mit großer Sicherheit Beziehungs- oder Ehesorgen.
- Waagerechte Linien am *kleinen Finger* sind Indizien für gestörte Kommunikation und oft auch sexuelle Beziehungsprobleme.

FINGERABDRÜCKE – DIE SIEGEL DES LEBENS

In den Händen haben wir unsere eigene Lebensschule inklusive detailliertem Lehrplan ständig vor Augen, wenn wir wirklich genau hinschauen. Alle Linien und die meisten Zeichen sind bereits fünf Monate vor der Geburt vorhanden. Somit sind unsere Aufgaben, Herausforderungen und auch Hindernisse im Wesentlichen ins Leben mitgebracht.

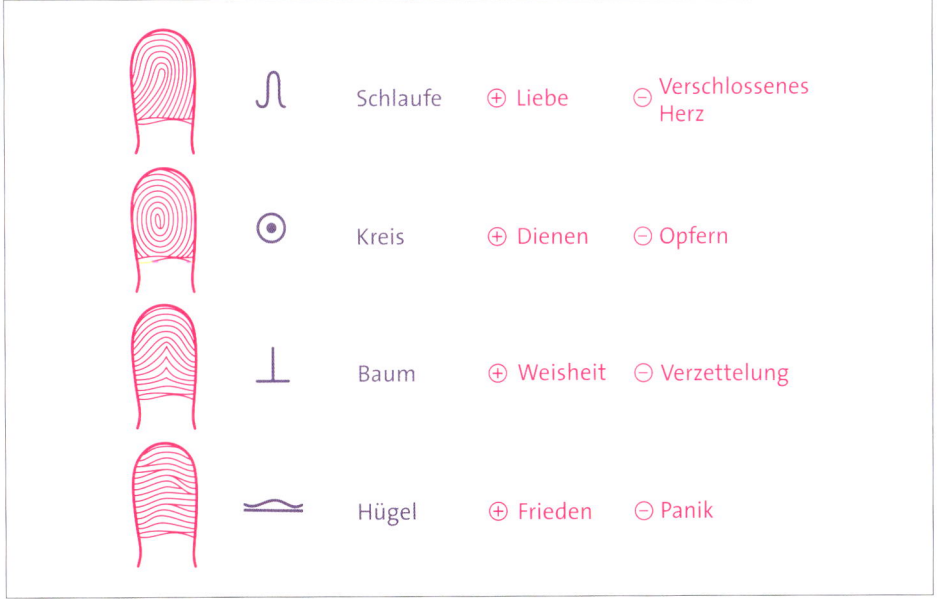

∩	Schlaufe	⊕ Liebe	⊖ Verschlossenes Herz
◉	Kreis	⊕ Dienen	⊖ Opfern
⊥	Baum	⊕ Weisheit	⊖ Verzettelung
⌒	Hügel	⊕ Frieden	⊖ Panik

Was in den Händen liegt, ist auch im Leben. Die Muster der Fingerbeeren – Kreis, Schlaufe, Baum und Hügel – zeigen das unverwechselbare Ich.

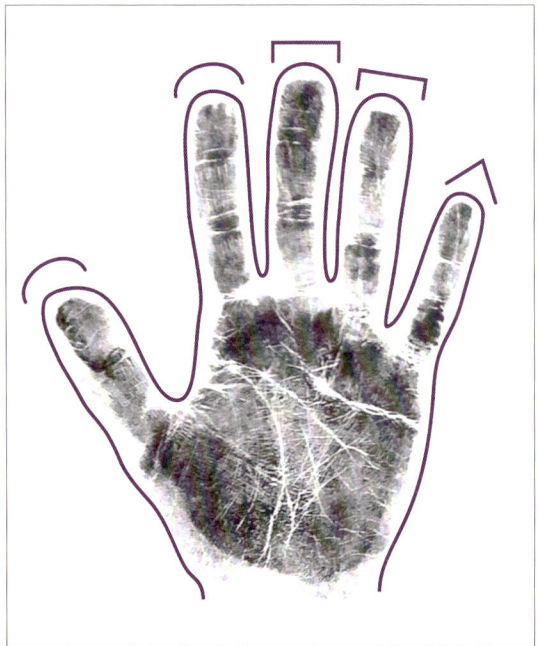

Wer auf die Fotokopie, die die Fingerabdrücke meist deutlich wiedergibt, nochmals die Hand in gleicher Position auflegt und sie genauestens mit einem Stift ummalt, macht auch noch seine Fingerspitzenform einfacher erkennbar.

Ob wir sie als aktiv gewählt betrachten, wie es östliche und an Wiedergeburt orientierte Menschen tun, oder als geerbt und von den Eltern mitgegeben, wie es aus der wissenschaftlichen Genetik folgt, ist letztlich gleichgültig.

Die Handlinien und sowohl die senkrechten als auch die waagerechten vom Leben geschlagenen Kerben auf den Fingerbeeren sind die Variablen. Sie verändern sich ein Leben lang und geben immer den momentanen Stand der Entwicklung wieder. Da es über die Handlinien viel Literatur gibt, widmen wir uns hier nur den beständigen und damit besonders verlässlichen Zeichen und Aufgaben in der Hand, und in diesem Kapitel den Fingerabdrücken – den Siegeln, die uns bereits vor der Geburt aufgedrückt wurden und die wir unsererseits ständig bewusst oder unbewusst dem Leben aufdrücken.

Fingerabdrücke, die wir auf allen Gegenständen hinterlassen, die wir berühren, entstehen durch winzig kleine Schweißtröpfchen zwischen den Rillen der Fingerlinien. Nur durch diesen Aspekt des Wässrig-Seelischen werden sie sichtbar, *deut*lich und deutbar. Somit ist immer auch Seelisches im Bunde, wenn wir die Welt berühren.

Unsere Fingerabdrücke sind in jeder Hinsicht die Muster, mit denen wir die Welt berühren. *Natür*lich haben sie folglich etwas *Mustergültiges* und sagen viel über uns aus. Die Frage ist nur, ob wir ihre Botschaft bis ins Detail lesen und verstehen wollen.

Fingerabdrücke sichtbar machen

Bei gutem Licht lassen sich Fingerlinien auch mit bloßem Auge erkennen, darüber hinaus hilft eine Lupe. Um die Fingerbrücke gut sichtbar zu machen, gibt es zwei einfache Möglichkeiten:

- Eine Schwarz-Weiß-Fotokopie der ganzen Hand anfertigen, am besten im Vergrößerungsmodus.
- Die Fingerspitzen leicht einfetten und ohne zu wackeln auf ein sauberes Glas drücken. Zum Ablesen ein Vergrößerungsglas benutzen.

Vier Arten, die Welt zu prägen: Schlaufe, Kreis, Baum, Hügel

Bei den Fingerabdrücken unterscheidet man vier grundsätzliche Mustertypen: Schlaufe, Kreis, Baum und Hügel. Die jeweilige Bedeutung dieser Muster verbindet und mischt sich mit jener der zugehörigen Finger(-Archetypen) und Fingerspitzen. Dadurch ergibt sich eine riesengroße Kombinationsvielfalt, die widerspiegelt, wie bunt und spannend das Leben gemischt ist. Mit Hilfe der Urprinzipien gelingt es relativ leicht, Übersicht und Erkenntnisse zu gewinnen.

Auf wessen Fingerbeeren sich weder Schlaufen noch Kreise, weder Bäume noch Hügel finden, der kann nach Richard Unger davon ausgehen, dass er die jeweiligen Themen schon abgearbeitet hat. Andererseits könnte er sie nach unseren Erfahrungen auch noch vor sich haben. Jedenfalls spielen sie mit diesen Händen in diesem Leben keine entscheidende Rolle.

Die **Schlaufe** ist das mit Abstand häufigste Fingerabdruckmuster und dem Element Wasser zuzuordnen. Sie lässt sich auch als Welle interpretieren, die aufsteigt und sich wieder zurückzieht. Bei Schlaufen auf den Fingerbeeren geht es vorrangig darum, in wässrigen Gefühlsbereichen die Mitte zwischen völliger Offenheit und strikter Verschlossenheit zu finden. Die Schlaufe ist einseitig offen und bildet so die Aufgabe ab, Herzoffenheit herzustellen – die Schlaufe gleichsam weiter zu öffnen. Oft gehört dieses Fingermuster zu Menschen, die sich nicht gönnen, (von Herzen) offen zu leben. Sie fürchten, sich dabei etwas zu vergeben oder etwas Unerwünschtes einzufangen, sich überhaupt zu verfangen. Eine große Zahl an Schlaufen weist darauf hin, dass die Betreffenden Konflikten lieber aus

Das Fingerbeerenmuster Schlaufe wird dem Element Wasser zugeordnet.

dem Weg gehen und es kaum wagen, ihr Herz zu öffnen und es auszuschütten. Unter diesem Muster finden sich Menschen, die sich schnell beleidigt zurückziehen und das Leben an sich vorbeigehen lassen. Nach dem Polaritätsgesetz[9] widerfährt den meisten dann aber genau das, wovor sie am meisten Angst haben.

Über das andere mit der Schlaufe verbundene Bild der Welle ließe sich assoziieren, dass manche dieselbe über sich zusammenschlagen lassen, während sie selbst abtauchen. Was in der Brandung (des Lebens) kurzfristig ein probates Mittel sein mag, findet seinen Sinn aber nur im anschließenden Wiederauftauchen. Darin liegt denn auch die Aufgabe der vielen Schlaufenträger dieser Welt: sich in Gefühls- und Herzensdingen wieder zu öffnen und Auswege aus den (oft selbst gestellten) Fallen des Lebens zu finden, obwohl es zuvor eine oder mehrere Enttäuschungen gab. Bei der Wahl zwischen kühlem Kopf und heißem Herzen sind sie gut beraten, mehr auf ihr Herz zu schauen im Sinne von Antoine de Saint-Exupérys zeitlosem Satz: »Man sieht nur mit dem Herzen gut. Das Wesentliche ist für die Augen unsichtbar.«

Wer überwiegend Schlaufen hat, kann im positiven Fall anpassungsfähig und flexibel, *aufgeschlossen* und mit vielen Interessen, selbstbewusst und wach für sein Herzensthema durchs Leben fließen. Schlaufenträger sind, vorausgesetzt sie haben sich *aufgemacht*, gute Teamarbeiter in einer abwechslungsreichen und anregenden Umgebung.

Der Kreis entspricht als Fingerbeeren-muster dem Element Feuer.

Der **Kreis** ist das zweithäufigste Fingerabdruck-muster und dem Element Feuer zuzuordnen. Sind die Fingerbeeren davon bestimmt, ergibt sich die Aufgabe, in der Lebenseinstellung seine persönliche Mitte zwischen Dienen und Aufopferung zu finden. Einerseits sind diese Menschen aufgefordert, für eine Aufgabe, für ein Vorhaben zu *brennen* und dafür zu sorgen, dass diese Idee in der Welt Kreise zieht. Andererseits ist es genauso wichtig, sich dabei nicht zu verbrennen und nicht auszubrennen. Vielmehr geht es darum, eine wärmende Flamme bewusst am Leben zu halten.

9 Siehe Dahlke, *Die Schicksalsgesetze*, München 2009.

Die Gefahr liegt bei dem Muster des Kreises einerseits im Fanatismus des Sichaufzeh-rens, etwa darin, seine (Lebens-)Kerze an beiden Enden zugleich anzuzünden und zu schnell abzubrennen. Das heißt, die Betreffenden wollen zu schnell zu viel (für sich) und verlangen zu viel von sich. Die Gefahr liegt andererseits auch darin, sich für andere auf-zuopfern und sich aussaugen und im wahrsten Sinne des Wortes aufbrauchen zu lassen. Zu viel und zu wenig Ego können somit zum selben deprimierenden Endzustand des Ausgebranntseins führen.

Die vielen Ringe der konzentrischen Kreise geben wie bei einer Zielscheibe immer wieder Anreize, sich Ring um Ring der eigenen Mitte zu nähern. Dazu bietet die östliche Philosophie gute Hilfen: »Handeln um des Handelns willen und nicht für das Ziel« oder »Der Weg ist das Ziel«. Beides lenkt den Fokus vom fernen Ziel auf den jetzigen Moment. Nicht eigennützig und egoistisch für sich handeln, so lautet außerdem die Aufgabe, sondern handeln um der Sache willen – das Rad drehen, weil es gedreht werden muss, ohne Zweck- und Hintergedanken und Eigennutz.

Falls der Kreis mit Mittelpunkt steht, droht auch die Gefahr, sich selbst als Mittel-punkt der Welt zu sehen. Die erlöste Aufgabe besteht darin, mit Freuden seine Energie in die Mitte zu stellen, und zwar für alle, für die Allgemeinheit, ohne aber sich selbst dabei aufzugeben. Der Pfauenaugenkreis mit vielen äußeren Kreisen um einen mittleren – eben im Sinne des Pfauenauges – gilt als Glückssymbol und wirkungsvolles Schutzzeichen.

Insgesamt werden sich Menschen mit vielen Kreisen an den Fingerbeeren relativ leicht im Leben tun, denn sie haben meist ständig sich selbst im Auge und dienen den eigenen Interessen. Wenn sie aber darüber nicht hinauswachsen, schei-tert ihr Leben doch – oder wie Martin Buber sagt: »Der Mensch wird erst am Du zum Ich.«

Der **Baum** ist dem Luftelement zugeordnet, dem er entgegenstrebt, um seine Krone zu entfalten. Menschen mit diesem Siegel auf den Fingerbeeren haben die Aufgabe, ihren Weg zwischen Konzen-tration auf der einen und Differenzierung auf der anderen Seite zu finden. Sie sollten wie ein junger Baum lernen, sich zuerst auf den Stamm zu konzen-

Das Element Luft prägt das Finger-beerenmuster des Baumes.

trieren und erst später auf Verzweigung zu setzen. Die Signatur des umgekehrten T macht diese Anfangsphase deutlich und zeigt den einzuschlagenden Weg.

Die Gefahr liegt bei diesem Muster darin, sich im Sinne modernen Multitaskings auf zu vielen Ebenen auszubreiten beziehungsweise eine für den Stamm und die Wurzeln zu verzweigte, zu mächtig ausufernde Krone zu bilden oder aus urprinzipieller Sicht in merkurialer Verzettelung unterzugehen. Richard Unger spricht in diesem Zusammenhang von der Schule der Weisheit. Es gilt zu lernen, die Verzweigung der eigenen Persönlichkeitskrone immer an der Tragfähigkeit des dazugehörigen Stammes zu messen. Wer die verzweigten Möglichkeiten nutzt und dabei ein ausreichendes Maß an Konzentration bewahrt, kann sich auf vielen Ebenen erfolgreich etablieren.

Die andere Gefahr besteht darin, gar nichts zu riskieren und das Leben nicht zu wagen, sondern zu vermeiden, um nur ja keine Fehler zu machen. Oft kommen ein erheblicher Hang zur Perfektion und die Tendenz, sich überkritisch mit sich und der Welt auseinanderzusetzen, erschwerend hinzu. Die zugrundeliegende Angst kann dem Drang nach Weisheit im Wege stehen. Sie ist nur über Lebenserfahrungen zu überwinden.

Andere Umschreibungen der in diesem Siegel liegenden Gefahren wären, die Bäume in den Himmel wachsen zu lassen, ohne auf ausreichende Wurzeln zu achten, hoch hinaus zu wollen, ohne über genug Erdung zu verfügen, viel Ehrgeiz, aber kein Fundament zu haben, auf zu vielen Hochzeiten zu tanzen oder sich von allen verlässlichen Traditionen loszusagen. In diesen Fällen wird die Wurzelbildung zum Problem, die bei einem gesunden Baum der Ausbildung der Krone entsprechen und in Resonanz[10] zu ihr sein muss. Im Idealfall entwickelt sich aus den vielen verzweigten Wurzeln ein Stamm, in dem sich deren ganze Energie vereint, und erst aus diesem können wieder viele gesunde Äste wachsen, die sich neuerlich verzweigen. So ergibt sich ein stimmiges Bild der Entsprechung von oben und unten, innen und außen. Die Erkenntnis der Spannung zwischen Konzentration und Verästelung als Thema des Baumes mündet letztlich in die Weisheit, dass alle Vielfalt aus der Einheit kommt, dass sich aber die Erkenntnis von Einheit auch wiederum nur aus dem Durchschauen der Vielheit entwickeln kann.

Wer vor allem Bäume an seinen Fingerbeeren hat – was nur sehr selten vorkommt –, ist häufig impulsiv und aufgerufen, innere Ruhe zu finden, die ihm die Konzentration und Weisheit gibt, aus der eigenen Mitte ruhig und effizient sowie mit Weitblick zu han-

---

10 Siehe Dahlke, *Die Schicksalsgesetze*, München 2009, und *Die Psychologie des Geldes*, München 2008.

deln. Hier wird die Fülle der Möglichkeiten zur Gefahr. Erlöst der Betreffende diese Aufgabe, entwickelt sich die Chance, jeweils die beiden Seiten eines Standpunktes zu sehen und so zum exzellenten (Unter-)*Händ*ler, Ver*hand*ler, Berater oder Richter zu werden.

Der **Hügel** ist dem Erdelement zugeordnet, nur im Aussehen ähnelt dieses Muster dem astrologischen Wassermannzeichen (das mit dem Luftelement verbunden ist). Das beherrschende Thema ist eine sehr irdische Angst. Im unruhigen Bild dieser Fingerlandschaft mit ihrem Auf und Ab (der Gefühle) wird das Hin-und-her-Gerissensein deutlich, die Angst, keinen Überblick zu haben, ohne Weitblick zu sein und nicht *über den* (nächsten) *Berg* zu *kommen* und zu schauen. Daraus entsteht die Tendenz, sich vor lauter Angst im Tal zu verschanzen, ohne allerdings inneren Frieden zu finden. Diesen verhindert die starke Unruhe. Die Betroffenen neigen

Der Hügel als Fingerbeerenmuster ist ganz klar dem Element Erde zuzuordnen.

dazu, den kleinsten Misserfolg als Vorwand zu nehmen, um sich wieder abzuwenden, zu verkriechen, den Kopf einzuziehen. In ständiger Angst, *zur Schnecke gemacht* zu *werden*, verhalten sie sich gleich prophylaktisch wie eine und kommen kaum noch aus ihrer Deckung.

Die Angst vor Heimatlosigkeit führt bei den Betreffenden nicht selten zu genau jener Isolierung und jenem Alleinsein, die ihre schlimmsten Ängste heraufbeschwören. Dabei macht der Hügel die Aufgabe sehr deutlich, nämlich in die Polarität von oben und unten einzutauchen und schließlich das Prinzip zu durchschauen und damit umgehen zu lernen. Das Wissen, dass auf jede Talfahrt wieder ein Aufstieg folgt, hat befreiende und sogar erlösende Wirkung, wenn es als wichtigstes Gesetz dieser Schöpfung erkannt wird. Die Aufgabe liegt darin, den Ausgleich zwischen oben und unten, Gipfel und Tal, zu finden und den ewigen Wechsel der Polarität zu akzeptieren.

Überwiegende Hügellandschaften auf den Fingerbeeren sind extrem selten. Die Betreffenden zeigen fast immer eine solide, aber harte materialistische Einstellung. Sie können in Berufen, die geschickte Hände erfordern und sich primär mit der stofflichen

Welt beschäftigen, Hervorragendes leisten – etwa als Bauern, Handwerker, Ingenieure oder auch Chirurgen.

Die lebensbeherrschende Aufgabe beim Hügelmuster liegt darin, sich von den Ängsten zu befreien, Frieden mit der Welt zu schließen und Frieden in sich zu finden. Dazu ist es vor allem wichtig, aus der Falle der Projektion herauszufinden. Diese droht allen, die sich mit der Polarität nicht aussöhnen; sie stellt aber für Menschen mit dem Hügelmuster eine besondere Herausforderung dar. Bei überwiegenden Hügellandschaften ist Friedenschließen die vorrangige Aufgabe, und zwar auf allen Ebenen: mit sich selbst, mit dem eigenen Körper und der Seele, mit dem eigenen Geist und dem sozialen Umfeld. Ob jemand seine Feinde in eigenen Krankheitsbildern des Körpers oder der Seele kultiviert oder in seiner Umgebung von Feinden umzingelt ist, immer steckt Projektion dahinter und damit mangelnde Aussöhnung mit der Polarität.

Irgendwann nach langem, oft lebenslangem Auf und Ab sollte die Fähigkeit wachsen, die Mitte zwischen Flucht aus Angst und Panik einerseits und Kampf und Auseinandersetzung andererseits zu finden und zu ruhiger Gelassenheit und achtsamem innerem Frieden zu gelangen.

Die dominanten Zeichen auf den Fingerbeeren

Die Essenz der Lehre von den Fingerabdrücken kommt in der Einschätzung und Bewertung der Häufung dieser Muster zum Ausdruck. Hierfür gilt folgende Regel:

- Ein allgemeines **Schlaufenthema** besteht ab acht Schlaufen.
- Ein generelles **Kreisthema** hat, wer wenigstens vier Mandala-Kreise auf seinen Fingerkuppen aufweist.
- Für ein durchgängiges **Baumthema** reichen schon zwei Bäume,
- und zwei Hügel zeigen bereits ein generelles **Hügelthema** an.

Wer eine der seltenen Mischformen hat, zum Beispiel halber Kreis mit innenliegender Schlaufe (gilt als 50% Kreis, 50% Schlaufe) oder eine Baumform, umrandet von einer Haube (50% Baum, 50% Schlaufe), möge einfach die halben Anteile rechnen.

Falls jemand zusammengerechnet über alle zehn Finger **mindestens acht Schlaufen** hat, rückt das Thema Herz und emotionales Wachstum in den Vordergrund. Es geht darum, sein Herz zu öffnen und immer wieder aus den gewählten Sackgassen herauszukommen. Da Schlaufen mit Abstand am meisten vorkommen, handelt es sich hier um die häufigste Aufgabe, obwohl sie als Grundforderung des Christentums heute nicht mehr sehr populär ist. Unerlöste Schlaufenbesitzer sind sich oft über ihre Gefühle im Unklaren und werden von einer Flut von Emotionen hin und her gerissen. Sie sitzen häufig (beleidigt) in Sackgassen voller Gefühlskälte, ohne ihre Herzenswärme noch zu spüren. Eskalationen der Situation des verschlossenen Herzens drängen auf große Schritte nach vorn, etwa den Mitmenschen das Herz zu öffnen, Gefühle zuzulassen oder intensive Emotionen im Hinblick auf Vater und Mutter zu erleben. Ungelöste emotionale Blockaden im eigenen Elternsein, zum Beispiel in Auseinandersetzungen mit Teenagern, können und sollen aufbrechen. Die persönliche Form ehrlichen emotionalen Ausdrucks zu finden und sie auch noch zu kommunizieren ist die Herausforderung, die *bahn*brechende Ergebnisse bringt, aber auch einiges an Überwindung kostet.

Eine gute Übung ist, sich zu fragen, ob es jemanden gibt, ob jemand zurückbleibt, mit dem noch kein Herzensfriede erlangt wurde, wenn man in diesem Moment die Erde verlassen müsste. Wenn ja, wie wäre dem Gefühlschaos zu entkommen und Frieden zu finden?

Bei zusammengerechnet **mindestens vier Kreisen** tritt das Thema Dienen in den Lebensvordergrund. Die Betreffenden müssen lernen, sich selbst und den Mitmenschen zu dienen, ohne sich aufzugeben und zum Opfer zu machen oder in selbstgerechte Überheblichkeit zu fliehen. Es gilt, den geistigen Anlagen und Aufgaben zu entsprechen in Richtung Entwicklung eigener Erkenntnisse über sich und die Umwelt. Richard Unger hält dies für die herausforderndste der vier möglichen Seeleninitiationen über die Fingermuster, denn diese Konstellation eröffnet eine Fülle von Möglichkeiten, der Idee des Dienens gerecht zu werden. Dienen ist dabei natürlich nie im Sinne des unerlösten Sich-zum-Sklaven-Machens zu verstehen, sondern als ein der Entwicklung und dem Leben Dienen. Dadurch wird das eigene Leben zunehmend bedeutungsvoller für die Betroffenen selbst, aber auch für ihre Umwelt. Es geht darum, das Dienen als Chance zu begreifen. Nur wer ein Gefühl für sich selbst entwickelt, kann anderen wirklich helfen.

Wer **mindestens zwei Bäume** an seinen Fingern vorweist, was eher selten ist, gehört nach Unger in die sogenannte Schule der Weisheit. Seine Aufgabe besteht darin, den eigenen Verstand engagiert durch Erfahrungen zur Einsicht zu bringen und aus der Verzettelung zu erlösen. Die Gefahr ist, den Intellekt zu benutzen, um sich von anderen oder womöglich sogar vom Leben zu isolieren. In der Schule der Weisheit gilt es dagegen zu lernen, weniger zu denken, zu analysieren und zu zögern. Nichtdenken ist hier der Weisheit letzter Schluss auf dem Weg der Selbstverwirklichung. Es mag wie Ironie erscheinen, dass uns tiefste Weisheit im Nichtdenken zuteil wird. Dabei könnte der östliche Weg der Meditation mit dem Ziel von Gedankenfreiheit anklingen. Der andere, eher westliche Zugang ist, Wissen zu erwerben und aus Erfahrung zuerst klug und dann weise zu werden beziehungsweise Wissen in Weisheit zu wandeln. Das drückte Sokrates, einer der gebildetsten Menschen seiner Zeit, aus, als er sagte: »Ich weiß, dass ich nichts weiß.«

Zugang zu dieser Weisheit bekommt, wer sich voll und ganz ins Leben einbringt, sich verletzlich macht und zeigt, wie er wirklich ist. In der Lebenspraxis fällt den Betreffenden aber oft schon jede kleine Entscheidung unendlich schwer wie ein Sprung vom Zehnmeterbrett. Auch das Eingehen von Verpflichtungen ist für sie überaus schwer. Oft neigen sie dazu, biegsam wie ein Weidenbaum, den Weg des geringsten Widerstandes zu gehen. In der unerlösten Form enden sie oft gekränkt und einsam wie ein Baum allein auf weiter Flur, mit gebrochenen Ästen oder gar völlig *geknickt*, ohne die geringste Möglichkeit, sich länger zu verstecken. Dabei hätten sie am eigenen Leib zu lernen, was wahre Hingabe und echtes Engagement bedeuten.

Mindestens zwei Hügel an zehn Fingern stellen die Aufgabe, aus Extremen in die Mitte zu finden, das Auf und Ab zu überwinden und die meist große Lebensangst zu besiegen, Kampf, Panik und Hyperaktivität hinter sich zu lassen und Frieden in sich und mit der Welt zu finden. Diese Aufgabe ist idealerweise über wachsende Achtsamkeit, zunehmendes Selbstwertgefühl und das Eintauchen in die Freuden des Lebens zu verwirklichen. Das Innen und Außen sind in Einklang zu bringen und Pflichten gewissenhaft zu erfüllen. Insgesamt handelt es sich hier um die ungemütlichste Aufgabe aller vier Fingerprägungen. Die Betreffenden sind nicht selten zwischen Hyperaktivität und resignierter Faulheit hin und her gerissen. Gerade in solchen Extremen kommen aber auch die Lebensenergien hervor und können den Weg zu innerem Frieden weisen. Die Herausforderung besteht darin, ohne faule Kompromisse und frei von Halbherzigkeit zu handeln. Die Lösung liegt im Hier und Jetzt, in der Gegenwart. Verständnis der Polarität und ein Leben im Gleichgewicht werden zum Maß aller Dinge und des Erfolges im Umgang mit diesem Muster.

Wenn Menschen keines der Kriterien voll erfüllen, weil sie – wie etwa der Autor – beispielsweise sechseinhalb Schlaufen und dreieinhalb Kreise haben, sind sie gehalten, sich sowohl der für die überwiegenden Schlaufen skizzierten als auch der für die Kreise dargestellten Aufgabe zu widmen, wobei beide Herausforderungen dann in milderer Form zu sehen wären.

Der Fingerabdruck und seine Muster im Überblick

Fingerbeeren-muster (Element)	Extremzustand der Selbstaufgabe	Harmoniezustand	Extremzustand des Ego
Schlaufe (Wasser)	*Unkontrollierte, überschwängliche Gefühle, Freigebigkeit bis zur Verschwendung, leicht beeinflussbar*	*Ausgewogenheit von Offenheit und Abgrenzung, offenes Herz und frei fließende Liebe*	*Gefühlskälte, Emotionslosigkeit, Verbitterung, Egomanie*
Kreis (Feuer)	*Helfersyndrom, andere stehen zu sehr im Mittelpunkt des eigenen Lebens, Überlastung*	*Freudiges Der-Sache-Dienen, diplomatische Anpassungsfähigkeit und Verschwiegenheit*	*Widerstand gegen Tradition, Selbstsucht, Rücksichtslosigkeit, Lebensführung nach extremen eigenen Gesichtspunkten*
Baum (Luft)	*Langes Grübeln und ständiges Zögern; Gefahr des Verzettelns, Harmoniestreben, hohe Sensibilität*	*In jeder Situation volles Engagement und Bewusstsein; klare, weise Entscheidungen, guter Geschmack*	*Halbherzigkeit, Unverbindlichkeit, Gereiztheit im Alltag (verloren im Multitasking)*
Hügel (Erde)	*Allzeit auf dem Sprung, Hyperaktivität, Panik bei Entscheidungen oder Führungsaufgaben*	*Leben im Jetzt, Präsenz, Wahrung der Mitte zwischen den Polen (Hügeln), innerer Frieden*	*Ruhe, Faulheit, Trägheit*
	Bei allen Extremzuständen droht die Gefahr, entsprechende Krankheitssymptome heraufzubeschwören.		

Die fünf Finger im Spiegel der vier Fingerbeerenmuster

Obwohl die Spezialisten für Fingerabdrücke, Pascal Stössel und Richard Unger, die vier Muster – Schlaufe, Kreis, Baum und Hügel – nicht auf die einzelnen Finger angewendet wissen wollen, werden wir im Folgenden für jeden der fünf Finger die Variationen kurz nennen, die diese vier Siegel ihm jeweils aufdrücken. Die Erfahrungen der Koautorin, Rita Fasel, ermöglichen es sehr wohl, so weit in die Differenzierung zu gehen, ohne damit dem System der mehrheitlichen Verteilung etwas von seinem Wert zu nehmen (siehe Seite 84). Eine ausführliche Ausarbeitung dieser Zuordnungen findet sich auf der Internetseite www.dahlke.at in der Rubrik Veröffentlichungen unter »Die Spuren der Seele«.

Selbst wenn wir im Folgenden stark ins Detail gehen, ist natürlich immer das Ganze im Auge zu behalten. Zum Beispiel ist es von Bedeutung, ob es sich um die linke oder um die rechte Hand handelt und von welchem Element die Hand beherrscht wird. Und natürlich spielt es eine Rolle, welche Form die so (aus-)gezeichnete Fingerbeere hat, ob sie sich rund oder spitz, eckig oder muschelförmig der Welt nähert.

Kleiner Finger

Element: Luft. Urprinzip: Merkur. Thema: Kommunikation, Kontakt, Verbindung, Verhandlung, Handarbeit und Sexualität. Meridian-Bezug: Dünndarm, Herz.

Schlaufe: Aus dem Herzen heraus kommunizieren und entscheiden, sein Herz und seine Liebe sprechen lassen. Gefahr, die Tür hinter sich zuzuschlagen. Lernen, Irrtümer in der Kommunikation auszuräumen. Aufgabe, sich auch in der Sexualität nicht auf eingefahrene Muster zurückzuziehen.

Kreis: Durch Austausch, Kommunikation und Vermittlung dem Nächsten und der Welt dienen lernen. Selbstlosigkeit ohne Selbstaufgabe. Diesbezüglich Gefahr von einerseits Aufopferung und Burn-out-Syndrom, andererseits von Überheblichkeit. Ersteres kann sich in Helfersyndrom und Überschätzung eigener Kräfte und (finanzieller) Möglichkeiten zeigen, Letzteres im Verlust der eigenen Mitte durch gnadenloses Sich-über-die-anderen-Stellen. Lernen, eigene (sexuelle) Wünsche auszudrücken und zu leben.

Baum: Aus der intellektuellen oder wirtschaftlichen Vielfalt und Verzettelung (die ausladende Krone des Baumes) auf das Wesentliche (den Stamm) zurückkommen, Konzentration entwickeln und Ruhe finden. Doppelte Gefahr (von Merkur und der Baumstruktur herrührend), keine Linie ins Leben zu bringen, alles zu aufwendig, zu raumgreifend, zu differenziert anzugehen und zu wenig konzentriert und auf das Wesentliche kommend zu kommunizieren. Der rote Faden ist hier ganz besonders im Auge zu behalten. Gefahr der Verzettelung auch im Sexuellen; mit zu vielen zu viel Verschiedenes wollen und noch das Tantrabuch mit ins Bett nehmen. Sich selbst und den Partnern untreu werdend das Ziel der Sexualität, die Liebe, verfehlen.

Hügel: Veränderungen und mit ihnen die Polarität des Auf und Ab akzeptieren lernen. Angesichts der konstanten Bewegung Ruhe finden und in die Kommunikation, die Ver*hand*lungen und den Austausch bringen. (Inneren) Frieden gewinnen, ohne vor Angst schwankend zu werden, zu erstarren oder zu versteinern; Kommunikation braucht immer Bewegung, die bei der irdischen Prägung der Hügel ruhig langsam sein darf. Auch eine Wanderdüne hat noch Wellengestalt und Bewegungspotenzial. Gefahr, bei anstehenden Entscheidungen vor Angst und Enge außer sich zu geraten und unterzugehen. Aussöhnung im sexuellen Bereich mit Höhepunkten (der Erregung) und Tiefen (der Entspannung).

Ringfinger

Element: Feuer. Urprinzip: Sonne. Thema: Ausstrahlung, Kreativität, Kunst, Kultur und Beziehung. Meridian-Bezug: Dreifacher Erwärmer.

Schlaufe: Schwierige Aufgabenstellung, da das Feuer des Ringfingers sich mit dem Wasser der Schlaufe verbindet. Aufgabe, Liebe und Selbstliebe zu entwickeln und sein Herz für Sonnenthemen wie Kreativität und Ausstrahlung, aber auch Beziehung zu öffnen. Große Gefahr von Enttäuschung, Beleidigtsein, Verbitterung und Depression. Lernen, sich die Offenheit für die eigene Sonnenseite zu bewahren.

Kreis: Verbindung des Feuers vom Sonnen-/Apollonfinger mit dem des Kreises. Selbstverwirklichung im Bereich von Selbstausdruck und Lebenskunst, das heißt, die eigene Mitte finden in sich und in der Partnerschaft, ohne aber ständig um sich selbst zu *kreis*en; sich ins rechte Licht setzen, ohne andere herabzusetzen und sich ungebührend zu überhöhen; dem Lebensausdruck dienen lernen und das eigene Licht leuchten und auf die Partnerschaft abfärben zu lassen, statt es unter den Scheffel zu stellen. Gefahr von Egoismus im Sinne von überzogener Selbstdarstellung und Fanatismus einerseits und des Sichverbrennens für andere bis zu Selbstaufgabe und Burn-out andererseits

Baum: Energie bei Sonnenthemen in kreative Bahnen lenken, seine Träume leben. Gefahr, zu hoch hinaus und zu weit in die Breite zu wollen und dabei zu scheitern. Statt Luftschlösser zu bauen, sich auf Selbstverwirklichung und kreative Arbeit konzentrieren.

Auf den Nachschub und die Basis achten. Nicht den eigenen Stamm vor lauter Blättern und Illusionen vernachlässigen.

Hügel: Schwierige Verbindung von Feuer und Erde, die nur im Kompromiss zu erlösen ist. Statt verbrannte Erde oder ersticktes Feuer zu hinterlassen, auf sicherer Grundlage das eigene Feuer achtsam am Leben halten. In sich Sicherheit und Ruhe finden; die selbstinszenierte Panik und Starre vom Sonnenfeuer durchdringen und das eigene innere Licht leuchten lassen. Lernen, das Auf und Ab als Teil der Natur von Beziehungen zu erkennen.

Mittelfinger

Element: Erde. Urprinzip: Saturn. Thema: Struktur, Ordnung, Reduktion auf das Wesentliche, Verantwortung(sbewusstsein), Arbeit, Pflicht, Krankheit und Tod. Meridian-Bezug: Herz-Kreislauf.

Schlaufe: Sich der Liebe verantwortungsvoll und bedacht öffnen und ein Gleichgewicht zwischen Herzensenergie und Gefühlskühle schaffen: weder verbrennen noch erstarren. Krankheitsbilder, die in Sackgassen geführt haben, neuerlich anschauen, bis sich Auswege eröffnen.

Kreis: Ehrlich werden und die goldene Mitte finden, vor allem zwischen Eigenverantwortung und Verantwortung für andere. Wer alle Verantwortung auf sich zieht oder von sich weist, muss gleichermaßen scheitern, und dann droht Krankheit. Freude am Arbeiten und Dienen entwickeln, ohne sich ausbeuten zu lassen. Die Mitte zwischen den Extremen – von einer Sache aufgefressen zu werden und für sie zu verbrennen – ist geduldiges Dienen.

Baum: Ideen konzentriert in die Welt bringen. Sich auf seine Wurzeln und seine Kraft besinnen, verantwort- und verwertbare Früchte in die Welt bringen und sich darum kümmern. Seinen Schatten (zu viel von allem auf zu vielen Ebenen) entdecken und eigenverantwortlich klären, um dann die erfahrene Essenz zu vermitteln.

Hügel: Für Ordnung und Struktur sorgen; sich mit Disziplin der Enge hinter der Angst stellen. Verantwortung und Reife, Struktur und verlässliche innere Ordnung anstreben inmitten der Polarität auf der Achterbahn des Lebens.

Zeige(finge)r

Element: Feuer. Urprinzip: Jupiter. Thema: Selbstwertgefühl, Optimismus, Lebensfreude und -sinn, Wegweisung und Zurechtweisung. Meridian-Bezug: Dickdarm.

Schlaufe: Sich für den (Entwicklungs-)Weg öffnen, sich großzügig und tolerant die Chance der Umkehr anbieten, sich selbst und anderen verzeihen lernen; harte Schnitte und offensive Schritte wagen. Gefahr, sich im Hinblick auf den Lebensweg in Sackgassen zu verrennen und beleidigt im Irrtum zu verharren.

Kreis: Die Feuerenergie des Zielscheibenkreises auf dem Jupiterfinger drängt in Richtung Philosophie, Lebenssinn und Weisheit; Wunsch nach Großzügigkeit, Toleranz, Begeisterung, Fortschritt und Gerechtigkeit; starker Vorwärtsdrang auf dem Entwicklungsweg für sich und andere. Gefahr von Übertreibung und Missionsdrang.

Baum: Aufgabe, Lebenssinn aus allen verfügbaren Quellen zu schöpfen, ohne sich zu verzetteln; Himmel und Erde nutzen, eigene Wurzeln und Visionen für andere verfügbar machen und seinen Ehrgeiz für sie wegweisend einsetzen; Energie bündeln; Gerechtigkeit walten lassen. Gefahr, zu viel auf einmal und zu schnell zu wollen, viel zu wissen, ohne es weiterzugeben und für sich nutzen zu können.

Hügel: Auf dem Lebensweg die Höhen genauso schätzen lernen wie die Tiefen, Polarität als das bestimmende Prinzip entdecken und akzeptieren; Sinnfindung über Angst stellen. Gefahr, Sinnfindung mit Angst zu verbinden und sich vor den Herausforderungen des Lebens zu drücken.

Daumen

Element: Feuer. Urprinzip: Mars. Thema: Ich-Behauptung, Durchsetzung, Aggression, Mut. Meridian-Bezug: Lunge.

Schlaufe: Beherzt mutige Entscheidungen fällen, Energie in Herzensangelegenheiten zurückbringen; eigene Lebensenergien wieder fließen lassen. Gefahr, im beleidigten Rückzug steckenzubleiben.

Kreis: Sich nachhaltig für die Gemeinschaft einsetzen, sich in den Dienst einer Sache stellen. Gefahr von zu viel Ehrgeiz und sinnlosem Krafteinsatz, was bis in Burn-out-Zustände führen kann.

Baum: Hochfliegende, mit großer Energie geladene Ideen strukturiert in die Tat umsetzen. Gefahr, sich zu sehr einzumischen. Lernen, mit den eigenen Kräften hauszuhalten.

Hügel: Lebensmut entwickeln, Angst und Enge überwinden und in Weite wandeln; Flexibilität gegenüber den Wechselfällen des Lebens entwickeln und das Auf und Ab akzeptieren lernen. Gefahr, sich und seine Kraft zu blockieren.

Die Fingerabdrücke der Autoren als Deutungsbeispiele

Was Fingerabdruckmuster offenbaren, wird Pascal Stössel, der Schweizer Spezialist für Handanalysen, an zwei praktischen Beispielen demonstrieren. Hierzu noch ein Hinweis: Der von ihm gebrauchte Terminus »Wirbel« entspricht dem »Kreis«.

Die Fingerabdrücke von Ruediger Dahlke

Zuerst möchte ich Ruediger für sein Vertrauen danken, ihm – so öffentlich – in seine Hände schauen zu dürfen. Ich unterscheide zwei Ebenen, die Persönlichkeitsebene und die Seelenebene. In dieser Kurzanalyse lege ich den Fokus auf die Seelenebene, die Welt der Fingerabdrücke.

Seine Kombination ist:

- rechte Hand (R.), vom Daumen ausgehend: Mischform – Wirbel – Schlaufe – Schlaufe – Wirbel
- linke Hand (L.), vom Daumen ausgehend: Schlaufe – Wirbel – Schlaufe – Schlaufe – Schlaufe

Daraus ersehe ich die ganz persönliche Lebensbestimmung und Antworten auf die Frage: »Wozu bin ich hier?«

Seine tiefste Lebensbefriedigung bekommt Ruediger, wenn er etwas mit den Mitteln der Kommunikation (r. kleiner Finger) aufbauen (r. Daumen) und beeinflussen (r. Zeigfinger) kann. Seine Lebensbestimmung liegt in der Aufgabe, etwas aufzubauen, der Macher zu sein, der Fußspuren und ein Erbe hinterlässt, auf dem andere weiter aufbauen können. Er braucht das Gefühl von Selbstständigkeit und freier Gestaltungsmöglichkeit (r. Daumen). Er ist der Mann mit einer Botschaft, die die Welt verändert, und der nachhaltig Spuren zieht.

Seine lebenslange Grundausbildung und Bausteine für sein Leben findet er in der Liebe (6 Schlaufen) und im Dienen (4 Wirbel). Im unerlösten Fall gibt und tut er alles für die Liebe und vergisst dabei seine eigenen Bedürfnisse. Er verwechselt Liebe mit »etwas für andere tun«. Im erlösten Fall ist er sich selbst treu, zeigt seine Gefühle und wird dafür geliebt. Er hat den Mut, seine Verletzlichkeit zu zeigen, und kann auch Nein sagen.

Seine Lebenslektionen, seine größten und schwersten Prüfsteine, liegen im Privatleben. Wie kann er sich in einer Familie oder Gemeinschaft (l. Daumen) und in einer

Beziehung (l. kleiner Finger) aufgehoben fühlen, ohne ständig beschuldigt zu werden, alles falsch zu machen (l. Mittelfinger)? Was auch immer er tut, es ist scheinbar nie recht, und er ist scheinbar an allem schuld. Er erträgt Vorwürfe zu lange und glaubt sie noch selbst. Das alles könnte er sehr lange aushalten, weil er niemanden im Stich lassen möchte und anderenfalls ein schlechtes Gewissen bekommt. Lieber erträgt er die Umstände, als die Schuldgefühle und Gewissensbisse auszuhalten, die an ihm innerlich nagen würden. Die Frage ist, ob er zu diesen Gefühlen Ja sagen und sie aushalten kann. Im erlösten Fall sagt er trotz Schuldgefühlen und Gewissensbissen, was er denkt und fühlt, und wird in der Familie oder Gemeinschaft und in der Beziehung akzeptiert.

Zu diesen Themen gesellt sich noch eine tiefe Seelenschüchternheit, die Angst, ausgelacht und mit faulen Eiern beworfen zu werden. Diese Angst könnte ihn lähmen und dazu bringen, sich vor der Welt zu verstecken.

Macht er Fortschritte in seiner Lebenslektion, führt es ihn in seine Lebensbestimmung. Die Basis und die Grundenergie für diese Bestimmung sind wie erwähnt die Liebe und das Dienen. Im besten Fall stellt er sein Leben in den Dienst seiner Gefühle und erobert die Menschen und die Welt mit einer Botschaft, die den Menschen dient und sie in Verbindung zu sich selbst bringt. Allerdings ziehen sich Schwierigkeiten wie ein roter Faden durch sein Privatleben.

Schon fünf Monate vor der Geburt stehen für jeden die Fingermuster geschrieben; bei Ruediger ist zu lesen, dass ihm die Familie, sein privates Umfeld und seine Partner im Leben vorwerfen werden, dass er sie im Stich lässt, nichts richtig macht und ein Egoist ist. Um nicht solchen Vorwürfen ausgesetzt zu sein und keine Schuldgefühle und Gewissensbisse in sich tragen zu müssen, versucht er mit allen Möglichkeiten, alles »richtig« zu machen. Er fängt an, nur noch auf die Gefühle der anderen zu achten, und er dient ihnen in hingebungsvoller Weise, bis der Leidensdruck so hoch ist, dass er von neuem sein eigenes Herz zu spüren bekommt und bestenfalls darauf achten wird: »Mein ist mein ganzes Herz, und nicht: Dein ist mein ganzes Herz.« Es geht um ein Sowohl-als-auch und nicht um ein Entweder-oder. Er hat zu lernen, fürsorglich zu sein, sein Umfeld zu nähren und zu umsorgen und dabei weiter in Verbindung mit sich selbst zu bleiben.

Zusammengefasst ist Ruediger ein Mensch, der seinen Sinn im Leben findet, indem er Menschen oder gar der Menschheit mit ganzem Herzen dient und etwas aufbaut, das die Menschheit innerlich tief bewegt, berührt und über ihn hinaus weiterlebt. Sein Instrument dafür ist die Kommunikation, sind seine Worte. Er ist da, um uns etwas zu sagen, und es ist wichtig, ihm Gehör zu schenken. Hören wir ihm also weiter zu, denn darum ist er hier, und nehmen wir ihm seine Herzensbotschaften ab. Sie sind wichtig, ehrlich, und sie bewegen.

Die Fingerabdrücke von Rita Fasel

Bei Rita zeigt sich folgendes Bild:

- rechte Hand (R.), vom Daumen ausgehend: Mischform – Wirbel – Schlaufe – Wirbel – Schlaufe
- linke Hand (L.), vom Daumen ausgehend: Schlaufe – Wirbel – Schlaufe – Wirbel – Schlaufe

Die Lebensbestimmung von Rita bezieht sich darauf, eine Rolle in ihrem Leben zu finden, durch die sie etwas in der Welt zu bewegen vermag. Sie will Verantwortung tragen und das auch andere Menschen lehren. Dazu braucht sie Zügel in der Hand und den Mut, vor Menschen zu treten. Die Ziele dürfen dabei groß sein.

Die Grundenergie, die Lebensschule, ist für Rita das Dienen. Sie will helfen und möchte der Welt, den Menschen oder der Natur, Gutes tun und ihr Ego für etwas Größeres zur Verfügung stellen. Wenn ihr Tun nicht einem höheren Zweck folgen kann, gerät sie ins Funktionieren und verliert unweigerlich an Energie und Lebenslust. Die Kehrseite des Dienens ist, sich für andere aufzuopfern, ohne einen Sinn darin zu sehen, und die Taschen der anderen zu füllen, während die eigene leer bleibt.

Ihr Hauptthema hat sie am gleichen Ort wie Ruediger. Im Familien- und Beziehungsleben versucht sie ständig, alles richtig zu machen, um Schuldgefühle zu vermeiden und durch ihre Aufopferung Wertschätzung und Liebe zu erfahren. Im erlösten Fall macht sie Fortschritte in ihrer Lebenslektion und wird wertgeschätzt und geliebt für das, was sie ist, und nicht für das, was sie tut. Im unerlösten Fall versucht sie, alte seelische Schuldgefühle abzuarbeiten, damit sie verschwinden, statt mit diesen Gefühlen in Verbindung zu treten und zu erkennen, welche unerfüllten Bedürfnisse dahinterstecken. Im unerlösten und unbewussten Zustand versucht sie, stets für alle da zu sein und sich aufzuopfern, um nur ja niemanden im Stich zu lassen. Im erlösten Fall kann sie frei entscheiden, zu wem und zu was sie Ja oder Nein sagt, ohne sich dabei schlecht zu fühlen.

Bei Rita kommt noch das Gefühl hinzu, dass das, was sie zu sagen hat, nicht so wichtig sei. Aus diesem Grund und der Angst, kritisiert zu werden, will sie nicht vor Leute treten und sagen, was sie zu sagen hätte. Hier gilt es, sich gemäß seiner Lektion zu entwickeln und sich ein Herz zu fassen. Je mehr ihr dies gelingt, wird sich die Mischform (Komposit) am rechten Daumen (ein weiterer Teil ihrer Lebensbestimmung) von seiner schönen Seite zeigen können. Das heißt, sie wird Erfolg haben und selbst die Ernte einfahren. Im unerlösten Fall wird sie immer wieder vor dem Ernten des Erfolgs aus der Situation fliehen, um Neues auf die Beine zu stellen. Dann produziert sie Erfolge für andere, und ihre eigene Tasche bleibt mehr oder weniger leer.

Rita sollte erkennen, dass sie Erfolge und das Ernten genießen darf und dadurch kein schlechter Mensch wird. Sie sollte nach der Devise leben: »Was ich zu sagen habe, ist wichtig, und was immer die Menschen über mich reden, ich mache weiter und lerne daraus.« Dann kann sie mit vollen Taschen, die sich leicht anfühlen, durch die Welt wandern und durch ihr kreatives Auftreten viel bewegen. Sie teilt ihr Glück und den gefundenen Lebenssinn mit denen, die davon haben wollen. Ritas Lebenszweck ist es, den Menschen auf der Grundlage ihrer inspirierenden Kombination zu dienen: ein Licht in den Augen der Menschen anzuzünden und zum Beispiel im Rahmen ihrer Irisdiagnosen beim Klienten durch das Anschauen des eigenen Augenbildes einen Blickwechsel zu erreichen.

HANDDEUTUNG IN DER PRAXIS

Bei der Betrachtung der Hände ergibt, zusammenfassend gesagt, die Polung in linke oder rechte Dominanz eine erste Weichenstellung in Richtung archetypisch weiblich oder männlich, Yin oder Yang (Seite 18). Die Zuordnung der Hände zu den Elementen – von bodenständigen Erd- über einfühlsame Wasser-, bewegliche Luft- bis zu mitreißenden Feuerhänden – vermittelt einen groben Viererrahmen der Selbsterkenntnis (Seite 30). Wobei sinnvollerweise die Einteilung in Weiblich und Männlich in die Elementewelt einbezogen wird, da ja Erd- und Wasserelement archetypisch weiblich und Luft und Feuer archetypisch männlich sind.

Mit den Bergen (Seite 41) und den Fingern (Seite 51) der Hand gelangen wir weiter ins Detail und zu den sieben klassischen Urprinzipien, von denen jedes natürlich auch wieder einem der vier Elemente zugeordnet ist und damit auch Yin und Yang. Diese gegenseitige Durchdringung ermöglicht jeweils eine gute Kontrolle und Absicherung der gefundenen Deutungen und gezogenen Schlüsse.

Der nächste Schritt zu den Fingerspitzen (Seite 65), die durchaus nicht alle spitz sind, differenziert das Bild der Hände noch sehr viel mehr. Hier zeigt sich, wie wir uns im Leben vortasten und der Welt nähern. Auf diesen Tasten spielen wir unsere Lebensmelodie. Die verschiedenen Finger-Spitzen-Typen betreffen natürlich die jeweiligen Einzelfinger und ihr jeweiliges Urprinzip, das wiederum den Elementen und über diese der Yin-Yang-Polarität zuzuordnen ist.

Mit den Fingerbeerenmustern beziehungsweise Fingerabdrücken (Seite 77) schließlich, die individueller als jedes Siegel die typische Eigenart eines Menschen enthüllen, kann nicht nur die Kriminalistik eine genaue Identifikation der Betreffenden erreichen. Über unsere »Fingerprints« (engl. to print = drucken) drucken

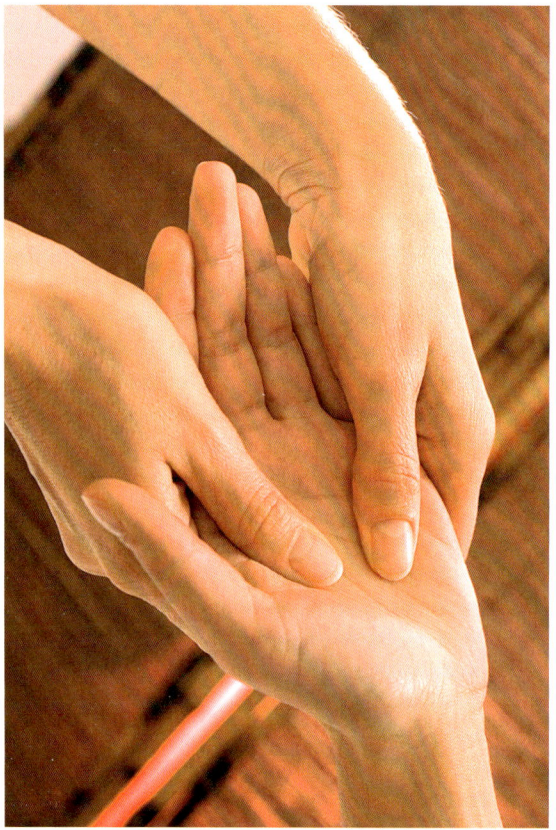

Die Festigkeit oder Weichheit einer Hand sowie ihre Temperatur und Farbe geben erste Aufschlüsse für die Handdeutung.

beziehungsweise drücken wir dem Leben unseren ganz persönlichen Stempel auf. Sie stempeln uns umgekehrt aber auch zu einzigartigen und im wahrsten Sinne des Wortes einmaligen Individuen. Dabei können sie zu so viel mehr als unseren persönlichen Visitenkarten werden, wenn wir lernen, ihre vier Grundmuster (Schlaufe, Kreis, Baum, Hügel) zu durchschauen und in Kombination mit den Urprinzipien der Finger zu deuten.

Es versteht sich von selbst, dass auch diese vier Grundmuster wieder eine Art archetypische Zuordnung erfahren, wodurch die Fülle der Kombinationsmöglichkeiten geradezu unendlich wird und damit der unglaublichen Individualität der Menschen entspricht.

Eine Prioritätenliste

Wichtig für eine Handdeutung sind der erste Eindruck, die Begrüßung, die Gesten beim Sprechen. Darüber hinaus hat sich eine gewisse Reihenfolge der Betrachtung bewährt:

- Rechts- oder Linkshändigkeit
- Handform und Elemente
- Größe und Farbe von rechter und linker Hand
- Die Einteilung von Körper, Geist, Seele an den Fingern, wie entsprechend für die Zehen ab Seite 109 beschrieben
- Narben, Verletzungen (auch deren Häufigkeit, die bereits viel über das Temperament des Betreffenden sagt)
- Schweißneigung, Schwielen, Warzen, Risse, Farbe der Nägel usw.
- Die Berge der Innenhandfläche
- Der Daumenansatz (Wie flexibel ist die ganze Hand bzw. die Person?)
- Der Harmoniebogen der Fingerwurzeln und Abweichungen davon
- Die Urprinzipien der Finger und die Form der Fingerenden
- Bestimmung (mit Lupe) der vier Signaturen auf den Fingerbeeren, errechnen der dominanten Signatur
- Alle Fakten zu den jeweiligen Fingerthemen in Bezug setzen

Daumen- und andere Fingerspiele

Zum Abschluss der Handbetrachtung – als Kür sozusagen – werden hier noch einige Alltagserfahrungen auf dem Hintergrund des neuerworbenen Handwissens erklärt und gedeutet, um spielerisch etwas mehr Sinn in den Alltag und seine *Hand*lungen zu bringen.

»Evangelisch« gefaltete Hände mit sich kreuzenden Fingern und Daumen sprechen sich selbst Mut zu, was offenbar *not*wendig ist, wenn diese Haltung häufig auch außerhalb des Gebetes eingenommen wird. Die rechte und die linke Seite sind dabei miteinander über Kreuz, was nie eine leichte Position im Leben ist. Liegt das Kind vor der Geburt in Opposition zur Geburtsrichtung, kann es aus dieser Steißlage zwar schwerer, aber immerhin noch geboren werden. Ist es aber über Kreuz mit der Entwicklungsrichtung im Sinne der Querlage, muss von außen eingegriffen werden, da eine Geburt auf natürlichem Weg ausgeschlossen ist.

Auch in der Astrologie gilt ein Quadrat als schwieriger lösbar als eine Opposition. Wenn zwei gegenteiliger Meinung sind, verhalten sie sich in der Regel wie Regierung und

Opposition und können trefflich streiten, sind sie aber über Kreuz, reden sie meist gar nicht mehr miteinander.

Bei den gefalteten Händen kommen die Urprinzipien der linken, archetypisch weiblichen und der rechten, archetypisch männlichen Seite in eine überkreuzte und damit nicht eigentlich gegensätzliche, sondern verquere Position. Der Daumen, der dabei obenauf ist, gibt noch einen zusätzlichen Hinweis auf die Schokoladenseite seines Besitzers.

Werden bei gefalteten Händen die Daumen gespreizt statt überkreuzt, so dass sie eine Art Dach bilden, kommen wenigstens die männlich-marsischen Kräfte zusammen. Das Kreuz wird punktuell nach oben aufgelöst. Diese Haltung verrät mehr Selbstvertrauen. Die Ausrichtung nach oben bringt mehr Mut zum Ausdruck.

Drehen bei verschränkten Händen die Daumen umeinander, wie beim typischen *Däumchendrehen*, kann jemand mit seinen männlich-marsischen Kräften nicht so recht etwas anfangen – sie drehen sich sozusagen leer –, was er deutlich sichtbar überspielt. Während er nicht weiß, wohin mit sich (selbst), könnte ein aufmerksamer Beobachter noch feststellen, ob er die rotierenden Daumen im Sinne eines Zahnrades gegen sich selbst oder gegen die Welt drehen lässt. Im ersten Fall ist die energetische Hemmung sicher noch größer; im letzteren Fall ist der Betreffende dagegen schon ein wenig mehr auf dem Sprung hinaus und macht sich Mut.

In der Gebetshaltung der Katholiken, von Albrecht Dürer in den *Betenden Händen* verewigt, ist dagegen alle Energie nach oben gerichtet; die Daumen treten in eine Linie mit dem Rest der Finger und Hände. In diesem Fall liegen nicht nur die archetypisch weiblichen, dem Wasserelement zugeordneten Berge in den Handtellern beisammen, sondern es kommen auch noch die anderen Elemente und vor allem die Feuerkräfte der Finger hinzu. Sie reihen sich ein in dem Bestreben, sich nach oben auf Gott und die Einheit auszurichten. Der mittlere Saturnfinger übernimmt dabei seinem Prinzip entsprechend Verantwortung und Führung. So kommen nicht nur die marsischen Daumen zusammen, sondern auch die inneren Marshügel in der Mitte des Handtellers – bei der evangelischen Haltung sind sie eher durch jene Höhle getrennt, die sich beim Überkreuzen wie von selbst ergibt. In dieser inneren Höhle soll vielleicht der (Lebens-)Mut wachsen, während sich alles andere außen darum verbarrikadiert, fast wie bei einer Wagenburg, die immer auch ein Zeichen von Bedrohung darstellt. In dieser Haltung beten evangelische Christen zu ihrem Gott, der ihnen eine feste Burg gewährt, in der sie sich gegen die Gefahren der Welt verschanzen können. Immerhin werden sie damit ziemlich erfolgreich in der Welt.

Dies ist auch nötig, denn ihr Gott, zu dessen Ehre sie sich in schmucklosen, Gerichts-saalatmosphäre vermittelnden Kirchen versammeln, ist recht streng und gnadenlos. Die Keimzellen des Kapitalismus liegen deshalb fast immer in puritanischen Gegenden, wo sich die Menschen ihr Heil selbst verdienen müssen. Viele Vollendete im Sinne von Heiligen gingen aber nicht aus ihrem Kreis hervor.

Katholiken haben es da einfacher und machen es sich auch leichter. Sie richten schon beim Gebet alle Energie nach oben und können auf Gottes Gnade vertrauen. So müssen sie nicht alles selbst in die Hand nehmen. Ihre Gebetshaltung wirkt vergleichsweise andächtig, gesammelt und unverkrampft und entspricht genau dem hinduistischen Namaste, dessen wörtliche Sanskritübersetzung bedeutet: »Ich verbeuge mich vor dem Göttlichen in dir.«

Auf diese Weise könnten wir nun alle möglichen Hand- und Fingerhaltungen deuten, auch ganz banale. Wenn Männer die Daumen hinter ihre Hosenträger spreizen und diese nach vorn drücken, wird darin eine offensive Geste und Haltung gegenüber der Welt deutlich. Sie versuchen, gegen elastischen Widerstand symbolisch der Welt ihren männlich-marsischen Stempel mit den nach vorn gedrückten Daumen aufzudrücken. Tatsächlich enthalten deren Fingerabdrücke ja wirklich das Siegel, das sie der Welt offensiv einprägen wollen, während alle anderen Prinzipien in Gestalt der vier Finger dabei zurückgenommen auf die eigene Mitte deuten, was leider selten beachtet und umgesetzt wird.

Ihre Vorgänger, die Revolverhelden des Wilden Westens, machten es ganz ähnlich, wenn sie mit ihren Händen den Revolvergriff umklammerten. Drei Finger wiesen dabei schützend nach hinten, nur die beiden feurigen Daumen und Zeigefinger waren offensiv nach vorn gewandt am Schlagbolzen beziehungsweise hakenförmig am Abzug der Hand-Feuer-Waffen. Ließen sie los, feuerte ihre Waffe, und die Kugel schoss heraus und brachte Aggression und gegebenenfalls Tod in die Welt. »Schießen sie los!«, sagen wir heute noch.

Die offene Hand ist dagegen Ausdruck von Friedfertigkeit, weshalb sie bei fast allen Begrüßungen zum Einsatz kommt. Sie enthält eben keine Waffe, sondern richtet alle Prinzipien offen nach vorn, dem Gast oder Freund entgegen. Die Hand symbolisiert so geöffnet Offenheit und Aufrichtigkeit.

In vielen Kulturen reicht es, diese offene Hand zu zeigen, verbunden mit einem Wort des Friedens oder der Achtung Gottes. Die Worte enthüllen dabei ähnlich große Unterschiede wie die Gesten der Hand. Österreicher oder Süddeutsche sind mit ihrem »Grüß Gott« dem indischen Namaste näher als Norddeutsche mit ihrem »Guten Tag«. Reduziert sich Letzteres auf ein einfaches »Tach« und wird der Handschlag ganz eingespart, schwingt darin weniger Achtung vor Gott und dem Gegenüber mit. Eine Berührung in friedlicher Absicht ist immer mehr als eine Gewohnheit. In ihr liegt stets die Chance zu einem kleinen Ritual des Friedens.

Auch Begrüßungsküsse lassen sich natürlich deuten, etwa ob es einen, zwei oder gar drei braucht. Dabei sind immer auch die Hände mit im Spiel und drücken einiges aus: Wird der Geküsste dabei ergriffen oder nur sanft berührt oder fest gedrückt, in oder gar auf den Arm genommen, festgehalten oder gestützt, erhoben oder hinabgezogen?

Legen sich beider Hände beim Handschlag ineinander, berühren die Finger des einen den Handteller des anderen und umgekehrt. So werden symbolisch Gegensätze überbrückt. Die offensiv männlichen Finger berühren die passiv weiblichen Handteller und stellen so eine Verbindung her, die tiefer geht, als viele vermuten.

Das spielt unbewusst auch hinein, wenn Menschen Verträge abschließen oder sich *die Hand darauf geben*, im Sinne eines Ehrenwortes, das fast immer mit Handschlag zu besiegeln ist. Tatsächlich drückt man sich mit den Fingerspitzen die persönlichsten und individuellsten Siegel auf. Wer in einer nahen Situation eine Hand länger gereicht bekommt, könnte sie natürlich entziffern und damit wissen, wer ihm da nahe ist. Im alten China war der Daumenabdruck bereits eine frühe Form, um Wesentliches zu besiegeln.

Begrüßen Freunde männlichen Geschlechts einander, umgreifen sie manchmal den rechten Daumen des anderen. Unbewusst nehmen sie damit freundschaftlichen Kontakt zu einem der wesentlichen männlich-marsischen Symbole des Gegenübers auf. Wer von den Urprinzipien weiß, mag dies etwas mehrdeutig finden. Stimmigerweise wählen Freundinnen praktisch nie dieses Begrüßungssymbol.

Die geballte Faust als Symbol des Kampfes hat den Daumen immer außen wie beim sportlichen Boxen. Dieses Symbol vieler Revolutionen und auch etwa der internationalen Arbeiterklasse in ihrem Kampf um gerechteren Lohn und fairere Lebensbedingungen war so lange gerechtfertigt, wie die andere Seite massiven Widerstand leistete. Als die Kapitalisten allmählich nachgaben, weil die Arbeiterklasse durch ihr solidarisches Vorgehen einerseits an Kraft gewann und Erstere andererseits den Wert einer sich entwickelnden Mittelschicht zur Stabilisierung der Gesellschaft erkannten und deren zunehmende Kaufkraft als förderlich für ihre Geschäfte begriffen, wurde das kämpferische Symbol immer unpassender. Die geschlossene Faust, die nicht zeigt, was sie enthält und gleichsam im Schilde führt, wird überall auf der Welt als bedrohlich erkannt. Als Drohgebärde hat sie im Klassenkampf heute ausgedient. Als die Arbeiter sich vollends in der Gesellschaft integrierten und mit dem System, das ihnen auch ein wenig vom Kuchen abgab, aussöhnten, verzichteten sie auf diese Zurschaustellung von Aggression, und die Faust verschwand aus dem symbolischen Repertoire. Heute dient sie in der Politik lediglich noch dazu, manchmal *auf den Tisch* zu *hauen*. Diese Entwicklung wurde durch die Arbeitervertreter noch beschleunigt, die rasch lernten, bei den Feinden von gestern die geballte Faust zu öffnen im Sinne von *die Hand aufhalten*. Die ehemalige Gegenseite legte dann Beschwichtigendes und Abwiegelndes hinein. *Eine Hand wäscht die andere*, weiß der Volksmund. Wahrscheinlich handelt es sich nicht einmal um konkrete Waschrituale, es reicht schon, sich in denselben Luxushotels gemeinsam *die Hände* vor dem Essen *in Unschuld* zu waschen. Und nach dem *großen Geschäft* dann wieder. Typischerweise ahnen wir, wie sehr wir uns bei großen Geschäften auf dieser und jener Ebene beschmutzen, und legen deshalb so gesteigerten Wert auf rituelles Waschen. Zum großen Geschäft zieht man sich immer in die Anonymität des Ab-Ortes zurück, da darf niemand zuschauen, aber das Händewaschen ist dann wieder ein verbindendes und verbindliches Gemeinschaftsritual.

Im Osten werden beide Händen sehr unterschieden: Die linke unreine wickelt die konkreten *großen Geschäfte* im unteren Körperbereich ab, während die rechte solche auf der übertragenen Ebene mit einem Handschlag besiegelt. Im Westen wird der Schmutz der Ebenen dagegen bedenkenlos – weil diesbezüglich unwissend – vermischt.

Immerhin waschen auch wir uns vor dem Essen fast immer die Hände. Das ist mehr als ein Relikt früher Zeiten, als sie von Hand- und Feldarbeit schmutzig wurden. Wollten wir heute unsere Hände wirklich konkret säubern, müssten wir wie Chirurgen zu Werke gehen, minutenlang mit scharfen Lösungen und Bürsten arbeiten, anschließend mit hochprozentigem Alkohol, und dann wären die Hände immer noch so schmutzig, dass Gummihandschuhe nötig würden.

Aber selbst wenn wir das durchschaut haben, könnten wir weiterhin unsere Hände waschen, und zwar am besten in Unschuld, damit uns das Essen gut bekommt, zumal das andere diesbezügliche Ritual, das vorherige Gebet, mehrheitlich aufgegeben ist. Mit jedem Waschen der Hände reinigen wir uns auch im Hinblick auf alle wesentlichen Aspekte, denn mit den Fingern und den Handtellern werden alle klassischen sieben Urprinzipien gewaschen, gesäubert und wieder in Ordnung gebracht.

Wird die Faust nicht auf Plakaten, sondern in der Tasche geballt, geht es um einen unbewussten, versteckten Kampf. Vor allem bei Kindern ist dies ein häufiges Angstzeichen. Sie versuchen mit dieser Geste, ihre Angst in den Griff zu bekommen und sie niederzukämpfen beziehungsweise ihr Symbol archetypisch männlicher marsischer Kraft zu stärken. Der Daumen wird dabei gleichsam von den anderen Prinzipien zum Schutz umschlungen, nach innen genommen und (fest-)gehalten. Dem männlichen Symbol des Mutes und der Durchsetzung wird im wahrsten Sinne des Wortes *die Stange gehalten*. Wenn sich diese männlich-marsische Region, die sich eigentlich offensiv und mutig der Welt (entgegen-)stellen sollte, so verkriecht, steht es schlecht um die Lebensenergie ihres Besitzers.

Wer nachts ständig die Fäuste ballt, könnte dies als Hinweis auf unterdrückte Wut werten. Liegt er oder meist sie dabei aber eingerollt in der Embryohaltung und sind die Daumen eingezogen, spricht es eher für ein unerfülltes Nähebedürfnis, verbunden mit der Angst, sich zu nehmen, was sie braucht. Immerhin schlafen vierzig Prozent der modernen Menschen und insbesondere viele Frauen in dieser Position. Eigentlich haben sie unerfüllte Bedürfnisse und daraus folgend auch eine gewisse Wut. Da die Angst überwiegt, schlagen sie nicht zu und los, sondern rollen sich wie ihre Daumen ein und verkriechen sich.

Wer den Daumen in jene andere natürliche Höhle des Mundes steckt, bekommt sogleich Babyempfindungen und fühlt sich geborgen und geschützt, während sein marsischer Daumen in der warmen mondigen Feuchtigkeit der Mundschleimhäute ruht und die Jupiter- und Saturnfinger (Zeige- und Mittelfinger) sich schützend über das marsische Symbol im Gesicht, die Nase, legen. Andere Finger vermitteln dieses Gefühl durchaus nicht. Ein in den Mund gesteckter Zeigefinger spricht eher von Ratlosigkeit, wird damit doch das wegweisende und sinnstiftende jovische Prinzip versteckt beziehungsweise in die Regression geschickt.

Wer als Erwachsener den Daumen in den Mund stecken würde, zeigte damit offen sein Bedürfnis nach Geborgenheit und Schutz. Natürlich trauen wir uns das nicht, weil es zu offensichtlich und ehrlich wäre. Die Faust mit nach innen genommenem Daumen signalisiert aber Ähnliches. Der König oder Regierungschef hat sich verkrochen, und seine Minister bilden die Wagenburg. Man versteckt seine marsische Aggression und damit auch seinen Mut und seine Kraft. Die mit dem Daumen nach außen geballte Faust spricht vom Gegenteil, denn jetzt wird der marsische Anteil herausgekehrt.

Eine weltweit verbreitete, da sehr erfolgreiche oder befriedigende Geste ist das Nasebohren. Der Zeige-(Jupiter-)finger dringt in die Höhle dieser phallisch marsischen Region ein und massiert dabei – in der Regel genüsslich – die Innenflächen der Nase, sowohl ihre Scheidewand als auch die entsprechenden Flügel. Halbwegs ist jedem bewusst, wie wenig es sich schickt, wenn der wegweisende jovische Finger in dieser anrüchigen Höhle verschwindet und sich dort hingebungsvoll verlustiert. Letzteres muss aber ein so starkes Bedürfnis befriedigen, dass Eltern und Lehrer auf verlorenem Posten gegen diese Unsitte kämpfen. Der jovische Finger ist ihnen einfach zu ehrlich, wenn er sich in eindeutig libidinöser Absicht mit den Reflexzonen der weiblichen und männlichen Sexualorgane beschäftigt. Nicht umsonst weiß der Volksmund: »Wie die Nase des Mannes, so auch sein Johannes.« Tatsächlich haben Nase, Daumen und männliches Glied auf der Urprinzipienebene diese entscheidende Gemeinsamkeit. In der Naturheilkunde gibt es eine Reflexzonenbehandlung des gynäkologischen Raumes, die sich erfolgreich der Massage der Schleimhäute der Nasenhöhle bedient. Wer also mit seinem jovischen, den Weg weisenden Zeigefinger in dieser oberen Höhle der Lust verschwindet, *zeigt* damit sehr deutlich sein im Augenblick höchstes Anliegen und was ihm fehlt.

Wenn wir auf jemanden oder etwas zeigen, bedenken wir selten, wie sehr der Zeigefinger (Jupiter) dabei vom Daumen (Mars) unterstützt wird. Diese beiden dem Feuerelement zugeordneten Finger geben die Richtung vor. Der jovische Zeigefinger ist federführend, wenn es um die Richtung im Leben, um die Philosophie und den tieferen Sinn, den göttlichen Willen und Weg geht, während der Marsfinger den notwendigen energetischen Geleitschutz bietet. Die anderen drei Finger(-prinzipien) weisen nach hinten auf einen selbst und außerdem auf den eigenen Handteller und hier auf die Marsregion der Handmitte. Das irdische Saturn-, feurige Sonnen- und luftige Merkurprinzip zeigen auf einen selbst und auf die eigenen marsischen Kraftquellen mit ihrer bereits beschriebenen, noch differenzierbaren Bedeutung. Wenn wir auf jemanden zeigen, übernehmen wir also *deut*lich sichtbar Verantwortung (Saturn), wir stellen eine Verbindung (Merkur) zu uns her und sind in unserer Mitte und Ausstrahlung (Sonne) davon betroffen. Sobald wir es im Sinne von Schuldprojizieren tun, sollten wir all dies bedenken. Die Finger weisen auch hier den richtigen Weg, und zwar auf uns selbst zurück. Hier liegt die Lösung, nie außen beim anderen.

Wer jemand anderem zeigen will, wo es langgeht, braucht eine auf dessen Wachstum und Entwicklung gerichtete Vision vom Weg – wie sie der Jupiterfinger andeutet. Obendrein sollte er mit seiner Kraft hinter dieser richtunggebenden Geste stehen (in Gestalt des parallel nach vorn weisenden Daumens) und sich dabei des Bezugs zur eigenen Mitte (dargestellt im Sonnen- oder Ringfinger), zur eigenen Verbindlichkeit (durch den kleinen Merkurfinger) und zur Verantwortung (im mittleren oder Saturnfinger ausgedrückt) bewusst sein. Solche Erkenntnisse könnten dazu führen, weniger auf andere und anderes zu zeigen – und wenn, dann viel bewusster und verantwortungsvoller – und stattdessen mehr bei sich zu deuten. So ließe sich fast beliebig fortfahren. Die angeführten Deutungen mögen aber bereits den Sinn des oben vermittelten tieferen Verständnisses der Finger- und Handzuordnungen an*hand* der Symbolik von Alltagsgesten zeigen. Natürlich kann mit solch wachsendem Verständnis auch die Bewusstheit für die Gesten zunehmen und der Alltag so immer mehr zum Ritual werden.

Mudras

Vom oben Gesagten, wenn es auch noch so banal sein mag, ist es nicht weit zur bewussten Nutzung bestimmter Hand- und Fingerhaltungen im Sinne der Mudras. In der hinduistischen Tradition Indiens und Balis waren sie immer von großer Bedeutung und wurden sogar zu Heilzwecken verwendet. Über Jahrtausende haben sie ein immer stabileres Feld und dadurch größere Wirksamkeit bekommen. Das Wissen um Felder[11], die die Wirklichkeit prägen, das sich bei uns erst verbreitet, ist in der indischen Kultur seit Urzeiten bekannt. Der aus dem Hinduismus hervorgehende Buddhismus übernahm die Mudras. Die Handhaltungen des Buddha zeigen verschiedene Zustände der Meditation und Lehre an und vertiefen diese zugleich auch energetisch. Einige wichtige Mudras mögen auf dem Boden des bisher Gelernten an Bedeutung gewinnen:

Werden beide Hände mit den Handtellern nach oben auf die Knie gelegt und dabei Daumen- und Zeigefingerspitzen zusammengebracht, entsteht eine sehr typische Meditationshaltung, die Offenheit zum Himmel symbolisiert. Der wegweisende jovische Zeigefinger, der die Verbindung zu Gott gewährleistet, versichert sich der Energie und Unterstützung des marsischen Daumens und weist zusammen mit ihm zum Himmel. Der Daumen wirkt dabei wie ein allgemeiner Energieverstärker, während der jovische Zeigefinger mit dem Himmel Thema und Richtung vorgibt. Die anderen Finger sind wie Antennen nach oben offen, und jede Antenne empfängt mit der ihr eigenen Resonanz.

---

11 Siehe dazu auch das entsprechende Kapitel in Dahlke, *Die Schicksalsgesetze*, und die CD *Das Bewusstseinsfeld*.

Wird in ähnlicher Position der Daumen mit dem Mittelfinger verbunden, geht es vor allem darum, Struktur zu finden und Verantwortung zu übernehmen, demnach eine Haltung, die die Schülerschaft und die dabei notwendige Disziplin betont. Der Marsfinger (Daumen) wirkt auch hier wieder energetisch unterstützend.

Verbindet sich der Ringfinger mit dem Daumen, treten Themen wie Mitte (finden) und Ausstrahlung (entwickeln) in den Vordergrund und werden vom Marsfinger energetisch gefördert.

Wo der kleine (Merkur-)Finger den Daumen berührt, geht es um Kommunikation, Sichverbinden und Kontaktfinden mit der Einheit. Letztlich symbolisiert diese Fingerhaltung Kommunion und Einswerden.

Legt im Zen-Buddhismus der Meditierende die Hände zart wie Blütenblätter ineinander, wäre zu beachten, ob die archetypisch weibliche linke Hand die rechte männliche unterstützen soll oder umgekehrt. Solch scheinbare Kleinigkeiten machen langfristig durchaus einen Unterschied.

Letztlich ist bei den Mudras natürlich die Bewusstheit entscheidend und nicht der bewusstlose Nachvollzug traditioneller Anweisungen. Es ist gut, bewusst und wissend einer Tradition zu folgen oder bewusst und wissend eigene Wege zu gehen. Im ersten Fall unterstützt uns allerdings das energetische Feld der Tradition[12] und erleichtert den Fortschritt.

Liegen die Hände ineinander, kommt es wie beim Händeschütteln zu einer Berührung archetypisch weiblicher mit männlichen Regionen und folglich zu einem energetischen Ausgleich. Im Fall des Händeschüttelns konfrontieren sich die Urprinzipien, bei der Meditation berühren sie sich dagegen nur zart und in völliger Ruhe. In ähnliche Richtung zielt die westliche Idee, *die Hände in den Schoß* zu *legen* und äußerlich Ruhe zu geben, um innerlich Frieden zu finden.

---

12   Siehe dazu das entsprechende Kapitel in Dahlke, *Die Schicksalsgesetze*, München 2009.

Füße

DIE FÜSSE AUF DEN ERSTEN BLICK

Als in der Frühzeit das Schicksal der Menschen vor allem von Kraft und Geschwindigkeit bei Flucht und Angriff abhing, waren wohl die Füße als Basis der stärkeren unteren Extremitäten wichtiger als die Hände am Ende der »Vorderläufe«. Da diese Zeiten weit hinter uns liegen, haben wir auch in diesem Buch – wie generell in der modernen Welt – den Händen den ersten Platz eingeräumt. Inzwischen sind uns die Hände näher als die Füße. Die archetypisch sinnvolle Reihenfolge, von den Wurzeln über den Stamm zu den Verzweigungen der Krone zu gelangen, ist damit auf den Kopf gestellt, aber die nachfolgende Betrachtung der Füße gibt uns die Chance, bisher Erkanntes und Durchschautes im wahrsten Sinne des Wortes auf die Füße zu stellen und zu erden.

Füße sind noch ehrlicher als Hände, da Letztere heute mehr Aufmerksamkeit und damit auch *Mani*pulation erfahren. Die Hände werden viel häufiger gewaschen und besser gepflegt; Maniküre rangiert weit vor Pediküre. Im Rahmen von Trainingskursen für Körpersprache werden inzwischen sogar schon Gesten für die Hände einstudiert. Um die Füße kümmern wir uns dagegen wenig; sie werden meist erst zum Thema, wenn sie anfangen, Probleme zu bereiten, und uns zum Beispiel nicht mehr klaglos durchs Leben tragen. Dabei sind die Füße ein wahres Wunderwerk und das Menschlichste, das wir aufzuweisen haben. Unser Gehirn ist keineswegs so einzigartig, Wale und Delfine verfügen nicht nur über ein größeres, sondern sogar differenzierteres. Unser Fußgewölbe ist dagegen in der Schöpfung einzigartig. Der aufrechte Gang und die damit einhergehende Möglichkeit zu Aufrichtigkeit sind etwas zutiefst Menschliches; wir sollten beides bewusst auch immer und um fast jeden Preis verteidigen.

Das Fußgewölbe gibt uns Standfestigkeit, und die Zehen geben uns Halt. Beider Themen sind Verwurzelung und Fort*schritt*. Die Füße werden im Alter ehrlicher und in ihrer und damit unserer persönlichen Eigenart ausgeprägter. Sie zeigen, wie flexibel und dynamisch oder plump und träge wir auf den Boden bringen, was unser Kopf – unterstützt durch die Sinnesinformationen – erdacht hat. Die Füße verraten weiter, wie zart und gut den Umständen angepasst oder auch wie unangemessen wir Mutter Erde berühren.

Erkenntnisse über die Füße sind ausgesprochen hilf- und lehrreich, weil wir über sie lernen können, immer mehr zu uns zu stehen. In der Regel haben wir viel Verstecktes und Unterdrücktes, über das wir hinweg*gehen*, das wir über*gehen* und manchmal sogar nieder*treten* und das sich folglich symbolisch unten in den Füßen sammelt. Hier können wir bei genauerer Betrachtung über einiges *stolpern*, das den Entwicklungsweg erschwert und manchmal regelrecht blockiert. So wie wir unsere Spuren auf der Erde hinterlassen, so hinterlässt das Leben seine in den Füßen.

Die Wurzeln sind so entscheidend, dass wir gut daran täten, sie in Gestalt der Füße wichtiger zu nehmen. Mit den Methoden dieses Buches kann jeder sich schnell selbst auf die *Schliche* kommen und ein eindrucksvolles Wachstumspotenzial erschließen. Wir sollten ein Leben lang lernwillig bleiben und könnten die Fort*schritte* an den eigenen Füßen ablesen.

Die schon von den Händen vertrauten Themen der Zehenenden von spitz über eckig bis rund bleiben bei den Füßen mehr oder weniger konstant, wenngleich sich Spitzen hier unten mit der Zeit auch abschmirgeln können. Druckstellen, Schwielen und Hornhaut, die Belastungen widerspiegeln, verändern sich hingegen viel rascher und können innerhalb eines halben Jahres verschwinden, sobald ein *Umsteigen* im Sinne einer Bearbeitung der Thematik gelingt. Fußnägel brauchen ein Jahr, um sich vollständig zu regenerieren. Im Vergleich dazu wachsen die Fingernägel innerhalb von sechs Monaten heraus und zeigen auch in dieser doppelt so hohen Regenerationsrate die größere Dynamik und Veränderlichkeit der Finger.

Die Füße sind insgesamt dem wässrigen weiblichen Bereich des Neptunprinzips zugeordnet, das das Tierkreiszeichen Fische regiert, weshalb sie oft auch als Flossen bezeichnet werden. Das Neptunprinzip vertritt die weitestentwickelte Form des urweiblichen Seelenelements Wasser. Hier geht es um das Hintergründige bis Tiefgründige mit einer Neigung zum Transzendenten, Mystischen. Die Hände, die zum archetypisch männlichen, aktiven Bereich des *Hand*elns gehören, sind dagegen dem luftigen männlichen Merkurprinzip zugeordnet, das die eher praktisch und weltlich orientierten Tierkreiszeichen Zwillinge und Jungfrau regiert. Mit den Händen bestimmen und *mani*pulieren wir somit den Vordergrund unseres Lebens. Die Füße *stehen* dagegen für unsere Tiefe und letzte Bestimmung, wie eben auch das zwölfte und letzte Zeichen Fische im Entwicklungskreis. Symbolisch dem Weiblichen und dem Wasser zugeordnet, sind sie aber konkret als unsere Basis beim Stehen und Gehen auch der Mutter Erde ganz nahe.

Körper, Geist und Seele in Füßen und Zehen

Die allgemeine Einteilung des Fußes entspricht der ideal-typischen Themengewichtung des menschlichen Lebens, während die individuelle Ausprägung jedes Teils des Fußes seinem Besitzer persönliche Themen, Konstellationen, Aufgaben und Entwicklungsschwerpunkte widerspiegelt.

- Die Ferse und der untere Teil des Fußgewölbes, auf denen die Hauptlast des Gewichts ruht, entsprechen dem Körper.
- Der obere Gewölbeteil und der Fußballen symbolisieren den Geist. Hier zeigt sich in der individuellen Ausprägung des Vorderballens, wie jemand zu sich steht und inwieweit er sich traut, seine (Lungen-)Flügel auszubreiten und auf Gedankenschwingen in die Welt der Vorstellungen, Fantasien und inneren Bilder einzusteigen. Natürlich bilden sich in diesem Vorfußbereich auch die Reflexzonen der (Lungen-)Flügel ab. Hier zeigen die entsprechenden Zonen außerdem, wie viel Raum man sich bei Herzensthemen gibt und gönnt und welche Rolle sie spielen.
- Die Zehen drücken Seelisches und Spiritualität aus. Im Zehenbereich lassen sich auch die Sinnesorgane und damit die Sinnlichkeit finden   und folglich der (tiefere) Sinn (des Lebens).

An den dreigliedrigen Zehen vertritt wiederum das erste oder Grundglied den Körper, das zweite den Geist und das dritte und letzte die seelisch-spirituelle Dimension.

Im großen Zeh bildet sich nochmals der ganze Mensch ab, links in seinen archetypisch weiblichen emotionalen und Gefühlswelten und rechts in der archetypisch männlichen rationalen Umsetzung des Lebens wie dem Auftreten und der Handlungsfähigkeit.

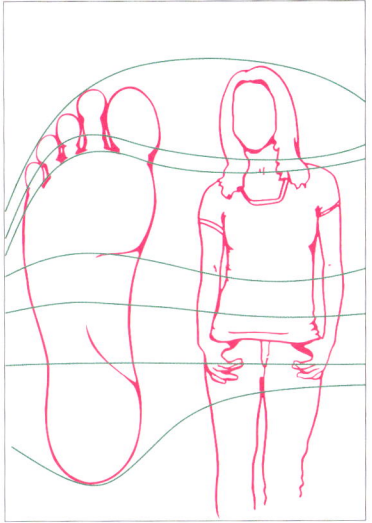

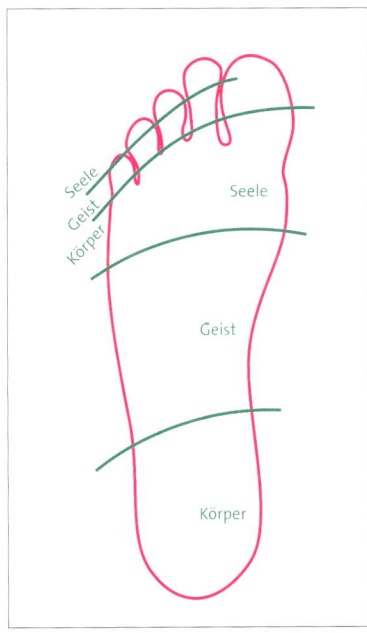

Die Dreigliederung in Körper, Geist und Seele zeigt sich sowohl am ganzen Fuß als auch am einzelnen Zeh.

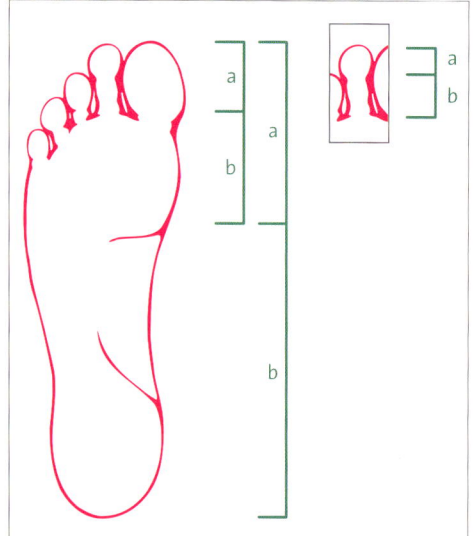

Idealerweise würde die proportionale Aufteilung des Fußes dem Goldenen Schnitt folgen, wie er am schönsten in der Spirale des Ammoniten zu erkennen ist.

Der große Anfangsbogen des Ammoniten steht zu seinem zweiten Teil im Verhältnis von 1,618 zu 1 oder grob gesagt von knapp ⅔ zu gut ⅓. Das Gleiche gilt dann für alle folgenden Spiralwindungen beziehungsweise Ansichten des Ammoniten, die jeweils vom Goldenen Schnitt und der Zahl Pi geprägt sind.

Für den Idealfuß würde das bedeuten, dass der körperliche Aspekt von Ferse und Gewölbe sich zu Ballen und Zehen beziehungsweise Geist und Seele wie 1,618 zu 1 verhält. Weitergehend verhält sich der Ballen, also der Geist, wieder wie 1,618 zu 1 gegenüber den Zehen, die die Seele darstellen. Der einzelne Zeh wiederholt dies nochmals, da sich seine beiden Grundglieder zum letzten im Idealfall wie 1,618 zu 1 verhalten.

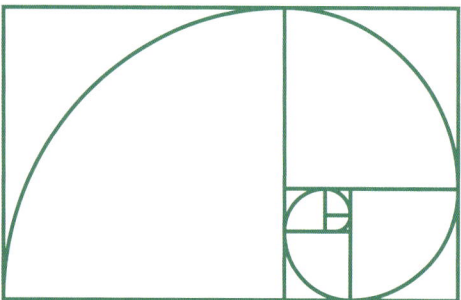

Der Goldene Schnitt ist ein Maßverhältnis, das Harmonie ausdrückt. Bei einer Teilung einer Strecke im Verhältnis des Goldenen Schnitts verhält sich a zu b wie a + b zu a. Der stilisierte Ammonit gibt die idealen Proportionen nach dem Goldenen Schnitt wieder.

Am individuellen Fuß wird dieses zeitlose Ideal selten erreicht. Dadurch lässt sich am eigenen Fuß sehr gut erkennen, wo Schwerpunkte liegen, ob sich ein Aspekt mehr Raum nimmt, als ihm nach dem Goldenen Schnitt zustehen würde, oder weniger. Ein Überhang des Körperlichen – wenn Ferse und Fußgewölbe mehr Platz einnehmen, als ihnen idealerweise zustünden – wäre ein Hinweis, dies in der Lebensplanung zu berücksichtigen und eine eher körperbetonte Beschäftigung zu suchen. Wenn andererseits die Zehen nach dem Goldenen Schnitt im Verhältnis zum Ballen zu lang sind, spricht es für ein Übergewicht des Seelisch-Spirituellen gegenüber dem Geistigen. Auch dies könnte zu Konsequenzen und damit einem glücklicheren Leben führen, etwa durch einen mit spirituellen Themen verbundenen Beruf. Erfahrungsgemäß fühlt sich ein

Mensch umso zufriedener und glücklicher, je mehr er sich seinen Anlagen und Fähigkeiten *stellt*.

So wie der ganze Fuß, spiegelt – wie erwähnt – jeder Zeh seinerseits nochmals diese Dreigliederung in Körper, Geist und Seele wider. Dabei entspricht das erste oder Zehengrundglied dem Körperbezug. Ein kurzes Grundglied deutet wiederum auf eine praktische Veranlagung hin und die Fähigkeit, Dinge umzusetzen und *auf die Füße zu stellen*. Ein langes erstes Glied zeichnet – wie bei den Fingern – den Theoretiker aus und damit einen Menschen, der sich eher Gedanken über seinen Körper macht, als ihn einzusetzen. Ein mittellanges Zehengrundglied spricht für die Möglichkeit, Theorie und Praxis im Hinblick auf den Körper zu verbinden.

Das mittlere Zehenglied steht für Intellekt und Geist und ist vor allem für insgesamt lange Zehen verantwortlich. Wieder steht die kurze Ausprägung für den praktisch ausgerichteten Intellekt, die lange für entsprechende geistige Überflieger und die mittlere für die Verbindung von praxisbezogenem Vorgehen und intellektuellem, geistigem Interesse an der Welt.

Das dritte oder Zehenendglied vertritt die Seele und ihre spirituellen Neigungen. Die großen Zehen, wo es wegfällt, drücken in ihrer ganzen Gestalt die Spiritualität aus. Die Zehenendglieder sind stets kurz; sie zeichnen sich höchstens durch einen Tropfen unterhalb an der Zehenbeere aus, was auf ein verstecktes, noch nicht ausreichend bearbeitetes Thema, ein noch brachliegendes Potenzial hinweist. Bei ihnen ist nicht die Länge ausschlaggebend, sondern einzig die Form der Spitze. Diese wird später zum Hauptthema unserer Zehenanalyse und verrät, was die Seele über den Körper ausdrückt.

Entwicklungspotenzial an den Wurzeln

Während wir jedem Finger der Hand einen Namen zugestehen, gehen die Zehen der Füße diesbezüglich eher leer aus. Auch das ist Ausdruck des Zurückbleibens der Füße in der Entwicklung und bei der ihnen zugestandenen Wichtigkeit, obwohl sie andererseits das Menschlichste an uns sind. Dass sich im Laufe der Evolution die Hände an den Füßen vorbeientwickelten, spiegelt sich auch darin, wie gut wir jeden Finger für sich bewegen gelernt haben, aber längst nicht alle Zehen. Entwicklungsgeschichtlich sind die Füße weitgehend geblieben, was sie waren, während sich die Hände aus Füßen entwickelten und folglich sehr stark differenzieren mussten. Sie verwirklichten also weit mehr Entwicklungspotenzial als die Füße, die über Jahrmillionen ihrer angestammten

Rolle treu blieben, wenn sich auch ihre Stellung bei der Aufrichtung entscheidend veränderte. Die Hände zeigen demnach die Art unseres Zugriffs aufs Leben – wie wir es in Angriff nehmen und was wir von uns zeigen. Die Füße drücken aus, wo wir herkommen und wo wir hingehen wollen.

Allerdings wurden unsere Füße, besonders die der Männer, im Laufe der Evolution immer größer, was auch der zunehmenden Körpergröße entspricht. Dieses Wachstum beschränkt sich nicht nur auf quantitative Aspekte – es geht in die Länge und Breite –, denn tatsächlich leben wir materiell gesehen und auch im übertragenen Sinn auf immer größerem Fuß, und diesbezüglich gibt es wohl kaum Geschlechtsunterschiede. Die eigentliche Aufgabe wäre wohl darin zu sehen, dass der Mann für sich und die Seinen ein*treten* und hervor*treten* kann, um sich zu zeigen, und die Frau *steht* ihm darin heute nicht nach. Dabei könnte er aber auch so großartig sein, anderen zuweilen den Vor*tritt* zu lassen, weil er es sich leisten kann, höflich zurückzu*stehen*. Er könnte kräftige Schritte in Neuland wagen, und oft wüchse kein Gras mehr, wo der hintritt, weil er solchen Eindruck hinterließe. Sein Auftreten wäre ein großer Auftritt, und jedes Erscheinen würde zu einem solchen. Von der Evolution zu großen Sprüngen und ebensolchen Schritten aufgefordert, könnte er sich mit Siebenmeilenstiefeln auf den Weg machen. Trittfest und trittsicher sollte er auch sichere Standpunkte finden und sie entsprechend verteidigen, um so zügig auf der Bergtour des Lebens voranzukommen. Dies alles hat natürlich Bedeutung im übertragenen Sinn, und die Tatsache, dass der Größenzuwachs vor allem im Körperlichen liegt, dürfte mit Defiziten auf anderen Ebenen wie der des Bewusstseins zusammenhängen.

Vieles im Bereich unserer Wurzeln ist vorherbestimmt und wird ins Leben mitgebracht. Trotzdem sind auf dieser Ebene noch Entwicklung und Befreiung möglich. So vermitteln auch die Füße ein Abbild der Spannung zwischen Potenzial und Umsetzung.

Grundsätzlich gibt es zwei Entwicklungsmöglichkeiten. Der vorgegebene Plan wird bereitwillig und früh angenommen und erfüllt. Dann spiegeln die Füße dieses Muster und die dadurch möglich gewordene Befreiung wider. Wer sich freiwillig dem Unabänderlichen stellt, erreicht in jeder Hinsicht noch am meisten Freiheit. Andererseits kann das Leben aber auch durch aufgezwungene Einschränkungen Spuren hinterlassen, besonders wenn die Herausforderungen nicht angenommen werden (können). Falls jemand mitgebrachte Aufgaben verweigert, zeigen seine Füße es in zunehmender Beschränkung ihrer Ausdrucksmöglichkeiten, was bis zur Verkrüppelung gehen kann.

Obwohl vieles an der Gestalt unserer Füße angeboren ist, verändern sie sich ein Leben lang und legen Zeugnis davon ab, wie es ihrem Besitzer im jeweiligen Lebensabschnitt geht. Wachsen die Füße bei Erwachsenen weiter, nicht selten pro Schwangerschaft um eine ganze Schuhgröße, bedeutet es, dass etwas im eigenen Wurzelbereich wachsen will. Im Fall der Schwangerschaft sollten die Verantwortung für das Kind und das gemeinsame Nest und die entsprechende Verwurzelung zunehmen. Falls dies im übertragenen Sinn nicht ausreichend klappt, springen die Füße ein und verleihen der Notwendigkeit von mehr Verwurzelung Ausdruck. Auf diese Weise deutet der Organismus schwangeren Frauen in wachsenden Füßen an, dass sie einen besseren Stand brauchen, um allem Kommenden gerecht zu werden. Väter nutzen diese Zeit der Vorbereitung auf das Kind hingegen nur sehr selten zu diesem Wachstum.

Die Füße wachsen also mit ihren »Aufgaben«. Wenn ein neuer Standplatz, eine neue Position im Leben gefunden ist, passen sie sich an, strecken sich entsprechend und dehnen sich zu neuer Größe. Eventuell signalisieren sie damit auch ihrem Besitzer, dass sie nun für größere Aufgaben im Berufs- oder Privatleben gerüstet sind. Das Wachstum der körperlichen Wurzeln zeigt aber vor allem die Notwendigkeit von geistig-seelischem Wachstum. Statt konkret die Füße wachsen zu lassen, sollten die Betreffenden im Bereich ihrer Wurzeln nachwachsen und mehr Sicherheit und Standfestigkeit gewinnen. Sie wollen unbewusst besser zu sich stehen.

Dagegen werden Füße im Allgemeinen nicht schrumpfen, es kann lediglich so aussehen oder sich so anfühlen. Kurz nach dem Fasten sind sie etwas kleiner, und die Schuhe wirken wegen des entwässernden Effektes vorübergehend zu groß. Dies dürfte ein weiterer Grund sein, der Fasten bei Frauen so überaus beliebt macht. Auch wenn sich die Zehen zusammenkrallen, mag manchmal eine ganze Schuhgröße auf der Strecke bleiben. In Wahrheit entspricht dem ein seelisches Kleinerwerden, ein Sich-Kleinmachen(lassen). Dieses Phänomen trifft Menschen, die auf Rückzug ins Private geschaltet haben oder die Außenkontakte in einer neuen Umgebung scheuen, die sich freiwillig kleinmachen, um weniger aufzufallen, oder die sich zurückstutzen ließen oder sich zurückzogen, weil ihnen ständig jemand *auf die Zehen*

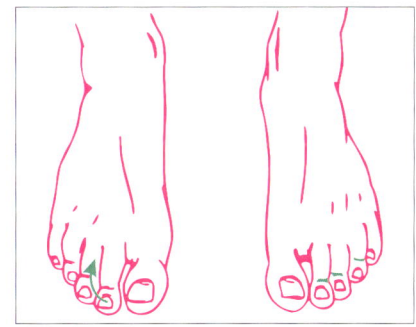

Nach oben flexible Zehen künden von Angst statt vom Leben auf großem Fuß.

trat. Manche machen sich auch kleiner, um weniger Gegenwind zu bekommen. Sie ziehen sich neuerdings in sogenannte Backoffice-Positionen zurück, wo sie, ohne Verantwortung zu tragen, Archive und anderes bearbeiten. Gleichsam abgelegt in der Ablage, *leben* sie *auf kleinerem Fuß.* Diejenigen, die die Fäden spinnen, bevölkern das Frontoffice. Auch Menschen, die auf der Karriereleiter gegen ihren Willen zurückgestuft wurden, oder Hausfrauen, die ihr Potenzial nicht leben, erleiden ebenfalls nicht selten solche Schrumpfungsprozesse im Bereich der Fühler ihrer Wurzeln, denn als solche fungieren die Zehen auch.

Beim Kleinerwerden der Füße kann es sich aber auch nur um ein vorübergehendes Festkrallen handeln, das heißt, die Betreffenden ziehen sich zurück, um zu regenerieren und später neu durchzustarten. Eingezogene Zehen können in diesem Zusammenhang zu einer chronischen Haltung werden – wie eine permanent angespannte und schließlich steif werdende Nackenmuskulatur zur Vorstufe von Hartnäckigkeit. So können sich tatsächlich Krallenzehen entwickeln, die sich schlimmstenfalls sogar zu Hammerzehen auswachsen (siehe Seite 143f.).

Das Thema Schuhe oder
Martyrium und Mysterium weiblicher Wurzeln

In Zeiten des Patriarchats konnten beziehungsweise durften Frauen nicht allein*stehen,* galten sie doch gar nicht als wirklich erwachsen, groß und selbstständig, sondern hatten immer hübsch klein und bescheiden zu bleiben. An ein eigenständiges Leben *auf eigenen Beinen* oder gar *auf großem Fuße* war für sie nicht zu denken. Selbst eigenes Denken sollten sie nicht übertreiben. In der Vergangenheit konnten und durften Frauen weder selbst- noch eigenständig werden. Sie sollten nie *auf jemanden stehen,* nicht einmal neben ihrem Mann, ihm höchstens zur Seite, eigentlich sollten sie ihm lediglich als ihrem Herrn *zu Füßen liegen* und dienen. Ihre Aufgabe bestand praktisch darin, schön, und das hieß zierlich, zu sein, darin einem Bonsai nicht unähnlich, den man auch durch konsequentes Beschneiden seiner Äste nicht in den Himmel wachsen lässt, sondern künstlich klein hält. Bis vor nicht so langer Zeit liebten Männer Sätze wie: »Darf ich Ihnen meine kleine Frau vorstellen?« All dies galt zumindest für die Frauen der gehobenen Klasse, die aber auch den Standard für jene Frauenmehrheit setzte, die ein Leben lang schuftete.

Der Verdacht liegt nahe, dass sie alle nicht besonders stabil im Leben verankert sein sollten. Die Tänzerin im Tutu und auf Zehenspitzen verstärkt und betont diesen Eindruck von geringer Bodenhaftung bewusst und hat im Idealfall zierlich kleine Füße. Die Geisha mit kleinsten Füßen und klein geschminktem Mund bietet ein typisches Bild einer Männern des Patriarchats angenehmen Frau. Die chinesische Frau der klassischen Zeit verkrüppelte sich ihre Füße freiwillig und absichtlich, damit sie nicht wachsen konnten, denn natürliche große Füße galten als schrecklich hässlich.

Noch erstaunlicher aber als dieser verstümmelnde Albtraum der Vergangenheit ist die Gegenwart, in der ähnliches Elend lebendiger ist, als *man* denkt. Denn tatsächlich martern sich bis heute moderne Frauen wie die Stiefschwestern von Aschenputtel oder die Frauen des alten China und tun ihren Wurzeln Ähnliches an. Wer zu kleine Schuhe trägt, riskiert nicht nur einen Hallux valgus (siehe Seite 144), sondern quält sich durch ein schmerzvolles Leben, das von den Wurzeln her nicht stimmt und alles andere als vital ist. Künstlich auf kleinerem Fuße zu leben, als einem genetisch bestimmt ist, führt zu einem unnatürlichen und schmerzhaften Martyrium.

Die Argumente moderner Frauen sind dabei von erschreckender Vordergründigkeit: Große Damenfüße würden nur schwer Schuhe finden, in südlichen Ländern schon gar nicht. Italienische Schuhe sind aber eine Provokation für die meisten Frauen, und so zieht ein Drama das nächste nach sich.

Das männliche Prinzip beherrscht wie nie zuvor die moderne Welt, jedoch gelten alle männlichen Aspekte in körperlicher Hinsicht bei Frauen als ausgesprochen hässlich. Großes Kinn, eine entsprechende Nase, breite Schultern, dicke Waden oder gar Bartwuchs und eben große Füße werden zu Albträumen.

All das belastet das Thema (Stöckel-)Schuhe von Anfang an. Nicht wenige Frauen entwickeln hier eine beachtliche Sammelleidenschaft, die oft Suchtcharakter annimmt. Frau Marcos, die Ex-First-Lady der Philippinen, musste über dreitausend Paar originalverpackte Schuhe in ihrem Palast zurücklassen, als ihr Mann vertrieben wurde. Sie ist diesbezüglich nur von der Menge ein Sonderfall. Das Thema Schuhkauf verdient daher eindeutig ein eigenes Kapitel und hätte wahrscheinlich auch ein Buch gefüllt.

Die Gründe, warum fast alle Frauen so ungehemmt darauf *stehen*, sind vielschichtig. Zum einen hat es sicher mit ihrem Problemthema Verwurzelung und Eigenständigkeit zu tun, sind Schuhe doch eine Art Wurzel-Schutz. Viele Damen kümmern sich zwar darum, aber auf der ungeschickten, weil nicht sehr günstigen Ebene des Schuhekaufens. Deutlich günstiger, aber seelisch aufwändiger, dafür jedoch viel wirksamer wäre es, sich auf wichtigeren Ebenen um eigene Standpunkte und seinen Platz im Leben zu kümmern. Immer neue Schuhe sind sicher nur ein schlechter Ersatz für ein bewegtes, abwechslungsreiches Leben, das sich hier und dort und immer nur für eine gewisse Zeit verwurzelt.

Ein anderer Grund für den Kaufrausch auf unterster Ebene dürfte darin liegen, dass selbst wenn *sie* noch so zunimmt, ihre Schuhgröße praktisch konstant bleibt. Vielleicht kauft *sie* deshalb lieber Schuhe als anderes.

Außerdem legen Frauen auch viel mehr Wert auf die Schuhe von Männern als diese selbst, was Männer oft zu ihrem Schaden übersehen. Eine Frau kann zum Beispiel an den Schuhen des Mannes leicht erkennen, ob er Geschmack und Klasse hat. Frauen blicken tief und schließen von ungeputzten Schuhen auf ebensolche Füße und Wurzeln. Wenn diese dann noch in heruntergetretenen Latschen stecken, hat er schon verloren und weiß nicht einmal, warum. Am unteren Pol werden alle ehrlich. Frauen kümmern sich nur intensiver darum – bei sich und bei ihrem Gegenüber. Sie sehen mit Röntgenaugen durch die Schuhe auf die Füße bis zu den Wurzeln. Ob er elegante oder klobige, passende oder unangemessene Schuhe trägt, verrät Stilempfinden und findet bei einer Frau Beachtung und Bewertung. Schon kleinste Accessoires wie braune Schuhe zur Unzeit oder gar weiße Frotteesocken, die ihm keinerlei Bewusstseinsenergie wert sind, können alles nachhaltig und endgültig vermasseln.

Füße und Lebensalter

Viele **Babys** haben ausgesprochen fleischige Füßchen, die sich beim Aufstehen- und Laufenlernen erst an die neuen Gegebenheiten und wachsenden Freiheiten anpassen müssen. Im Allgemeinen strecken und recken sie sich mit ihren wachsenden Aufgaben. Bei sehr eingeengten Kindern, die in der Regel auch zaghafter laufen lernen, bleiben die Füße oft (toll-)patschig. Sehr negativ wirkt es sich aus, wenn schon kleinste Kinder in zu kleinen Schuhen gemartert und in ihren Entwicklungschancen behindert werden. Die Füßchen legen in ihrem Zusammenkrampfen beredtes Zeugnis von solch beschränkten Entfaltungsmöglichkeiten ab.

Kinder, die schrankenlos aufwachsen, tendieren zu abgehobenen Jubelzehen im Bereich der zweiten Zehe (Gedankenzehe) und der dritten Zehe am linken Fuß (Kreativitätszehe). Bei **Teenagern**, denen viele Schranken gesetzt werden und die mit sehr autoritären Eltern geschlagen sind, können sich die Zehen zu Krallen entwickeln. Sie versuchen, sich festzuhalten und gegen den Anpassungsdruck zur Wehr zu setzen. Auf diese Weise kann Kreativität unterdrückt und die entsprechende Zehe zum Rückzug gezwungen werden. Ihre verkrampfte Signatur spiegelt dann das Lebensdilemma wider. Die vierte Zehe links (Liebeszehe) kann nach entsprechenden Frustrationen sogar unter einer Nachbarzehe Zuflucht suchen oder sich zur Kralle verformen. Die kleine Zehe (Angst-/Vertrauenszehe) kann sich richtig abwenden, wenn sie die Angst nicht konfrontieren mag, oder unter der benachbarten Liebeszehe Zuflucht suchen, was im wahrsten Sinne des Wortes von Unterdrückung zeugt. Falls sie sich verkrallt, kann das Zeichen von einer Angstlähmung sein, von Freiheitsverlust oder mangelndem Urvertrauen. Die Form der Zehenspitze gibt dann weitere Aufschlüsse.

Erwachsene, die den Sprung in die Selbstständigkeit schaffen – durch die endgültige Abnabelung vom Elternhaus oder auf beruflichen Wegen –, strecken sich auch auf der Ebene der Füße, die länger, breiter und insgesamt freier werden. Dieses »Wachstum« geschieht durch Lösen von Verkrampfungen. Die Betreffenden geben ihren Wurzeln mehr Raum – wie sich selbst im Leben. In Ehe- oder Berufssituationen mit massiv beschnittener Freiheit und dadurch extremem Stress kann es zu Hammerzehen oder Hallux-Entwicklung (siehe auch Seite 143f.) kommen.

Im Alter werden die Füße immer ehrlicher, aber nicht unbedingt schöner, wobei auch dies möglich ist. **Reife, alte Menschen**, die das Leben genutzt haben, um sich aus vorgegebenen Zwängen zu befreien und über Barrieren hinauszuwachsen, haben schöne, Würde ausstrahlende Füße, die diese Entwicklung widerspiegeln.

Ähnlich wie würdevolle alte Gesichter heute seltener werden, trifft es auch die Wurzeln in modernen Zeiten eher hart. Viele Menschen müssen sich ein Leben lang *krummlegen*, und ihre Füße bezeugen es. Meist verkrümmt sich zuerst die vierte Zehe (Liebeszehe), was zeigt, wie schwer wir uns mit Liebe und Zuneigung tun. Oft treffen auch die ersten Arthroseschübe gerade diese Zehe und ihr Thema.

Unterschlupfzehen, die sich unter einem Nachbarn verkrochen haben, sprechen für untergebutterte Ambitionen, etwa bei vierten und fünften Zehen, wenn alte Menschen sich aus Frustration aufgeben. Die kleinen Zehen (Angstzehen) und die vierten Zehen (Liebeszehen) entziehen sich besonders häufig wie ihre Besitzer. Sie machen sich davon und brechen aus dem zumindest angedeuteten Harmoniebogen aus. Auf diese Weise verkörpern sich aufgegebene Hoffnungen und Wünsche. Wo Ängste als übermächtig empfunden werden und keine Chance gesehen wird, sich ihnen zu stellen, kann es zu dieser Entwicklung kommen. Ähnliches wird auch bei Liebeszehen geschehen, wenn die Hoffnung auf die Erfüllung entsprechender Wünsche endgültig begraben wurde. Sie verkriechen sich ihren Besitzern entsprechend bei diesem Thema.

Viel seltener kann dieses Schicksal auch die linke mittlere (Kreativitäts-)Zehe und den rechten mittleren (Aggressions-)Zeh ereilen. Ebenso selten kommt es bei der linken zweiten (Gedanken-)Zehe und beim rechten zweiten (Wunsch-)Zeh vor. Sogar große Zehen können versuchen, sich auf diese Weise zu verstecken. Dann hat sich der ganze Mensch aufgegeben und verkriecht sich vor seinem Schicksal. Natürlich kann man sich mit vierzig noch leichter verändern als mit sechzig, aber auch dann geht es noch in Maßen, wenn man gewöhnt war, sich ein Leben lang zu wandeln und der Erkenntnis *»Panta rhei«* (»Alles fließt«) zu folgen.

Wie es geht und steht – Gangart und Standpunkte

Wenn wir uns nach dem Wohlbefinden und der Gesundheit eines Menschen erkundigen, wollen wir wissen, wie er im Leben steht und wie *es* in seinem Leben *steht*, wie er vorwärtskommt und welche Fortschritte er macht. Wer fest auf dem Boden steht, hat es gut; wer *festsitzt* oder *festgelegt* ist, hat dagegen schon halb verloren und jedenfalls erhebliche Einbußen bei der Flexibilität.

Beim normalen Stehen sind beide Beine gleich belastet, was für eine gute Balance zwischen dem weiblichen und dem männlichen Pol spricht. So präsentiert sich jemand, der *mit beiden Beinen im Leben steht*, der ein gesundes Selbstwertgefühl, entsprechendes Selbstvertrauen und *Steh*vermögen hat. Er zeigt durch seine ausgewogene Haltung, dass er für vieles offen ist und Spielraum in alle Richtungen hat. Wer dagegen betont breitbeinig steht, wirkt schon auf den ersten Blick groß*spur*ig. Wenn er obendrein die Hände in die Hüften stemmt, unterstreicht er noch seinen Dominanzanspruch und damit das Bestreben, sein Gegenüber herabzusetzen und seinem Willen zu unter*stellen*. Solch eine demonstrative Haltung wirkt auf andere leicht einschüchternd. Diese Pose drückt Überheblichkeit aus. Wer regelmäßig so steht, sollte sich fragen, ob er der überlegenen Rolle gerecht wird und diese Überlegenheit auch wirklich dar*stellen* kann oder nur vorspie(ge)lt.

Bei lockerem Stehen wird der zum Standbein gehörende Fuß be- und der andere entlastet. So ist man sprungbereiter als auf zwei gleichmäßig belasteten Füßen, und diese Haltung vermittelt auch Zugewandtheit, Offenheit und Kommunikationsbereitschaft. Sie macht die verschiedenen Optionen deutlich, die sich die Betreffenden offenhalten, und die Flexibilität und Anpassungsbereitschaft.

Die Gewölbe, auf denen das Leben ruht

Der menschliche Fuß verfügt idealerweise über ein Doppelgewölbe. Das Körpergewicht wird auf drei Punkten mit Hilfe von zwei Verbindungsbögen sicher getragen. Die meisten Menschen haben jedoch das vordere Gewölbe, das der oberen Körperhälfte zugeordnet wird, durchgetreten. Überlastung hat das Gewölbe niedergedrückt und zu mehr Bodenkontakt geführt, was die Betreffenden vorn ziemlich platt dastehen lässt. Man könnte bei dieser Situation einerseits den Verlust des Zugangs zu höheren Sphären vermuten und andererseits die Notwendigkeit zu mehr Bodenständigkeit erkennen.

Hohe Gewölbe sind häufig bei Menschen mit großer innerer Stärke zu finden, die sich hohe Ziele setzen und sowohl gern mit sich allein als auch gesellig sein können, wenn es an der Zeit für sie ist. Doch brauchen sie immer wieder viel Ruhe, um sich zu regenerieren. Oft erleben sie sich als Einzelkämpfer und können nur schwer Hilfe von außen annehmen.

Die Art des doppelten oder des einfachen Fußgewölbes verrät aber auch die Standpunkte und den Halt, die wir im Leben finden – oder ob wir in selbigem schwimmen, weil unsere Flossen sich in Bezug auf die Erde tatsächlich zu Plattfüßen gewandelt und beide Gewölbe verloren haben.

Jedem einzelnen Fuß lässt sich ansehen, wie sicher sein Besitzer dasteht. Der beste Stand ist natürlich der auf drei Punkten bei intaktem Längs- und Quergewölbe. Die meisten stehen nach Einbuße ihres vorderen Gewöl-

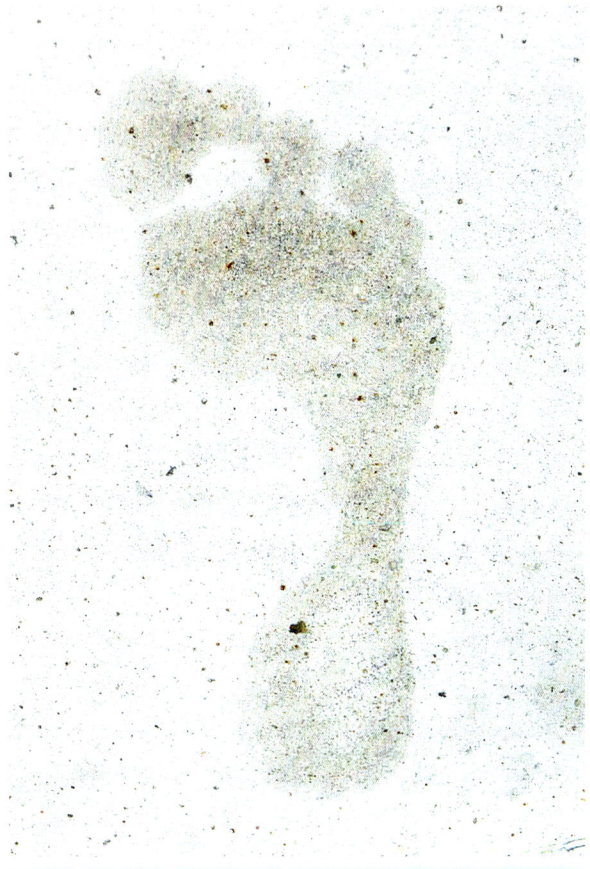

Die Füße, unsere neptunischen Flossen, sind uns Lebensbasis und verkörpern persönliche Standpunkte.

bes pro Fuß nur noch auf zwei Punkten. Immerhin ergibt das bei zwei Füßen noch vier feste Punkte und damit eine relativ gute Stabilität, wenn auch nicht mehr die Sicherheit der ursprünglichen sechs festen Punkte – und vor allem nicht mehr stabile Standfestigkeit des einzelnen Beines. Idealerweise wäre gute Balance auch auf einem Bein möglich. Der moderne Mensch aber braucht in der Regel schon beide Beine, um sich noch auf denselben halten zu können, weil er an jedem Fuß einen *Standpunkt* eingebüßt hat.

Wer beide Gewölbe verloren hat, steht sehr platt da und auch etwas rutschig bis haltlos. Er riskiert bei insgesamt nur zwei festen Punkten auf seinen Plattfüßen eine Rutschpartie und schlittert mehr dahin, als sicher zu stehen. Bewegung ist in diesem Fall die einzige Sicherheit. Im Ruhezustand wird der Betreffende sogleich (stand-)unsicher und kippelig. Das heißt, er kann sich Ruhe gar nicht mehr leisten und wird auch nur schwer innere Ruhe finden, sondern muss ständig in Aktion bleiben, um wenigstens einen Anflug von Stabilität zu fühlen. Dies ist geradezu eine Metapher für das moderne Leben.

Analog zu Problemen des äußeren Halts – des guten Stehens – ist es wenig erstaunlich, wenn immer mehr Menschen den (inneren) Halt verlieren. Tatsächlich kommen sie einfach nicht mehr zum Innehalten in einem Leben, in dem zum Beispiel mit Hilfe von Firmenberatern jede Minute Leerlauf wegrationalisiert wird. Wer aber den inneren Halt verliert, wird rasch haltlos und verliert den In*halt* im Leben, wodurch Letzteres zu einer Art Rutschpartie wird. Dramatischerweise ist der Verlust von Inhalt eine Vorstufe zur Depression, die moderne Menschen immer häufiger ereilt. Die haltloser werdenden (Platt-)Füße sind ein konkreter körperlicher Hinweis auf diese verunsichernde Problematik.

Am Stehen lässt sich sogar der Stand (beziehungsweise Gemütszustand) bis hin zum Status eines Menschen ablesen. Steht er auf den Fersen und somit vertrauensvoll zurückgelehnt, weil er erreicht hat, was er wollte? Oder ist er mit dem Gewicht auf dem Vorderfuß und ständig auf dem Sprung (zu neuen Gelegenheiten), um doch noch zu verwirklichen, was ihn innerlich bewegt und anspornt? Aber auch Hinweise auf die Verlässlichkeit eigener Standpunkte und auch die Fähigkeit, Schwierigkeiten durchzu*stehen*, sind in den Füßen und ihrem konkreten Stand zu finden. Wer kippelig und unsicher steht, um den steht es meist auch nicht so gut; er hat sich und seinen Platz noch nicht gefunden und verbreitet entsprechende Unsicherheit, wenn er seine Standpunkte ver*tritt*.

Die Füße vermitteln aber nicht nur *deut*liche Botschaften, sondern helfen auch, schwere Situationen konkret durchzustehen.[13] Im Sitzen oder Liegen ist dies viel weniger leicht zu schaffen, gerade weil man dann zu ablenkenden Beschäftigungen neigt, die in wirklich schweren seelischen Situationen meist wenig hilfreich sind.

Der Auftritt und die Art des Gehens als Ausdruck persönlichen Fortschritts

Der buchstäbliche *Eindruck*, den jemand hinterlässt, sein **Auftritt**, lässt sich gut an seiner Fußspur im Sand ablesen. Allerdings könnte sich darin auch nur der Anspruch ausdrücken, während die Realität dahinter (noch) zurückbleibt. Die Art des Gehens ist stets auch ein Spiegel unseres Fortschritts und zeigt, wie wir mit der Erde und der Materie umgehen. Trampelt jemand durchs Leben, heißt dies, dass er mehr Beachtung möchte und dafür zu kämpfen bereit ist. Jedenfalls erregt er mit jedem seiner polternden Schritte Aufmerksamkeit, aber natürlich weniger im positiven Sinne von Zuwendung und Anerkennung. Wer dagegen durchs Leben schleicht, möchte nicht auffallen. Dahinter könnte sich die Angst verbergen, Probleme auf sich zu ziehen und Nachteile zu erleiden, sobald andere ihn bemerken.

Über die Form der Füße lässt sich erkennen, wo der Schwerpunkt des *Auftritts* liegt, und an ihrer Ausrichtung, wie die Spur eines Menschen angelegt ist und wohin sie weist. Am Gang zeigt sich, wie jemand im Leben vorwärtskommt. Wenn beide Füße beim Gehen nach vorn zeigen, liegt Fortschritt nahe. Falls die Fußspitzen nach außen weisen, wird aus dem zügigen Vorwärtskommen mehr ein Watscheln. Durch einen so stark seitwärts gerichteten Auftritt ist echtes Fortkommen auf allen Ebenen behindert. Ursache für ein Watscheln sind oft auch O-Beine und ein entsprechend großspuriger Gang, der den entsprechenden Schattenaspekt verdeutlicht. Statt großspurig aufzutreten, könnten Betroffene ihre Basis auf übertragener Ebene verbreitern. Dies würde echte Sicherheit statt der vorgetäuschten in ihr Leben bringen.

Der physio-logische Hintergrund der nach außen gedrehten Fußspitzen ist sehr leicht zu durchschauen. Die watschelnden Beine sind das Ergebnis von Verspannung beziehungsweise fehlender Dehnung. Um die Verkürzung der überforderten Wadenmuskeln zu kompensieren, werden die Füße nach außen gedreht. Ein ähnliches Phänomen beim

---

13 Siehe dazu die entsprechende Übung in Dahlke, *Die Notfallapotheke für die Seele*, München 2009.

Hüftbeugermuskel verführt dazu, sich ins Hohlkreuz ziehen zu lassen, eine Haltung, die Rückenproblemen Vorschub leistet. Wer sich mit den daraus folgenden Fehlhaltungen durchs Leben schleppt, müsste verschiedene Fragen beantworten – bevor er sich mittels gezielter Dehnungen[14] wieder gerade(aus)richtet und so auch im übergeordneten philosophischen Sinn wieder Richtung in sein Leben bringt. Zu klären wäre, wie viel Energie dem Betreffenden seitwärts verlorengeht und was ihm die Füße nach außen dreht, das heißt, wo der Watschelnde Energie vergeudet, die ihm zu echtem, zielstrebigem Fortschritt fehlt.

Bei Fortbildungsveranstaltungen in Firmen- und Unternehmerkreisen fällt auf, dass überdurchschnittlich viele Selbstständige ihre Füße strikt geradeaus, nach vorn gerichtet setzen, während bei chronischen Bedenkenträgern und Verhinderern die Fußrichtung oft seitwärts weist. Auf die Skipiste übertragen, entspräche der nach vorn ausgerichtete Gang einer Schussfahrt, der Watschelgang aber einer sicheren Bruch- und Bauchlandung. Die Fortsetzung dieser Symbolik findet sich bei den Zehen, die, gerade nach vorn gerichtet, ebenfalls für eine Umsetzung ihrer entsprechenden Themen ohne viel Umschweife stehen, im Gegensatz zu den Abweichlern in ihrer Reihe.

Wenn die Fußspitzen beim Gehen nach innen weisen, sagt man, dass der Betreffende *über den Onkel geht*. Dies kann in milder Ausprägung bei Kindern und Frauen nett und liebenswürdig aussehen. Jedenfalls drückt es eine Selbstzentrierung aus. Hier geht jemand auf sich selbst zu, und wahrscheinlich müssten die Betroffenen dies im übertragenen Sinn verstärkt tun, so wie die nach außen Watschelnden ihren Gesichtkreis erweitern sollten. Selbstbezogenheit hat keinen guten Ruf, und folglich wird hier der Schattenaspekt deutlich.

Die **Schrittlänge** zeigt, wie viel Raum sich jemand nimmt und wie eilig er es hat, (im Leben) voranzukommen. Wer mit raumgreifenden Schritten einen Saal durchmisst, will (darin) vorwärtskommen und einiges bewegen. Dieses Schrittmaß steht für Mut und Wissbegierde bis zu Neugierde. So erobert jemand Neuland und beherrscht bekanntes Terrain.

Wer dagegen mit winzigen Schritten t(r)ippelt, ist sich seiner Sache nicht annähernd so sicher. Hier bestimmen beziehungsweise behindern Zurückhaltung und Angst den Fortschritt. Verhaltene Schritte deuten auf ebensolche Ansprüche hin. Die antrainierten

---

14 Siehe Dahlke, »Aller guten Dinge sind drei« – *Mein Programm für mehr Gesundheit*, München 2009.

Trippelschritte japanischer Geishas sollen den Eindruck von hilfsbedürftiger Unsicherheit vermitteln, um Männern ein Gefühl von Überlegenheit zu schenken.

Die **Geschwindigkeit** des Gehens gibt ebenfalls deutliche Hinweise. Wer raschen Schrittes durchs Leben eilt, will natürlich schnell (vor)ankommen, und wahrscheinlich hat er ein Ziel vor Augen. Die entsprechende Zielstrebigkeit ist meist auch in anderen Bereichen des Lebens zu finden. Auf der Schattenseite mag rasches Gehen auf Ungeduld und übertriebenen Ehrgeiz hinweisen, manchmal auch auf Gehetztheit. Zu klären wäre an erster Stelle, ob überhaupt ein konkretes Ziel vorhanden ist oder eher moderne Varianten des Fortschritts ihr Unwesen treiben, was Mark Twain in seinem Roman *Huckleberry Finn* trefflich beschreibt: »Kaum verloren wir das Ziel aus den Augen, verdoppelten wir unsere Anstrengungen.«

Zum Schnellgang gesellen sich nicht selten raumgreifende Schritte. Wer in dieser Weise vorwärtsstrebt, scheint zu wissen, wo er hinwill und wo es langgeht. Er wirkt motiviert und zielorientiert. Die Gefahr liegt hier im »Huckleberry-Finn-Syndrom« und einem problematischen oder gar nicht vorhandenen (inneren) Ziel.

Eine langsame Gangart kündet von ruhigem Auftreten und bedacht gesetzten Schritten. Man lässt das Leben kommen, geht höchstens ruhig darauf zu, aber man eilt ihm keinesfalls voraus. Wer im Auto *herunterschaltet* oder beim Reiten oder Gehen eine langsamere *Gangart* wählt, kann sich damit auch besser auf Herausforderungen wie Steigungen oder schwieriges Terrain ein*stellen*. Hinter dieser Haltung verbirgt sich ein besonnener Mensch, dem allerdings auch Dynamik, Mut und Ehrgeiz fehlen könnten. Er sollte sich fragen, ob es echte innere Ruhe ist, aus der heraus er sich bewegt und voranschreitet. Was bewegt ihn in der Tiefe, und wo will er im Leben hin, beziehungsweise wo will das Leben mit ihm hin? Idealerweise entspricht eine langsame Gangart der seelischen Gelassenheit des Betroffenen, gemäß dem Zen-Motto: »Wenn du es eilig hast, mach einen Umweg und geh langsamer.«

Oft ist der langsame Gang mit kleinen Schritten assoziiert, denen man Angst und Vorsicht ansieht. Abgesehen davon, dass kleine Schritte aus orthopädischer Sicht sinnvoller sind als große, weil sie die Ausdauer erhöhen und das Bewegungsbild verbessern, sind sie als unbewusstes Muster ein weniger günstiges Zeichen und verraten Unentschlossenheit und Unsicherheit im Hinblick auf das (Lebens-)Ziel.

Wer beim Gehen ständig vor sich auf den Boden schaut, der ist sich des Weges und seiner Schritte nicht sicher. Von der Welt wird er nicht viel zu sehen bekommen. Hans

Guckindieluft im anderen Extrem wird möglicherweise in manche Grube fallen. Wer im Idealfall selbstbewusst und hoch erhobenen Hauptes seiner Wege geht, strahlt Zuversicht und Sicherheit aus. Er wird sich zu be*haupt*en wissen und mit Vor(aus)sicht die besten Chancen haben.

DIE ZEICHEN AM FUSS

Fußgröße und Fußform

Die Größe der Füße wird auch durch ihre Fühler, unsere Zehen, bestimmt. Wenn sie sich wie Antennen hinausstrecken, spricht dies für einen freien Menschen, der sich seine eigenen Gedanken macht und sich als Freidenker erweist. Sind die Zehen eher eingezogen und zurückgenommen, dürfte es damit zusammenhängen, dass ihre Besitzer öfter *eins draufbekommen* haben und sich festkrallen mussten, um nicht vertrieben zu werden. Möglicherweise standen ihnen auch andere häufig auf den Zehen und behinderten ihren Fortschritt.

Besitzer **großer Füße** sollen auf großem Fuß leben und größere Spuren auf der Erde hinterlassen, wozu sie aber oft zu schüchtern sind. Es ist oft nicht leicht, sich der im Körper zum Ausdruck kommenden Lebensaufgabe zu stellen, und insbesondere Frauen hassen häufig ihre subjektiv als zu groß empfundenen Füße. Damit lehnen sie den in ihren Wurzeln ausgedrückten großen Anspruch ab, sich kräftig im Leben zu verwurzeln und breite Spuren zu hinterlassen. Meist wollen gerade sie – im übertragenen Sinn – *auf großem Fuß leben*, ohne sich dies jedoch selbst einzugestehen. Folglich wirken große Füße, die diesen Anspruch bei jedem Schuhkauf überdeutlich mittels Übergrößen einfordern, auf die Betroffenen besonders störend und werden in ihrer Ehrlichkeit diskriminiert (mehr dazu auf Seite 114).

Die Besitzer **enger, schmaler Füße** übernehmen gern das Kommando und zeigen sich nicht selten als Besserwisser, die dazu neigen, andere (für sich) arbeiten zu lassen. Weil sie so empfindlich sind, üben sie viel Kritik und stoßen sich an Kleinigkeiten, die sie aufregen. Andererseits genießen sie gern die guten Seiten des Lebens.

Breite Füße gehören meist zu harten Arbeitern, die ständig in Aktion sind und Mühe haben stillzusitzen, weil sie ständig Sinnvolles leisten wollen.

Besitzer **flacher Füße** ohne viel polsterndes Fleisch sind gern in Gesellschaft und brauchen Bestätigung. Man hört sie meist schon von weitem, weil sie laut auftreten und alle wissen lassen, wenn sie vorbeischreiten oder -poltern.

Zehennägel und -krallen

Wie die Fingernägel sind die Zehennägel Überreste unserer Krallen, in diesem Fall der ehemaligen Hinterläufe. Durch unsere Aufrichtung auf die Hinterbeine haben auch die hinteren Krallen ihre Funktion als Aggressionswerkzeuge weitgehend verloren und müssen nun bewusst gestutzt werden, auch wenn es wegen des langsameren Wachstums nur halb so oft nötig ist. Die Nägel sind für uns, unsere Zehen und deren Themen mittlerweile nur noch eine Art Schutzschild.

Eingewachsene Nägel und die entsprechende Nagelbettentzündung (Panaritium) zeigen einen Konflikt im Krallenbereich, der entweder in einem akuten Stadium ist oder das Nagelbett zu einem chronischen Kriegsschauplatz macht. Die vordergründige Ursache kann vielfältig sein: vom falschen Schneiden bis zu Verletzungen und Krankheitsbildern wie Arthritis, bei der sich die Nägel oft nach innen und unten krümmen. Auch schlecht sitzende Sport- und Wanderschuhe können im Zusammenhang mit zu langen Krallen bereits blaue und einwachsende Nägel hervorrufen.

Das Nagelbett ist die Basis und der Ort der Regeneration für die Krallen und damit auch für die Aggression. Ähnlich wie Zahnfleischentzündungen, die die Basis der Zähne als unserer Waffen im Mund bedrohen, haben Nagelbettentzündungen mit Urvertrauensproblemen zu tun. Nur gestützt auf gesundes Urvertrauen kann man es wagen, offen(siv) und aggressiv zu leben. Die Aufgabe bei Nagelbettentzündung besteht darin, sich mutig und offensiv mit dem Thema des betroffenen Nagels auseinanderzusetzen und den anstehenden Kampf zu wagen. Mangelndes Urvertrauen ist nicht so leicht zu beheben. Alle Übungen, die mit der Erfahrung von Einheit in Berührung bringen, sind hilfreich.[15]

Verdickte Fußnägel sind ein häufiges ästhetisches Problem im Wurzel(be)reich. Dicke Nägel, die verstärkte Schutzschilde für die Zehen darstellen, fordern mehr Schutz für deren Spitzen und damit auch für die im jeweiligen Zeh und der Zehenspitze zum Ausdruck kommende Thematik. Dieser zusätzliche Schutz wäre natürlich besser im übertragenen Sinn sicherzustellen. Die vordergründigen medizinischen Ursachen reichen von

---

15 In Dahlke, *Schwebend die Leichtigkeit des Seins erleben*, Darmstadt 2009, sind Übungen zusammengetragen, die solche Erlebnisse ermöglichen.

Pilz- über Bakterieninfektionen bis zu Folgezuständen chronisch blauer Nägel. Oft sind verdickte Nägel auch in gelbliche und gräuliche Richtung verfärbt und verweisen so auf vorliegende Vitalitätsstörungen.

Gespaltene Nägel gehen meist ebenfalls auf Pilz- oder Bakterieninfektionen zurück und können Hinweise auf innere Gespaltenheit in Bezug auf das jeweilige Zehenthema sein. Außerdem geht mit einer Spaltung natürlich auch der Schutzschild für diesen Zeh und sein Thema zu Bruch. Die darin zum Ausdruck kommende Aufforderung besteht darin, den (geistig-seelischen) Schutzschild um dieses Thema zu zerbrechen und das dann offen zutage tretende und sich im Bewusstsein ausbreitende Thema vorbehaltlos anzugehen.

Bei **blauen Zehennägeln** stammt die Verfärbung von dem Trauma, das der Nagel erlitten hat, und in der Folge von einem Bluterguss gleichsam unter der Fensterscheibe. Daran wird deutlich, dass die Nägel tatsächlich durchsichtig sind und den Blick auf das Nagelbett freigeben. Häufig auftretende blaue Zehen – wie unter Fußballern verbreitet – sprechen für Überempfindlichkeit und die Neigung, auf der Ebene der Fühler rasch verletzt oder beleidigt zu reagieren. Zu überlegen ist auch, warum man sich Situationen sucht, in denen ständig die Gefahr besteht, zusammengestaucht zu werden. Die durch die Themenzuordnung des jeweiligen Zehs zu klärende Frage ist, welches Lebensthema stellvertretend eins drüberbekam.

Lauf- und Lebensspuren

Am **Pflegezustand** der Füße lässt sich einiges ablesen. Jede Vernachlässigung spricht von Missachtung der eigenen Wurzeln. In einer Kultur, die zunehmend weniger Wert auf die Verwurzelung der Menschen legt, bleiben die Füße fast immer verpackt. Dafür legt die moderne Gesellschaft großen Wert auf Flexibilität und Mobilität. Der Wunsch nach Heimat und entsprechende Erdverbundenheit und Verwurzelung sind ihr verdächtig und gelten als überholt und altmodisch. Insofern gibt es auch nur noch wenige, zumeist intime Momente der Ehrlichkeit im Hinblick auf den Fußpflegezustand. Die Vernachlässigung der Füße aus Achtlosigkeit findet sich dabei viel häufiger bei Männern. Dumm nur, dass viele Frauen am Pflegezustand der Füße intuitiv mehr ablesen, als Männern lieb und bewusst ist. Mit Bodenständigkeit und Verwurzelung wegen der Thematik der Nestgründung deutlich stärker verbunden, legen Frauen gesteigerten Wert auf gepflegte Füße, weil sie wohl intuitiv den Zusammenhang zum Wurzelnschlagen spüren.

Eine ehrliche Zwiesprache mit den Füßen kann enthüllen, wo nächste Entwicklungsschritte anstehen. Fragen nach dem Verhältnis zu ihnen und den Zehen können bis zu einer grundsätzlichen Auseinandersetzung mit den eigenen Ahnen führen, aber auch helfen, mittelfristige Themen wie die Verwurzelung und den Ort des Lebensschwerpunktes zu klären.

Alle Fußbeschwerden lassen sich selbstverständlich im Sinne von *Krankheit als Symbol* deuten. Bei der Lokalisierung von Problemen leisten auch die Landkarten der Fußsohlen aus der Reflexzonenlehre Hilfestellung, die anzeigen, welche Organe und Lebensthemen Zuwendung brauchen.

Jedes kleine Zeichen trägt eine Botschaft, wobei auch immer die Zuordnung zu den Chakren mitzubedenken ist. Eine Warze auf einem Zeh hat beispielsweise Bezug zu dem von ihm repräsentierten Chakra, wie auch zu dem jeweiligen Thema des Zehs, den Reflexzonen und auch den Meridianen, die an diesem Zeh beginnen oder enden.

Risse zwischen den Zehen lassen spüren, wo die Verbindung zwischen Themen, die die jeweiligen Zehen repräsentieren, schmerzhaft ist und zu einer Art Zerreißprobe zu werden droht. Sind diese Einrisse chronisch geworden, deuten sie an, wie sich ihre Besitzer zwischen diesen beiden für ihre Psyche offenbar unvereinbaren Themen zerreißen und welche Kluft zwischen den betroffenen Chakren besteht.

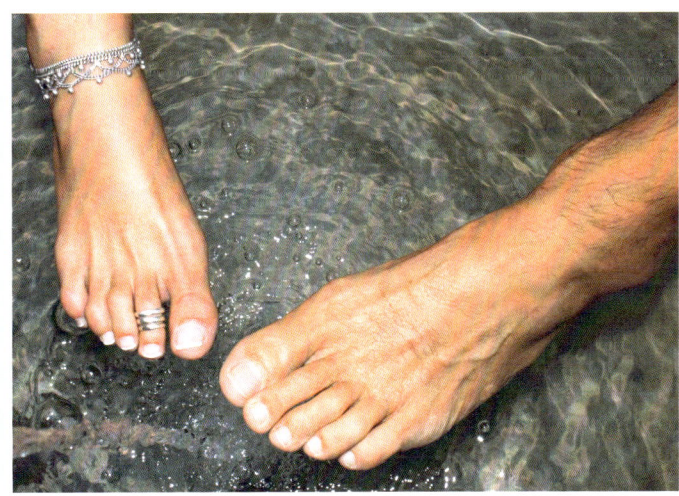

Gepflegte Füße sind meist Frauensache. Männer sollten sich jedoch klarmachen, dass Frauen vom Zustand der Füße und der Schuhe viel abzulesen verstehen, und auch aus diesem Grund ihren eigenen Wurzeln mehr Aufmerksamkeit schenken.

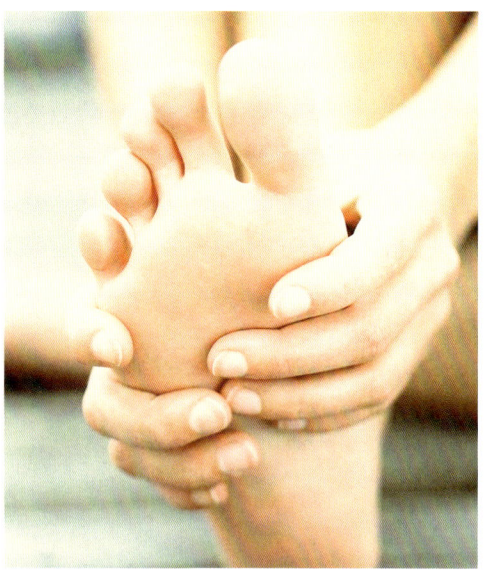

Wer viel barfuß läuft und sich selbst Fußreflexzonen-massagen gönnt, bekommt einen guten Kontakt zu seinen Wurzeln.

Wichtig ist auch abzuklären, ob sich die Füße mit übermäßiger **Horn-hautbildung** gegen die Widrigkeiten des Lebens panzern mussten oder (fast) ohne Rüstung auskommen und dadurch große Offenheit gegenüber den Seelenwelten signalisieren.

Die Massierung von Hornhaut bis hin zu verdickten Druckstellen im Sinne von **Hühneraugen** zeigt mit Hilfe der Reflexzonenlehre, in welchen Regionen die Betroffenen unter Druck stehen und angefangen haben, sich zu panzern oder abzuschotten. Wer nicht auf seine Wurzeln schaut, dessen Füße entwickeln selbst Augen, um sich zu schützen. Diese unteren oder »Hühner-augen« können zwar nicht sehen wie die oberen, aber fühlen und spüren lassen. Sie signalisieren recht schmerzhaft, *wo einen der Schuh drückt* und das Leben wehtut, wo einem jemand *auf den Füßen steht* beziehungs-weise *auf die Zehen tritt*. Wer nicht (mehr) vorankommt, weil es zu weh tut oder er an*steht*, kann in den Spuren, die das Leben auf seinen Wurzeln hinterlässt, die Ursachen finden. Werden die Botschaften von Hühneraugen zu lange ignoriert, entzünden sich diese Druckstellen und zeigen – wie jede Entzündung – den in der Tiefe schwelenden Konflikt.

Fußballenschwielen oder Verhärtungen des Vorderfußes dokumentieren Probleme mit dem *Auftritt*. Sie entstehen aus der Absicht des Fußes, sich vor unerträglichen Här-ten zu schützen. So baut er sich selbst eine harte Rüstung und panzert oder schient sich gegen die äußere Härte, die in der modernen Welt meist durch den Schuh vermittelt wird, die bei ursprünglicher Lebensweise aber durchaus noch von den Härten des Erdbodens stammte. Die Aufgabe liegt darin, sich lieber im übertragenen Sinn vor solchen Härten zu schützen und sich auf der geistig-seelischen Ebene bezüglich der Härten des Lebens zu rüsten. Selbstverständlich ist parallel dazu auch für passenderes und bequemeres Schuh-werk zu sorgen.

Besonders auffällig werden **Schwielen**, wenn gar kein Druck durch Schuhe besteht und sie trotzdem auftreten wie häufig an der linken mittleren (Kreativitäts-)Zehe. In diesem Fall zeigt sich oft, dass die Betroffenen nicht offenbaren wollen, womit sie sich kreativ beschäftigen. Eine Frau etwa malte nachts heimlich Gemälde und verbarg sie jahrelang vor ihrem Ehemann aus Angst, ausgelacht zu werden. Eine andere schrieb über zwanzig Jahre Gedichte, ohne sie jemanden lesen zu lassen. Häufig verbergen sich unter Schwielen auch versteckte erotisch-sexuelle Fantasien und Wünsche, die man sich weder zu äußern, noch erst recht zu leben traut. Auf einer Reflexzonenkarte ließe sich obendrein die Organebene der Schwiele lokalisieren.

Blasen können anzeigen, wo einen der Schuh drückt (ganz konkret, vor allem aber auch im übertragenen Sinn) und was einen aufgerieben hat. Je geringer die Reibung ist, desto besser können wir vorankommen. Reibung ist Widerstand und verursacht Blasen. Deshalb sind Blasen ein Maß für den Grad an Empfindlichkeit und Widerstand, den man einer Aktion oder Sache entgegenbringt. In Blasen sammelt sich das Seelenelement Wasser, womit noch ein emotionaler Hintergrund in die Deutung einzubeziehen ist. Wer die Auseinandersetzung auf den Körper beschränkt und die Sache trotz zunehmender Reibung auf die Spitze treibt, kann die Haut des Fußes bis aufs Blut reizen im Sinne einer Blutblase. Dann geht der Widerstand bis in den Bereich der Lebenskraft.

Blasen entstehen an Stellen, wo die eigene Grenze und Abgrenzung gegenüber äußeren Attacken und Offensiven zu schwach oder zu empfindlich war. Wer viel unter Blasen leidet, will also sanfter und einfühlsamer angefasst und berührt werden. Der Betreffende wehrt sich über die Blasen gegen die zu harte Konfrontation mit einer für ihn zu rauen Wirklichkeit, die ihm nicht behagt und gegen die er Widerstand leistet. Vor diesem Hintergrund kann die Neigung zu Blasen auch einen unbewussten, aber grundsätzlichen Widerstand gegen Sport bedeuten.

Wen sein Schicksal in sehr feine, empfindliche Haut gehüllt hat, besitzt für derbe Betätigungen gar nicht die richtige Ausrüstung. Umso wichtiger wird dann die angeschaffte zweite Haut, die bei Lederschuhen tatsächlich eine Leihgabe fremder und damit geborgter Haut ist. Diese zweite Haut hat immer Rückwirkungen auf die erste, besonders an den Füßen. Wer Turnschuhe aus Plastik trägt, leistet andererseits Schweißfüßen und damit auch Pilzen Vorschub.

Druckstellen können natürlich auch durch innere Probleme wie einen **Fersenbein-sporn** entstehen, was auf ein chronisches Unwohlsein mit der eigenen Basis und den

Wurzeln schließen lässt. Da die Ferse auch für den Körper steht, könnte sich dahinter genereller Widerstand gegen ihn verbergen.

Wenn **Leberflecke** und **Muttermale** bestimmte Zehen markieren, machen sie den jeweiligen Themen entsprechende Aufgaben, Ideen und Potenziale deutlich. An der linken kleinen (Angst-)Zehe könnten sie etwa dazu auffordern, sich mit den eigenen Ängsten auseinanderzusetzen.

Warzen verraten im Sinne von *Krankheit als Symbol* ähnlich wie Pilze, wo Energien der Unterwelt aus Pluto-Hades' Reich sich an den eigenen Wurzeln auf unerlöste Weise breitmachen. Nicht umsonst werden sie am einfachsten und effektivsten mit entsprechend magischen Waffen wie Besprechen bei Vollmond oder den Tricks der »Warzenwender« bekämpft. Kindern, die schon die magische Bedeutung des Geldes erfasst haben, kann man sie auch abkaufen.

Dornwarzen sind ein spezieller Fall und ein regelrechter Stachel im eigenen Fleisch, der erheblich schmerzen kann, vor allem im Fersen- oder Ballenbereich, auf die das Körpergewicht bei jedem Schritt drückt. Dornwarzen können folglich den Fortschritt schmerzhaft behindern und bewegungsfaul und fortschrittsfeindlich machen. Sie fordern auf, spitz und direkt zu erforschen, wo der Stachel im Übertragenen sitzt, der so verletzt.

Fuß- oder Nagelpilze, die als Zeichen der Vernachlässigung gelten, deuten an, wie wenig lebendig die jeweiligen Nägel sind. Pilze besiedeln nur unvitale bis leblose Bereiche des Körperlandes. Wer also seine Grenze in Gestalt der Haut oder Organe wie die Krallen energetisch vernachlässigt, spricht damit zugleich eine Einladung an Pilze aus und gewährt ihnen Lebensraum.

Natürlich ist auch wichtig, an welchem Nagel und Zeh sich das Leben zurückgezogen hat – welcher Aspekt des Lebens folglich vom Absterben bedroht ist. Das Thema des entsprechenden Nagels zeigt im Zusammenhang mit dem Fußpilz, wo im Leben der Biss fehlt. Wenn beispielsweise der rechte große Zeh (Freudenzeh) von Nagelpilz befallen ist, deutet das an, wie sehr sein Besitzer an Lebensfreude verloren hat.

Menschen, die schnell **blaue Flecken** bekommen, sind generell verletzlicher als andere und somit auch schneller im übertragenen Sinn verletzt. Für die spezielle Deutung des Problems spielt die Art der Verletzung eine Rolle, zum Beispiel, ob man sich den Zeh selbst angestoßen hat oder ob man von jemandem getreten wurde. Natürlich ist auch der Ort in seiner Symbolik wichtig. Eine blaue mittlerer Zehe am linken Fuß spricht für eine andere Art von Verletzung als ein Bluterguss am rechten großen Zeh. Während es sich im ersten Fall um einen Dämpfer im Bereich kreativer Projekte handelt, steht die große Zehe/der große Zeh für den ganzen Menschen. Ist sie links blau, ist ihr Besitzer im Bereich seiner weiblichen (Anima-)Seite, also zum Beispiel im Beziehungsleben, zusammengestaucht worden. Beim rechten großen Zeh gilt dies für den Bereich seines männlichen Animus etwa in seiner Arbeitswelt. Zur Symbolik blauer Zehennägel siehe Seite 126.

Temperatur und Farbe

Die Temperatur der Füße sagt einiges über die seelische Situation ihres Besitzers und gibt Auskunft über die Lebendigkeit seiner Verwurzelung. **Kalte Füße** signalisieren Angst und mangelnde Verbundenheit zum Irdischen und zur Materie und wirken als Wurzeln unlebendig und unverbunden. Sie lassen spüren, dass der eigene Platz im Leben noch nicht wirklich gefunden und die Beziehung zu den Ahnen unlebendig ist. Demgegenüber

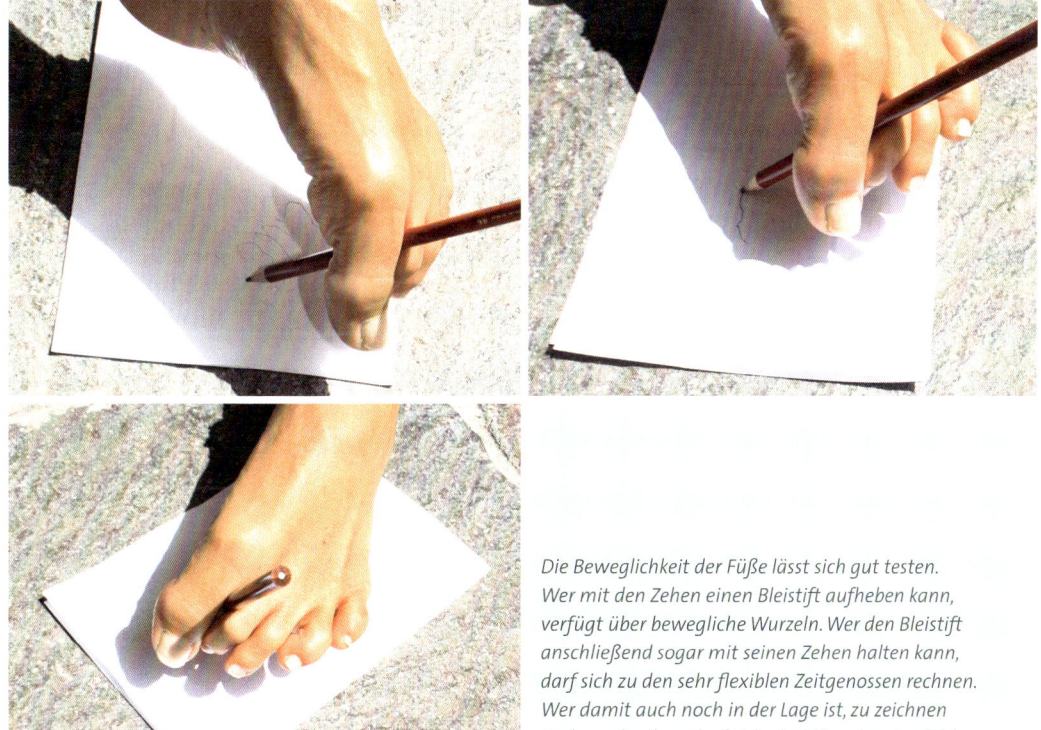

Die Beweglichkeit der Füße lässt sich gut testen. Wer mit den Zehen einen Bleistift aufheben kann, verfügt über bewegliche Wurzeln. Wer den Bleistift anschließend sogar mit seinen Zehen halten kann, darf sich zu den sehr flexiblen Zeitgenossen rechnen. Wer damit auch noch in der Lage ist, zu zeichnen und zu schreiben, darf sich als »Wurzelgenie« fühlen.

zeugen wohlig **warme Füße** von einer guten Verwurzelung, sicherem Halt und guter Verbundenheit mit dem Urgrund, dem Ursprung und den Vorfahren.

Brennende Fußsohlen (*Burning feet*) deuten an, dass einem der Boden an dieser Stelle des eigenen Lebens zu heiß wird. Er brennt unter den Füßen. Ähnlich wie Tanzbären, die auf heiße Platten gezwungen werden, damit sie vor Schmerz die Füße heben, was dann als tanzen interpretiert wird, schaffen sich die Betroffenen selbst eine Situation, in der sie der Bewegung nicht mehr ausweichen können, in der sie in Gang kommen müssen. Das Symptom will ihnen also Beine machen und sie auf den Weg bringen – natürlich weniger im konkreten als im übertragenen Sinn.

Wenn es einem *unter den Nägeln* beziehungsweise Krallen *brennt*, ist Eile geboten, und Entscheidungen stehen an. **Brennende Zehen** verkörpern also ein aktuelles Thema, das es rasch zu lösen gilt. Die Betroffenen werden erinnert, dass Ent*scheid*ungen getroffen werden müssen, damit (in ihrem Leben) etwas weitergeht. Die Fühler *brennen* gleichsam *darauf*, sich endlich ausstrecken zu dürfen. Es könnte dahinter aber auch eine schon länger schwelende Angelegenheit stecken, eine lange unausgedrückte Wut. Aus medizinischer Sicht wäre zudem an Diabetes, Alkoholprobleme, Übergewicht und Schilddrüsenüberfunktion zu denken, die jeweils Hitze in die Wurzeln lenken und damit signalisieren, dass die Lebensbasis ein brennendes Bedürfnis nach Zuwendung hat. Selbstverständlich sind auch wieder die Reflexzonen zu beachten, wenn bestimmte Areale besonders brennen.

Die **Farbe** der Füße kann einiges über die Situation in Welt und Seelenwelt aussagen. Eine normale Hautfarbe wie am übrigen Körper deutet auf eine bis hinunter zu den Wurzeln ausreichende Durchblutung hin. Bläuliche Hautverfärbungen verraten Mangel und machen deutlich, dass das Leben nicht bis in die eigenen Tiefen hinunterreicht und die Wurzeln unlebendig und vernachlässigt sind. Oft gehen solche bläulichen Verfärbungen natürlich auch mit kalten Füßen einher.

Schließlich erlaubt auch die **Beweglichkeit** der Füße Rückschlüsse auf deren Besitzer. Ausgesprochen bewegliche Füße entsprechen lebendigen, flexiblen Wurzeln, die mit tiefgründigem, flexiblem Denken einhergehen, das sich lieber fließend verändernden Gegebenheiten problemlos anpasst, statt stur auf Standpunkte und Meinungen fixiert zu sein. Menschen mit beweglichen Füßen können in der Regel leicht umziehen und neue Plätze und Standpunkte einnehmen. Sie sind rasch in der Lage, Wurzeln zu schlagen und sich schnell überall zu Hause zu fühlen.

DIE FÜSSE IM SPIEGEL DER VIER ELEMENTE

Wie Hände können auch Füße nach den vier Elementen eingeteilt werden. Zur Erinnerung: Dem Element Erde werden die irdischen Bedürfnisse und das Thema Sicherheit zugeordnet, der Luft das Denken und die Wahrnehmung, dem Wasser die Gefühle und Ängste und dem Feuer Aktion und Begeisterung.

Der Erdfuß

Dieser kräftige, kurze, eher rechteckige Fuß wirkt schwer und unbeweglich. Seine kurzen Zehen sind ein Zeichen für praktische Veranlagung. Eine trockene und eventuell sogar spröde Fersenhaut erinnert an ausgedörrte, aufgesprungene Erde. Menschen dieses Fußtyps sind persönliche Grundbedürfnisse wie Wohnen und Zuhause, Heim(at) und Hof wichtig, und sie verfügen über viel Familiensinn. Abstraktes und intuitives Denken sind ihnen eher fremd, dafür sind sie mit voller Kraft bei der Sache und brauchen nur wenig Regenerationszeit und Ruhe. Körperliche Reaktionen wie Hunger und Durst können sie bis zur Selbstaufgabe ignorieren. Der Erdfuß muss und kann ihnen Halt geben, lässt im Hinblick auf diese Stabilität jedoch Eleganz und Leichtigkeit vermissen.

Der Luftfuß

Auf dem Gegenpol verkörpert der schlanke, bleiche Fuß mit eleganten Zehen die Leichtigkeit des Luftelements. Solchen sehr beweglichen Füßen kann sogar etwas Schweben-

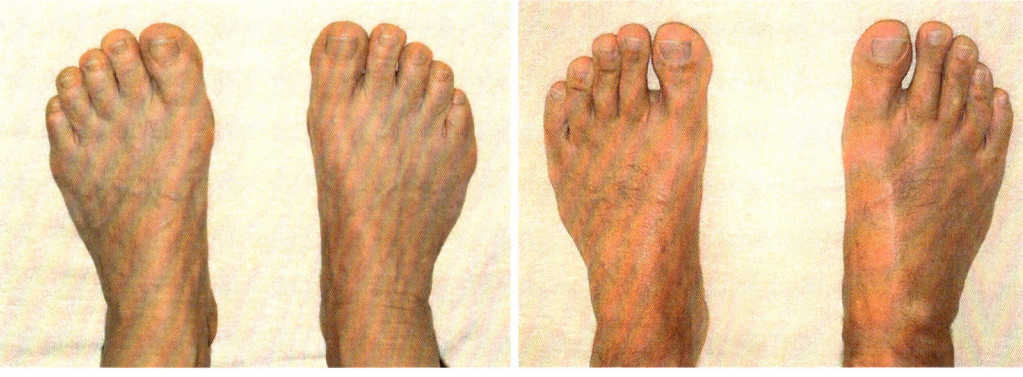

Erdfuß　　　　　　　　　　　　　　　　　*Luftfuß*

des anhaften, und ihre Besitzer neigen nicht selten dazu, tagträumend mit hochfliegenden Gedanken auf und davon zu segeln. Sie heben großzügig und locker vom Boden ab und verlieren dabei recht oft Maß und Kontrolle. Dabei handelt es sich um einen durchaus starken Fuß, oft mit höherem Gewölbe und freieren Zehen. Die Zehenzwischenräume sind größer als beim Erdfuß, und er verfügt über noch mehr Flexibilität als der Wasserfuß. Häufig schimmern Venen durch oft geradezu weiße Haut.

Nicht selten sind die zweiten und dritten Zehen bei diesem Fußtyp größer als die großen Zehen, was dafür spricht, dass die Hierarchie nicht eingehalten wird und die Neigung besteht, sich selbst zurückzunehmen. Das würde ihre Besitzer zu guten Assistenten oder fürsorglichen Müttern machen. Sie übernehmen nur widerwillig die Führung, und wenn, ist es selten von Erfolg gekrönt. Mit einer Tendenz zu Schwatzhaftigkeit – im unerlösten Fall – neigen die Betreffenden zu Konzentrationsschwierigkeiten und übertriebenem Multitasking. Auf allen Hochzeiten zu tanzen tut der eigenen meist nicht gut. Falls sie ihren Platz im Leben noch nicht gefunden haben, sind diese Menschen oft von Schlaflosigkeit oder sogar depressiven Stimmungen geplagt. In erlöster Hinsicht haben sie sich und ihre Ideen verwirklicht und auf den Boden gebracht.

Auf der Zehenebene könnten hier noch abgehobene Zehen, sogenannte Jubelzehen, hinzukommen, die ein Leben in den Wolken mit entsprechenden Luftschlössern andeuten und sowohl zum Luftfuß als auch zum Luftikus passen.

Der Wasserfuß

Dieser lange, schlanke Fuß besitzt meist ebenso lange, eng aneinanderliegende Zehen. Die Haut schimmert oft leicht feucht und ist meist kühl mit der Tendenz zu kalten Füßen und folglich Angst. Ein erstaunliches Indiz sind häufig die vielen Linien an der Unterseite der Füße, die den Linien der Hand entsprechen.

Der meist haarlose Fuß kann die Farbe und stimmungsabhängig auch die Temperatur wechseln zwischen schwitzend und kühl. Die betreffenden Menschen sind emotional meist nicht sehr stabil, sondern zeigen schnell Ängstlichkeit und Unsicherheit bis hin zu hysterischen Neigungen. Andererseits finden sich hier auch sehr flexible (Tanz-)Füße, die sehr viel ausdrücken können.

Diese Art von Wurzeln, zum Schwimmen fast besser geeignet als zum Laufen, sind natürlich weniger standfest als Erdfüße, aber sie können sich deutlich besser verwurzeln als die zum Abheben neigenden Luftfüße.

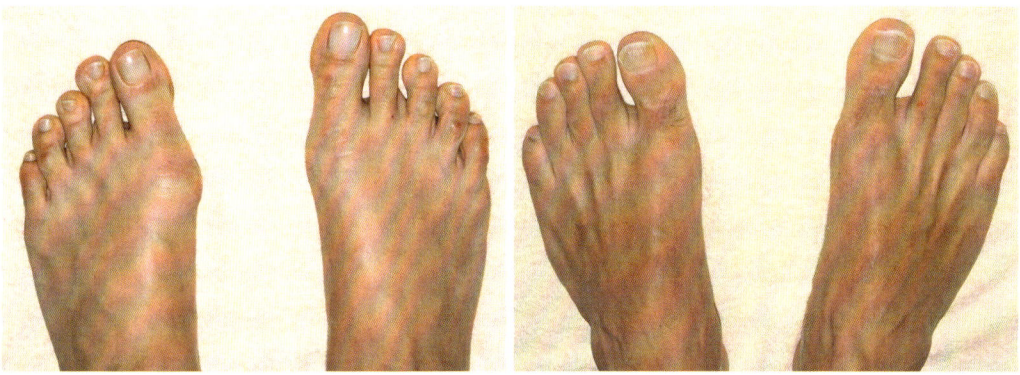

Wasserfuß   *Feuerfuß*

Der Feuerfuß

Der muskulöse, längliche, schlanke Feuerfuß ist kompakt wie der Erdfuß, allerdings mit
deutlich längeren Zehen. In der erlösten Form zeigt er sich ausgesprochen beweglich. Er
kann aber – falls er sich an seinem Lebensplatz unwohl fühlt – auch starre, engstehende
Zehen haben. Dem Wesen seines Elements entsprechend ist er heiß mit der Tendenz
zum Schwitzen und zu rötlicher Verfärbung bis zu den Zehen. Schon deshalb mag sein
Besitzer weder Socken noch Schuhe tragen und läuft am liebsten barfuß.

Menschen mit diesem Fußtyp neigen dazu, sich selbst wichtig zu nehmen, und
beschäftigen sich gern mit eigenen Anliegen. Sie wollen sich ins rechte Licht stellen und
im eigenen Glanz sonnen. Sie nehmen viel Raum ein und neigen dazu, alles auf sich zu
beziehen. Wenn sie anderen ihren Willen aufdrängen, wirken sie missionarisch bis fanatisch. Andererseits brauchen sie Zeiten des Alleinseins ganz nach ihrem eigenen Rhyth-

► Erscheinungsbild der Füße und dominierendes Element

Trockene Füße: *Dominanz des Luftelements*

Rote, heiße Füße: *Dominanz des Feuerelements*

Feuchte, kalte Füße: *Dominanz des Wasserelements*

Hornhaut, dicke Zehennägel: *Dominanz des Erdelements*

mus. Werden sie dabei gestört, treten häufig Fußprobleme auf, angefangen von Schwielen über starke Hornhautbildung an Zehen und Ballen bis zum Hallux. Ein Trittbalken voller Hornhaut weist oft auf Probleme mit Herzensangelegenheiten innerhalb der aktuellen Beziehung oder in einer früheren (unverdauten) Partnerschaft hin.

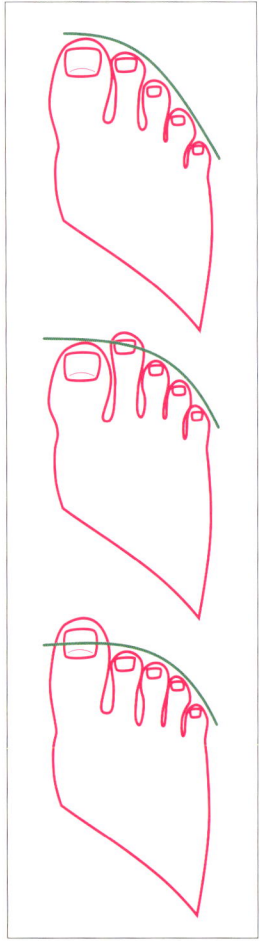

Die drei unterschiedlichen Zehenharmonien verraten auf den ersten Blick, wie es vorwärtsgeht.

DIE ZEHEN – DIE UNTEREN FÜHLER

In der deutschen Sprache ist *der* Finger eindeutig männlich, aber *der* Zeh kann sich auch *die* Zehe nennen. So drückt sich aus, dass die Zehen unsere beiden Seiten widerspiegeln können: die archetypisch weibliche und männliche. Grundsätzlich stehen die Zehen des linkes Fußes mehr für die weibliche Version von uns (weshalb wir in diesem Buch für sie auch die weibliche Form wählen und *die Zehe* sagen), die des rechten Fußes stehen eher für unsere männliche Seite (bezogen auf den rechten Fuß heißt es also *der Zeh*).

Äußere Merkmale

Die Zehenform bekommen wir mitgegeben, aber der Stand, das heißt die Ausrichtung aller Zehen, ent*steht* erst, je nachdem, wie wir mit äußeren und inneren Einflüssen umzugehen lernen. Allerdings kann sich auch die Zehenform wandeln, wenn jemand sich mit einem Thema erfolgreich auseinandergesetzt hat und damit fertig geworden ist.

Der Zehenbogen

Das Muster aller Zehen zusammengenommen lässt erkennen, inwieweit wir den Bogen heraushaben oder mit Unausgewogenheiten ringen. Aber auch so spezielle Fragen wie jene, ob wir zur Selbstständigkeit neigen oder es umgekehrt bevorzugen (sollten), uns unter- und einzuordnen, lassen sich hier entscheiden. Bei der Deutung der Zehen gilt es zuerst einmal, die Harmonie untereinander zu betrachten. Passen die einzelnen Wurzeln gut zusammen?

Der große Zeh demonstriert über seine eindrucksvolle Größe einiges bezüglich des Zusammenspiels mit den anderen und im Hinblick auf den Umgang mit der eigenen Person. Im Idealfall herrscht eine ausgewogene Beziehung zu den übrigen vier Zehen, und er trägt den gemeinsamen Bogen mit. Dann ist er zwar der Größte, aber er steht weder vor noch zurück, sondern übernimmt bereitwillig die Rolle des *princeps inter pares*, des Ersten unter Gleichen. Dieses Erscheinungsbild spricht für ausgeglichene, sich harmonisch einfügende Menschen, die den Bogen im Leben heraushaben. In diesem Fall bilden die zehn Zehen beider nebeneinandergestellter Füße eine schön geschwungene Reihe, in der jeder seinen Platz einnimmt und sich weder vordrängt noch zurückbleibt. Hier ist der große Zeh perfekt eingepasst und in Einklang mit dem Ganzen.

Dieser harmonische Schwung wird sich im Leben seines Besitzers in der Art, wie er sich der Welt *stellt* und anderen Menschen entgegen*tritt*, bemerkbar machen. Die so Ausgezeichneten besitzen einen ausgeprägten Sinn für Schönheit und Harmonie, und sie fühlen sich nur heimisch, wo alles geordnet und ordentlich ist und ihr Auge anspricht und erfreut. Da sie durch Harmonie bestimmt werden, wollen sie auch um sich herum alles in Harmonie bringen. Sie geraten dadurch manchmal in Gefahr, in einer Art Harmoniesucht Schönheit über alles zu *stellen* und sich selbst geschmacklich über andere.

Grundsätzlich ordnen sie sich wie ihr großer Zeh nicht gern unter, sondern bestehen auf der geordneten Hierarchie, wie sie sich in ihrem Zehenmuster zeigt – wobei sie gern selbst bestimmen, was harmonisch ist. Immerhin können sie auf die schon in ihren Wurzeln angelegte Harmonie verweisen. Dieses Geschenk des harmonischen Zehenbogens ist ins Leben mitgebracht, allerdings kann es verspielt werden, wenn Zehen sich zum Beispiel verkrampfen und zurückziehen oder sich unter andere schieben.

Bei Menschen mit diesem Vorzug eines harmonisch eingepassten großen Zehs bilden die beiden Füße zusammen einen schönen Bogen mit einer Betonung der Spitze. Solch glückliche Menschen müssen sich folglich nicht zur Spitze aufschwingen und Autorität über andere ausüben; sie lassen sich aber auch nicht von anderen unterjochen. So wenig wie sie sich selbst unterordnen, wollen sie andere unter ihre Knute zwingen, sondern sie sind im positiven Sinne so (eigen-)mächtig, sich vor niemandem zu beugen, und so demütig, niemandem zu erlauben, sich vor ihnen zu beugen. Damit entsprechen sie dem schamanischen Ideal des Kriegers, der sich von allen Gewohnheiten befreit und zu sich gefunden hat.[16]

Ist der **große Zeh** dagegen **zurückgenommen** und gar nicht so groß oder so weit vorn, wie es ihm eigentlich zukommen würde, spricht dies für einen Besitzer, der sich ebenfalls zu sehr zurücknimmt, der sein Licht unter den Scheffel stellt oder den anderen mehr dient als sich – und als ihnen und ihm guttut. Die Größe und Stellung des großen Zehs zeigt also an, wie viel (Lebens-)Raum man sich gibt und nimmt, was manchmal sogar Hinweise darauf gibt, wie geräumig das eigene Zuhause ausfällt. Wer, konkret nach der Schuhgröße gemessen, auf großem Fuß lebt, will dies meist auch im äußeren Leben in seinem Haus widerspiegeln. Letzteres ist besonders Frauen oft wichtig, aber auf der Körper- und Fußebene peinlich, und sie zwängen sich dann wider besseres Wissen häufig in zu kleine Schuhe.

Der große Zeh macht seinem Namen wenig Ehre, wenn er in der Phalanx zurückweicht, wodurch beide Füße zusammen nur noch einen flachen Bogen bilden, der je nach Zurücknahme der großen Zehen sogar in der Mitte eine Einziehung haben kann. Damit sind die Zehenverhältnisse nicht wirklich geordnet, weil die erste Stelle nicht eindeutig besetzt und die Hierarchie verlorengegangen ist. In der Art, wie sie sich *stellen* und ihre Anliegen ver*treten,* wirken die Betroffenen mehr oder weniger aus dem Gleichgewicht. Vielleicht gibt es bei ihnen eine Überfülle an Ideen mit der Gefahr eines Multitasking-Chaos, das am Ende zu nichts Konkretem führt.

Wer in seiner Anlage erkennt, dass er *den* (idealen) *Bogen nicht heraushat*, könnte sich bewusst unterordnen und die ihm fehlende Hierarchie im Außen suchen, etwa in Gestalt verlässlicher Vorgesetzter, denen er sich freiwillig unterordnen kann, oder in einer Aufgabe, der er sich bereitwillig unterstellt und der er in positivem Sinne dienen kann. Unerlöst könnte diese Zehenlage auch einer gewissen Liebedienerei Vorschub leisten, die niemandem wirklich dient und den sich solcherart Unterordnenden nur unangenehm einbrechen lässt – ähnlich wie den Bogen seiner beiden Füße in der Mitte.

Falls der **große Zeh weiter vorsteht** als die anderen und über Gebühr herausragt, will sein Besitzer hoch und oft immer höher hinaus. Dieser Wunsch, zu den Herausragenden zu gehören, kann – in unerlöster Weise – eine gewisse Rücksichtslosigkeit mit sich bringen. Diese Menschen nehmen sich dann selbst oft zu wichtig und stellen

---

16 Siehe die Darstellung der menschlichen Entwicklungsstadien in den Büchern von Carlos Castaneda über die *Lehren des Don Juan,* Frankfurt 1973ff.

sich egoman über den Rest der Menschheit. Solche Überheblichkeit mag sich eventuell auch nur in Fantasien ausleben, dann bleibt der Größenanspruch stecken und macht den Betreffenden nur das (innere) Leben schwer.

Der große Zeh übertreibt seine Rolle, wenn er aus der Phalanx hervorsticht. Beide Füße zusammen bilden dann einen extremen Spitzbogen. Die stark herausragende Spitze betont die Mitte. Die Besitzer dieser (Aus-)Zeichnung

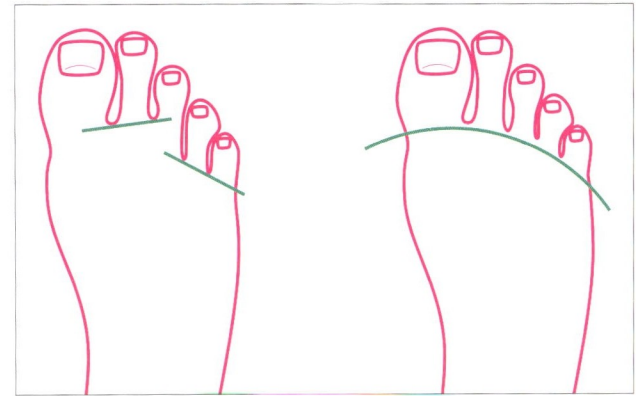

Links: unharmonische Kommunikation der Chakren, Person sollte ihre Mitte wiederfinden lernen. Rechts: Zehenwurzeln und Chakren in guter Harmonie, innere Kommunikation fließt vertrauensvoll.

müssten ihren großen Zehen nacheifern und ebenfalls Hervorragendes, ja Überragendes leisten und sich an die Spitze einer Hierarchie stellen. Ihre Zehenordnung weist ihnen gleichsam einen Spitzenplatz zu, und es bleibt ihnen wenig anderes übrig, als – in erlöster Weise – aus der Masse hervorzuragen, die anderen zu überragen und diese herausgehobene Position darzu*stellen* und entsprechend hervorragend zu ver*treten*.

Einen weiteren Deutungsaspekt liefern die **Zehenwurzeln**. Falls die Ansatzstellen oder Wurzeln von Zehen auf gleicher Höhe liegen, passen die jeweiligen Themen besonders gut zusammen. Die Energie zwischen zwei Zehen, die auf gleicher Höhe beginnen, und den von ihnen repräsentierten Themen und auch Chakren fließt leicht und vorteilhaft.

Wenn etwa die linke zweite (Gedanken-)Zehe und die linke dritte (Kreativitäts-)Zehe auf einer Höhe ansetzen, unterstützen die Gedanken und die Intuition die Kreativität und umgekehrt.

Zehenmaße

Jeder Zeh hat wie jeder Mensch eine Figur, die wir nur bei Ersterem meist übersehen. Die Zehenfigur zeigt die Veranlagung sogar ehrlicher und deutlicher als die Körperfigur, die wir so oft im Spiegel betrachten, denn der Leib kann trainiert oder überfüttert, mit Diäten abgespeckt und plastisch-chirurgisch überarbeitet werden, was den Zehen erspart bleibt. Das heißt, es gibt lange, schlanke Zehen an dicken Menschen, aber auch kurze, dicke Zehen an relativ schlanken und durchtrainierten Personen. Der Blick nach unten kann die Wahrheit ziemlich deutlich dar*stellen*. Vielleicht wollen viele auch deshalb ihre Füße gar nicht zeigen, sondern lieber in Socken und Schuhen verbergen.

Bei den folgenden Deutungen ist die Zehenlänge immer im Verhältnis zum Gesamtfuß zu sehen und zu bewerten. Außerdem sind die Zehen selbst wieder nach dem bereits auf Seite 109 erwähnten Dreierschema Körper-Geist-Seele aufgeteilt.

Lange Zehen ergeben sich fast immer durch das dem Geist zugeordnete zweite Zehenglied. Sie sind typisch für intellektuelle Vor- und Vieldenker, die in Theorien aufgehen und es dafür mit der praktischen Umsetzung ihrer Vorstellungen nicht so ernst nehmen.

Kurze Zehen(glieder) prägen praktisch veranlagte Menschen, die zupacken können und dies im Idealfall auch tun. Sie lassen die eigenen Bäume und Träume bewusst nicht in den Himmel wachsen. Natürlich sind sie wie ihre Zehen in all den durch diese vertretenen (Lebens-)Aspekten eher gestutzt und etwas vom Leben zurückgesetzt. Sie interessieren sich weniger für Seelisch-Spirituelles. Selbst wenn sie in eine Religion fest eingebunden sind, neigen sie dazu, mehr deren praktische Belange zu erfüllen, ohne sich allzu viele Gedanken darüber zu machen.

Wenn obendrein noch der **große Zeh besonders klein** ausfällt, gemessen an der Phalanx der anderen, könnte es sich um eine mütterliche Person handeln, die für alle, außer für sich selbst, da ist und sich klaglos den Ansprüchen der Kinderschar und des Partners unterstellt. Der große Zeh, der für das Selbst steht, kommt zu kurz, und der Betreffende ist insgesamt praktisch veranlagt, was ihn auch noch vor dem Grübeln über dieses Beziehungs- und Familienmuster bewahrt. Oder es handelt sich um einen Angestellten, der sich bereitwillig ins zweite Glied begibt und anderen zuarbeitet und sich problemlos unterordnet, wie es ihm seine Großzehen vormachen.

Menschen mit **mittellangen Zehen** können idealerweise Theorie und Praxis verbinden und sich gleichermaßen seelisch-spirituellen Themen und dem praktischen Lebensalltag widmen. Es sind autarke Menschen, die selbstbewusst ihre Frau beziehungsweise ihren Mann *stehen*. Deshalb sind sie in unterschiedlichsten Bereichen schnell zu Hause und verfügen über eine breite Palette an Möglichkeiten.

Flexible Zehen unterscheiden sich von beweglichen, die ausschließlich positiv zu bewerten sind, dadurch, dass lediglich ihr Endzehenglied häufig nach oben ausweicht.

Sie zeichnen sich dadurch aus, dass ihre Besitzer sie anziehen können, wobei sich das erste Zehenglied hebt und die Zehenspitze leicht zurückkommt. Es ist ein Zeichen, dass der Betreffende bei den jeweiligen Zehenthemen sich weder festgelegt hat noch sattelfest ist. Er sollte es sich zur Aufgabe machen, sich um diese Bereiche verstärkt zu kümmern.

Bei auffälliger Gewebeansammlung unter dem Zehenendglied spricht man – wie bei den Fingerbeeren – von **Tröpfchen**bildung. Sie ist ein Hinweis auf viel Wissen bezüglich des jeweiligen (Zehen-)Themas, das aber (noch) zu wenig Beachtung bekommt.

Ausrichtungen

Ideale Zehen zeigen ohne Abweichungen und Ausweichmanöver nach vorn. Sie gehören zu Menschen, die zielstrebig vorwärts*gehen*, vorwärtsgewandt und ohne viele Umschweife zu sich und ihren Themen *stehen* und diese entsprechend ver*treten*. Ohne viele Ablenkungen zu tolerieren, verfolgen sie ihren Weg, stellen sich den Anforderungen und kommen ihren Verpflichtungen nach. Ihre Lebensthemen und Aufgaben vertreten sie geradeheraus und optimistisch. Diesen Zehen entsprechen idealerweise beim Stehen und Gehen gerade nach vorn weisende Füße.

Weisen die Zehen **seitwärts nach außen**, sprechen wir von **Eilzehen**. Sie gehören zu Menschen, die durchs Leben hetzen und dabei die Vergangenheit verdrängen, vergessen oder ausblenden. Ohne das Erlebte zu integrieren, stürmen sie zu schnell voran. Die Zehen deuten mit ihrer nach außen abweichenden Entwicklungsrichtung an, wie sehr die Betreffenden vom Alten, Unbewältigten wegwollen. Wie eine zu rasch vorrückende Armee gefährden sie dabei den Nachschub. Nur wer die Vergangenheit bewältigt und abschließt, schafft ein Fundament für die weitere Entwicklung. Wer dies – wie Eilzehen andeuten – verweigert, verfügt über keine gesicherte Basis für nächste Schritte. Unerledigtes gefährdet den Fortschritt, und Eilzehenbesitzer wären gut beraten, sich etwa mittels Schattentherapie an die Aufarbeitung und Sanierung der Vergangenheit zu machen, um für Gegenwart und

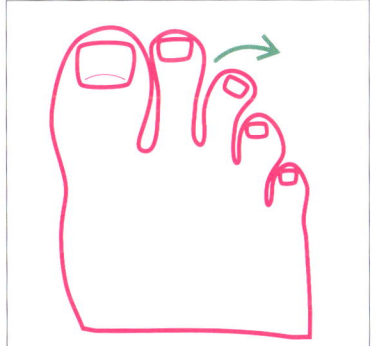

Eilzeh: Die Vergangenheit scheint keine Rolle mehr zu spielen. Der Betreffende versucht, in die Zukunft zu eilen, und nimmt sogar Pfusch in Kauf, um schneller ans Ziel zu gelangen.

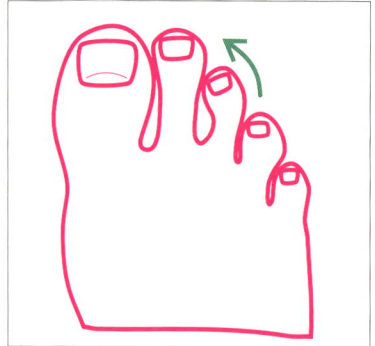

Rückblickszeh: Der permanente Blick in die Vergangenheit, ob nostalgisch geschönt oder voller Verbitterung, schmälert für den Betreffenden die Möglichkeiten, sich konstruktiv mit der Gegenwart auseinanderzusetzen.

Zukunft wirklich frei zu werden. Häufig richten sich die Zehen nach solchen Psychotherapien wieder mehr nach vorn.

Besitzer **nach innen** zeigender Zehen neigen dazu, alles und besonders die jeweilige Zehenthematik mit der Vergangenheit zu vergleichen. Das führt zu einer Art ständiger innerer Buchhaltung, ob mit pessimistischer Note oder chronisch optimistisch. Oft reden sie sich eine unangenehme Vergangenheit schön. Wer jedoch ständig vergleichend zurückschaut, kommt nicht recht voran. Diese Lebenshaltung erlaubt der Vergangenheit, die Gegenwart zu bestimmen, was die Besitzer der **Rückblickszehen** jeweils um den Augenblick betrügt. Letztlich sind auch sie noch nicht fertig mit dem, was hinter ihnen liegen sollte, sondern im Gegenteil stark davon geprägt. Die Aufgabe besteht darin, loslassen zu lernen, um in den Augenblick einzutauchen und so auch die Zehen wieder auf Linie zu bringen.

Neben der Ausrichtung des Gesamtzehs lässt sich auch die Ausrichtung jedes **Zehennagels**, der wie ein Fenster wirkt, deuten. Der jeweilige Neigungswinkel des Nagels zeigt ähnliche Tendenzen wie bei der Zehenausrichtung beschrieben, allerdings ist das Thema weniger gravierend, wenn nur der Nagel und nicht der ganze Zeh von der Geraden abweicht. Bei dieser kleineren Abweichung haben die Besitzer entsprechender »Problemstellungen« noch leichteres Spiel, bezüglich ihres Zehenthemas auf den geraden Weg zurückzufinden.

Wenn wir im folgenden Kapitel die einzelnen Zehen in ihrer speziellen Bedeutung betrachten, wäre bei jedem die Neigung im Hinblick auf sein Thema in Rechnung zu stellen, sowohl die des ganzen Zehs als auch die seines Nagelfensters.

Jubel- oder Luftzehen nennt man jene Zehen, die keinen Bodenkontakt (mehr) herstellen und folglich wie ihre Besitzer in Bezug auf das vom Zeh symbolisierte Thema abgehoben haben. Die spezielle Zehenthematik konnte dann bisher nicht umgesetzt und ver-

wirklicht werden. In diesem speziellen Punkt sind die Betroffenen
Fantasten, Tagträumer und Luft-
schlossbewohner, die der Alltags-
wirklichkeit entfliehen. Das heißt
aber nicht, dass sie nicht andere
Themen anderer Zehen auf den
Boden bringen, wenn die entsprechenden Fühler den Untergrund
berühren.

Krallenzehen schlagen im Gegenteil regelrechte Bogen zur Erde
und sind meist zwischen dem ersten und zweiten Zehenglied verhärtet. Sie entstehen aus einge-

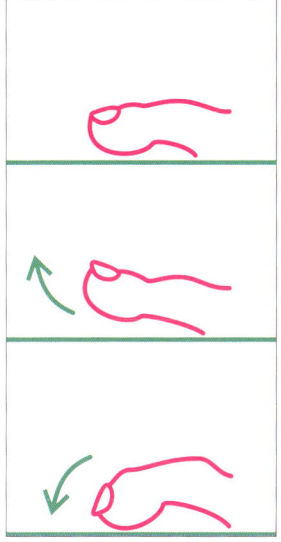

Über die Zehen als untere Fühler wird idealerweise ein guter Bodenkontakt hergestellt. Jubel- oder Luftzehen zeigen je nach Zehenthema, wo etwas in der Luft schwebt. Krallenzehen dokumentieren eine je nach betroffenem Zeh eingetretene Überforderung oder Stresssituation.

zogenen Zehen, wenn deren Besitzer gegenüber dem Druck der Außenwelt in die
Opferhaltung gehen, alles ertragen, sich fügen, obwohl ihre Seele leidet, und vor allem
nichts ändern. Menschen mit solch krummen Zehen können dem Alltagsdruck, eventuell
sogar im Sinne von Mobbing, nicht *stand*halten. Sie ziehen sich meist ohne Gegenwehr in
eine lethargische Haltung zurück und ziehen ihre Fühler ein. Dabei verbiegen sie ihre
Zehen lieber konkret und machen sich selbst gleichsam im übertragenen Sinn krumm,
bevor sie sich weiter wehtun lassen und Abfuhren bekommen.

Wer sich ständig verkriecht, wird aber leicht krumm. Die eigentliche Aufgabe läge
darin, die Krallen zu zeigen, statt sie einzuziehen. So aber verkörpern die entsprechenden
Zehen die verkrampfte Situation in Bezug auf das jeweilige Zehenthema. Je mehr Zehen
betroffen sind, desto genereller ist das Leiden an der Situation.

Die Kralle zeigt in ihrer Signatur auch noch einen Gieraspekt, die Sprache kennt sogar
den Ausdruck der »Gierkralle«. Auf der Schattenseite zeigt sich im Krallenzeh die Gier
nach dem entschwindenden Leben, vor dem man sich zurückgezogen hat.

Ähnliches gilt für die Steigerung des Krallenzehs in Gestalt der meist an zweiten
(Wunsch- beziehungsweise Gedanken-)Zehen vorkommenden **Hammerzehe**. Körperliche Ursachen sind Bänder und Sehnen im Fuß, die sich extrem verhärten und dabei
sehr schmerzen können. Oft kommt es obendrein zu Hühneraugen und Schwielen.

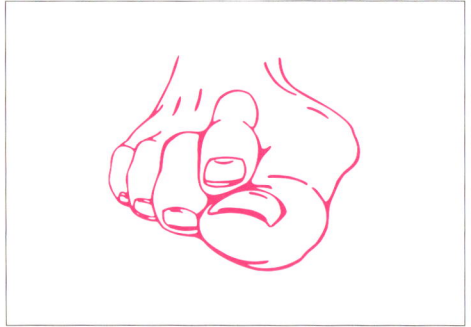
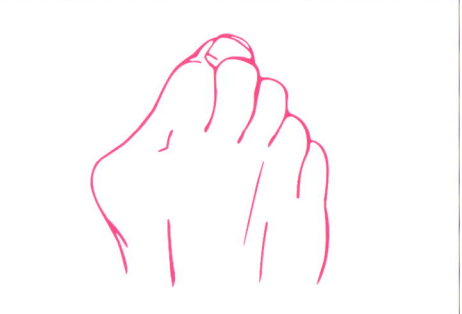

Hammerzehe   *Hallux valgus*

Menschen, deren Vorstellungen und Hoffnungen und manchmal sogar Gedanken buchstäblich niedergehämmert wurden, die sich um des lieben Friedens willen unterwarfen, intellektuell missbraucht wurden und dadurch in unerträgliche Spannung gerieten, können dies mit dem Symptom der Hammerzehe ausdrücken. Auch wer – bei kaum vorhandenem innerem Halt – regelmäßig in Grund und Boden geredet wurde und sich nur noch am Boden festkrallen konnte, um standzuhalten, kann mit solch einem Hammer reagieren, vor allem wenn er peinlich vermeiden will, jemanden zu kränken. Manchmal hat auch eine ursprüngliche Harmoniesucht – vielleicht sogar in einem Harmoniebogen der Zehen ausgedrückt – jede Gegenwehr verhindert. Der große Zeh bricht dann aus der Harmonie aus und zerstört das ebenmäßige Bild, indem er sich zurückzieht und in den Dauerkrampf der Hammerzehe verfällt und sich und seinem Thema wenigstens so Ausdruck verschafft.

Aufgabe wäre, den Hammer im übertragenen Sinn auszupacken, sich und alle Betroffenen wach zu hämmern und ihnen das Problem ins Bewusstsein zu meißeln, statt den Körper zu nötigen, es ständig auf die Erde zu klopfen beziehungsweise in Grund und Boden zu hämmern – von den anderen fast unbemerkt. Es geht tatsächlich zuerst einen selbst und dann erst die Umgebung an, was gern verwechselt wird.

Beim **Hallux valgus** gerät die große Zehe/der große Zeh über Kreuz mit den anderen. Übersetzt in die Symbolsprache der Füße, sind die Betroffenen über Kreuz mit ihren Lebensthemen. Ihr unbewältigter Kummer (links) und/oder ihre ungelebte Freude (rechts) durchkreuzen den Rest (der Zehen und) des Lebens. Zusätzlich ist dabei das vordere Fußgewölbe zwingend durchgetreten. Es kommt zu übermäßiger Ballenbildung und zur Behinderung der Abrollbewegung beim Gehen. Fast immer sind beide große Zehen betroffen, wobei meist eine Seite vorangeht.

Die Betroffenen legen sich (selbst) krumm oder lassen sich verbiegen, indem sie sich zum Beispiel über Gebühr zurücknehmen. So verquere Wurzeln spiegeln meist verquere Lebenskonzepte, die jedenfalls nicht zu den tiefen seelischen Bedürfnissen ihrer Besitzer passen. Nicht selten sind Hausfrauen mit einer Art Aschenputteldasein betroffen, aber auch Businessfrauen, die sich krummlegen, um allen Anforderungen von Karriere und Familie zu genügen. Oft erleben sie in der Projektion, dass sich die Umwelt querlegt und Schwierigkeiten macht, während in Wirklichkeit sie selbst weit von ihrer geraden Lebenslinie abweichen.

Vordergründige Ursache sind in der Regel zu enge und zu spitz auslaufende Schuhe, die dann Ausdruck der Anpassung an einen Lebensstil sind, der nicht wirklich zu ihnen passt. Aber auch Männer, die sich für Dinge querlegen, die sie von ihrem Weg abbringen, und das Schuhproblem nicht kennen, sind von der Thematik betroffen.

Die Lösung liegt einerseits darin, eigene krumme Touren zu durchschauen, andereseits aber auch in darin, das Abweichen von vorgegebenen und nicht zu einem passenden Normen zu akzeptieren und bewusst originelle und ungewöhnliche Wege einzuschlagen. Wichtig ist, sich den eingeschränkten Lebensraum der eigenen Wurzeln bewusst zu machen und freiwillig und rechtzeitig umzusatteln, sich auf seine eigenen Wurzeln zurückzubesinnen und wieder auf den persönlich stimmigen Weg zu finden, auch wenn er noch so verschroben sein mag. Hilfreich ist hier oft, den eigenen Führungsanspruch bewusst etwas zurückzunehmen und vom eingeschlagenen und vorgege-

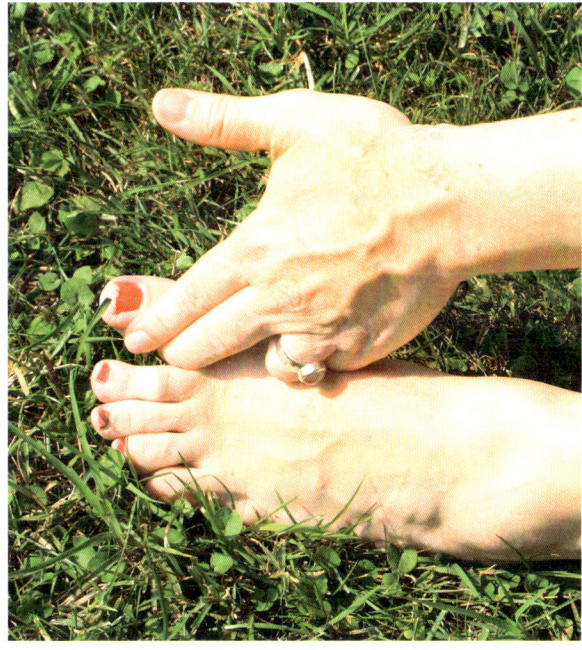

Yoga-Übung bei beginnendem Hallux.

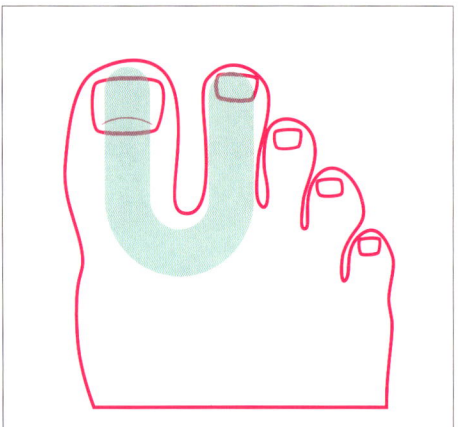

Dieser bemerkenswert große Abstand zwischen Freudenzeh und Wunschzeh zeigt eine fehlende Verbindung von Kehlkopf- zu Herz-Chakra.

benen Weg abzuweichen. Wenn tatsächlich zu kleine, zu enge, aber schicke Stöckelschuhe ein Thema sind, gilt es, sich auf andere, natürlichere Wege zu Eleganz und Anmut zu besinnen.

Abstände

Die Zehenabstände erlauben wichtige Rückschlüsse auf die Stellung im Leben. Ungewöhnlich große und unregelmäßige Lücken zwischen den Zehen bedeuten Verzögerungen im Energiefluss zwischen den jeweiligen Chakren. Die Betroffenen brauchen im Hinblick auf die beiden an dieser Stelle zusammenkommenden Themen jeweils lange Bedenkzeit und können sich zu diesen Themen kaum spontan äußern. Große Abstände zwischen großem Zeh und zweitem Zeh deuten auf Menschen hin, die im Denken langsam sind und deren Handeln von Zweifeln geprägt ist.

Auf dem Gegenpol sind eng aneinandergedrängte Zehen für Menschen charakteristisch, die impulsiv und direkt reagieren und dadurch oft unbedacht und manchmal sogar gefährlich handeln. In Bezug auf die jeweiligen Themen sind sie sehr kommunikativ und tragen ihr Herz auf der Zunge. Dies gilt umso mehr, wenn alle Zehen so eng, fast ohne Abstände angeordnet sind, was nicht so selten vorkommt.

Zehendeutung am linken und rechten Fuß

Wie an den Händen die Finger, lassen sich auch an den Füßen die Einzelzehen detailliert deuten, wobei wir mit der linken kleinen Zehe beginnen und bei ihrem rechten Gegenüber enden. Beim linken Fuß werden die sieben Chakren und beim rechten Fuß die Meridiane mitbeschrieben, die ganz überwiegend jeweils für beide Füße gelten (siehe auch die Abbildung gegenüber und auf Seite 152).

Die fünf unteren **Chakren** (Wurzel-, Sexual-, Solarplexus-, Herz- und Kehlkopf-Chakra) sind in den fünf Zehen des Fußes repräsentiert. Die beiden oberen – das Stirn-Chakra (drittes Auge) und das Kronen- oder Scheitel-Chakra – werden von den beiden letzten Zehengliedern aller Zehen repräsentiert. Genauer gesagt: Das Stirn-

Chakra liegt auf den zweiten oder mittleren, dem Geist zugeordneten Gliedern der Zehen. Das Kronen-Chakra liegt auf den Endgliedern der Zehen, die dem Seelisch-Spirituellen zugeordnet sind.

Das Stirn-Chakra steht für die tiefere Einsicht, den wahren Durchblick bis in transzendente Welten, und das Kronen-Chakra vermittelt das endgültige Erwachen und die Verwirklichung der Einheit. Durch das Kronen-Chakra dringt nach den Lehren des Kundalini-Yoga, wie sie von der indischen Yoga-Meisterin Sri Anandi Ma übermittelt werden, die kosmische Energie in den Körper ein und verteilt sich durch die Chakren in die einzelnen Körperregionen. Wenn diese Energie ideal fließen kann und auch ohne Probleme wieder losgelassen wird – wie bei verwirklichten Menschen – sind die Zehen genau wie die Finger gerade und frei.

Die **Meridiane** werden in der traditionellen chinesischen Medizin (TCM) als Energiegefäße beschrieben, die über den ganzen Körper laufen und sogenannte Funktionskreise bilden, die weit über die Organbezeichnungen des jeweiligen Gefäßes (zum Beispiel Blasen-Meridian) hinausgehen. Die ayurvedische Medizin Indiens spricht in diesem Zusammenhang von Nadis.

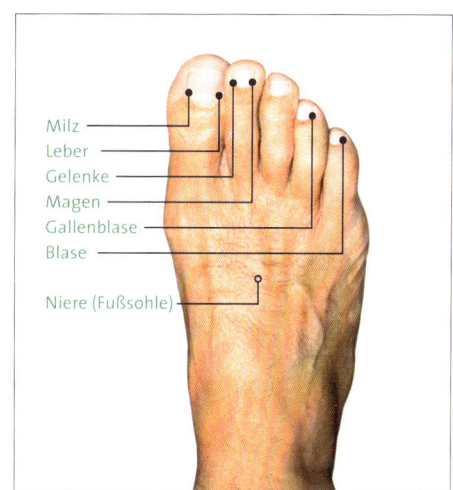

Milz
Leber
Gelenke
Magen
Gallenblase
Blase

Niere (Fußsohle)

Am linken und am rechten Fuß beginnen oder enden verschiedene Meridiane.

Die Zehen des linken, archetypisch weiblichen Fußes

Thema des linken Fußes sind die Gefühle und Emotionen, ihre Verarbeitung und ihr Ausdruck.

Die **linke kleine Zehe** wird auch **Vertrauenszehe** genannt. Sie ist wie ihr Gegenüber am rechten Fuß dem Erdelement zugeordnet und entspricht dem Wurzel-Chakra, das für Verwurzelung, Urvertrauen, Überleben, die Herkunftsfamilie und die Ahnen steht. Hier zeigen sich auch das Vertrauen in die eigene Sexualität, die Fähigkeit, sich gehen- und kommenzulassen, und das Vertrauen zur Erde und zur (Eigen-)Liebe. Das Sicherheitsgefühl innerhalb der Familie ist ein weiteres Thema dieses Chakras, außerdem die eigene Einstellung zu Gesellschaft und angestammter Religion. Im unerlösten Fall, etwa bei Verkümmerung, drückt diese Zehe Angst vor Eigenliebe aus. Ihr Besitzer nimmt sich selbst nicht an, was bis zur Selbstzerfleischung gehen kann.

Die **linke vierte Zehe** ist die **Liebeszehe** und spricht demzufolge vom Geben und Nehmen der Liebe. Dem Element Wasser zugeordnet, entspricht sie dem Sakral-Chakra, das für Sexualität und den Ausgleich von männlicher und weiblicher Energie steht. Der Ausdruck der Liebe in der Sexualität und das Ausleben Letzterer sind hier zu Hause. Neben der Liebe(sfähigkeit) und dem Umgang mit Intimität zeigt sich hier auch noch der Umgang mit Geld, der ja ebenfalls vom Prinzip des Gebens und Nehmens bestimmt ist. Im unerlösten Fall, etwa bei starker Verkrampfung, kann sich aus der Liebes- eine Festhaltezehe entwickeln. Die Betroffenen klammern sich dann an ihren Geliebten und Partnern oder auch am Geld fest.

Die **linke mittlere** oder **dritte Zehe** ist die **Kreativitätszehe**. Dem Element Feuer und dem Solarplexus-Chakra zugeordnet, steht sie für Tatendrang, die körperliche Mitte und (aus-)strahlende Energie. Die mittlere Zehe gibt Auskunft über die kreative Kraft, über Ideen und Fantasien, sowie über den Zugang zu den eigenen inneren Seelen-Bilder-Welten. Im unerlösten Fall – angefangen von der völlig verkrampften Hammerzehe über die Verkümmerung bis zur Verkrüppelung der Zehe – zeigen sich hier Unterdrückung der eigenen Kreativität und Verkümmerung der Fantasie.

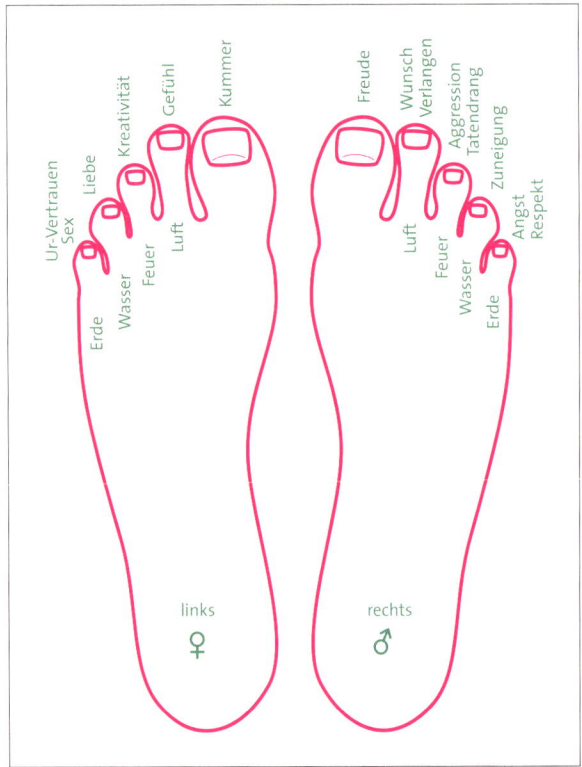

Die Elemente und Themen der einzelnen Zehen

Die **linke zweite Zehe** gilt als **Gefühls- und Gedankenzehe** und ist dem Element Luft sowie dem Herz-Chakra zugeordnet, das für Liebe auf der höheren Ebene steht. Die Herzens- und Mutterliebe, aber auch die Selbstliebe gehören hierher. Außerdem ist das Mitgefühl (engl. *com-passion*) ein wesentlicher Aspekt der Intuition und der Themen dieser Zehe. Die leidenschaftliche Liebe (engl. *passion*) ist dagegen bei der linken vierten Zehe, der Liebeszehe, angesiedelt.

An der linken zweiten Zehe steht der Ausdruck von Gefühlen, Emotionen und Gedanken im Mittelpunkt. Die Zehe zeigt an, inwieweit sie fließen können und wie offen der betreffende Mensch dafür ist. Im unerlösten Fall, wenn die Zehe sich verkrallt hat oder gar verkrüppelt ist, spricht dies für eine innere Verhärtung und dafür, sich Gedanken und Gefühle nicht gegönnt zu haben. Jetzt bleibt nur noch die Sehnsucht danach.

Fällt diese linke Zehe im Sinne einer Rückblickszehe aus der Norm, hält der Besitzer an alten Gedanken und Gefühlen fest und kann sich nicht lösen. Bei einer Eilzehe übergeht der Betreffende die Gedanken und die Bilanz, die er ziehen sollte, viel zu schnell und dreht sich weg.

Die **linke große Zehe**, auch **Kummerzehe** genannt, zeigt den ertragenen Kummer an. Als Großzehe steht sie für den ganzen Menschen und auf der linken Seite besonders für dessen weiblichen Anteil, die Anima. Die eher negative Bezeichnung Kummerzehe hat wohl mit dem schlechten Leumund der weiblichen Seite in der patriarchalischen Gesellschaft zu tun und damit, dass wir kollektiv häufig mit ihr Probleme haben. Die Anima geht natürlich weit über Kummer hinaus.

Der linken Großzehe entspricht das Kehlkopf-Chakra und damit Ausdruck, Selbstdarstellung und auch Selbstzufriedenheit und Lebensfreude. Wenn sie harmonisch im Zehenbogen steht, will ihr Besitzer Kummer um jeden Preis vermeiden und Harmonie wahren. Fällt sie aus der Zehenharmonie und hat sich zurückgezogen, verbirgt der Betroffene seinen Kummer und nimmt sich zurück, um andere nicht zu belasten.

Ragt diese Großzehe dagegen vor, trifft der Ausdruck Kummerzehe weniger, denn ihre Besitzer neigen zu Egozentrik und sorgen eher dafür, dass Kummer Sache der anderen bleibt.

Auf dem Gegenpol verrät die große Zehe obendrein die gegenwärtige Situation und aktuelle Themen. Wenn sie blau gefärbt ist, an Warzen oder eingewachsenen Nägeln leidet, ist ein aktuelles Thema nicht bearbeitet.

Der rechte, archetypisch männliche Fuß

Die Elemente- und Chakren-Zuordnung bleibt rechts dieselbe wie links, lediglich die speziellen Themen der Zehen verändern sich in Richtung des männlichen Archetyps, denn der rechte Fuß repräsentiert die aktionsbetonte, rationale Verstandesseite. Hier zeichnet sich ab, wie es um den Tatendrang und die Wünsche an das Leben steht. Es wird sichtbar, was man aus sich zu machen versteht.

Der **rechte große Zeh**, wie der linke dem Kehlkopf-Chakra zugeordnet, gilt als **Freudenzeh** und zeigt, wie wir Freude zulassen und genießen. Im Nagelendpunkt auf der Knöchelseite befindet sich der Anfangspunkt des Milz-Meridians und gegenüber der des Leber-Meridians. In diesem Zeh liegt die größte Kraft, wie sich am Sandabdruck am Strand ablesen lässt. Wer hier keine tiefen Spuren mit seinem großen Zeh hinterlässt, hat wenig Dynamik und Tatendrang und schlendert mehr durchs Leben. Falls dieser Zeh vom Ideal abweicht, weist das auf nicht losgelassene Vergangenheitsthemen und alte Überzeugungen hin. Den großen Zeh stößt man sich zuerst, was der Marsqualität des Daumens entspricht. Auf ihm lastet das Hauptgewicht, mehr jedenfalls als auf den anderen – und auf ihm wird klassischerweise Ballett getanzt. Obendrein muss er das Gleichgewicht halten.

Wenn der Freudenzeh kleiner ist als sein linkes Gegenüber, die Kummerzehe, gibt die betreffende Person ihrer Freude nicht den gleichen Raum wie dem Kummer oder umgekehrt. Neigt er sich nach rechts im Sinne eines Eilzehs, nimmt man sich nicht genug Zeit für Freude und Lebensgenuss. Ist er dagegen nach links gewandt, hängt man nostalgischen Freuden nach im Sinne von »Früher war alles besser«.

Wenn dieser Zeh Schaden nimmt oder gar verkrüppelt ist, verrät das mangelnde Lebenfreude. Die Betroffenen können – wie ihr großer Zeh, der ja auch den ganzen Menschen repräsentiert – keine Lebensfreude mehr empfinden und ausdrücken. Auf der Schattenseite angelangt, verkümmern sie wie ihr Großzeh, der rechts den männlichen Seelenaspekt des Animus repräsentiert.

Der **rechte zweite Zeh** heißt auch **Wunsch-** oder **Sehnsuchtszeh**. Wie sein Gegenüber am linken Fuß ist er dem Luftelement und Herz-Chakra zugeordnet und verkörpert Verlangen, Wünsche, Hoffnungen, Ideen und Aussichten. Im Nagelbett-Eckpunkt auf der Seite zum großen Zeh befindet sich – entsprechend der Elektroakupunktur nach Voll – der Meridianpunkt der Gelenke, gegenüber endet der Magen-Meridian.

Weicht dieser Zeh im Sinne eines Eilzehs nach rechts ab, nehmen sich seine Besitzer zu wenig Zeit für ihre Wünsche und Hoffnungen. Wenn er nach links abweicht im Sinne eines Rückblickszehs, neigen sie dazu, an früheren Hoffnungen und Sehnsüchten hängenzubleiben.

Bei alten Leuten findet der rechte zweite Zeh manchmal keinen Platz mehr in der Phalanx seiner Kollegen und ist nach oben aus der Reihe gedrängt, etwa wenn Wünsche nie umgesetzt wurden. Die Betroffenen hängen dann wie ihr Zeh in der Luft, und man spricht vom völlig abgehobenen Jubelzeh, obwohl gerade bei unerfüllten, verschwiegenen, vielleicht nie artikulierten Sehnsüchten und Wünschen kein Anlass zum Jubeln besteht.

Ein weiteres Schattenthema zeigt sich hier im Fall einer Hammerzehe. Sie weist darauf hin, dass man sich Wünsche, Hoffnungen und eigene Ansichten völlig abgeschminkt und versagt hat.

Der **rechte mittlere Zeh**, dem Solarplexus-Chakra zugeordnet, heißt auch **Aggressionszeh**. Er zeigt, wie offensiv wir durchs Leben gehen und dabei nicht nur Kraft und Tatendrang, sondern auch Mut und Entscheidungsfreude, Konfrontationsbereitschaft und Schlagfertigkeit beweisen. Aber auch die Schattenaspekte der Aggression wie (herunter-) geschluckte und gestaute Wut und nicht geäußerter Ärger werden hier *deut*lich.

Jede Zehenendform mit einem **Tropfen** unter dem Aggressionszeh ist ein Hinweis, dass die Besitzer wissen, was sie wollen und wann etwas wichtig oder unwichtig ist. Sie können zwar Prioritäten erkennen, aber sie (noch) nicht selbst setzen.

Bei einem **Krallenzeh-Effekt** am Aggressionszeh ist Energieverschwendung fast immer das Thema. Anzuraten ist hier, den Zugang zur inneren Stimme zu kultivieren und auf diese hören zu lernen.

Der **rechte vierte Zeh**, dem Sexual- oder Sakral-Chakra zugeordnet, wird auch als **Zuneigungszeh** bezeichnet. Sein Thema ist der Ausdruck von Sinnlichkeit, Integrationsbereitschaft und Selbstliebe. Er zeigt an, ob und wie man mit Zuneigung umgehen kann. Wo das nicht der Fall ist, kann sich hier ein Festkrallen oder Anklammern, sowohl im Hinblick auf den Liebespartner als auch auf die eigenen Kinder, verkörpern. Falls der Zeh gestaut ist, zeigt sich hier ein weiterer Schattenaspekt: zurückgehaltene Zuneigung aufgrund von blockierenden Konventionen oder unrealisierbaren Beziehungswünschen. Im Nagelbett-Eckpunkt zur Kleinzehseite endet der Gallenblasen-Meridian.

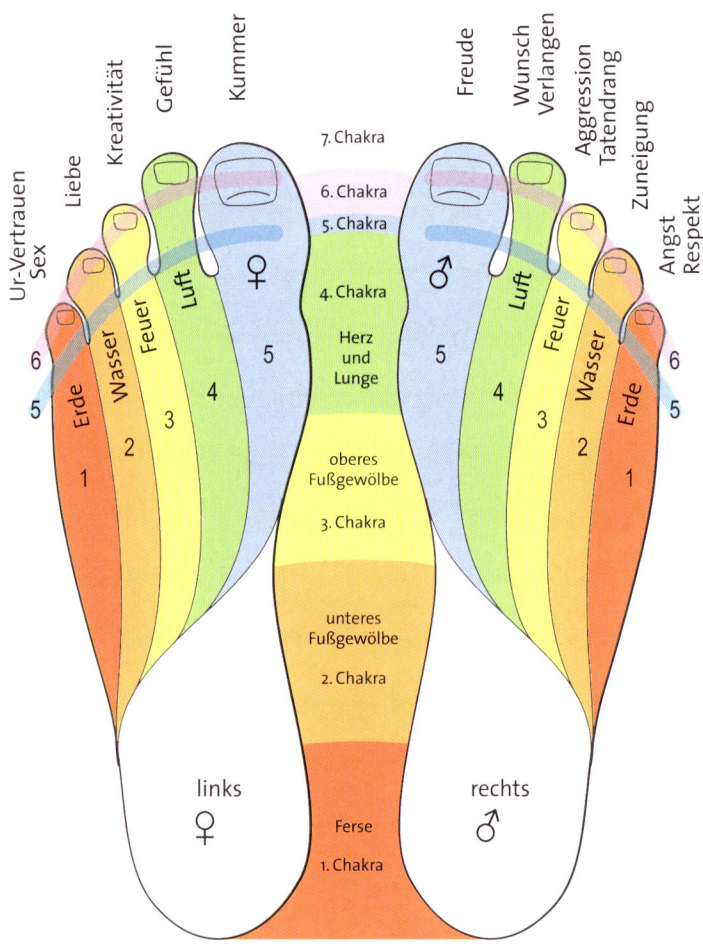

1	Weltbild, Religion, Sicherheit innerhalb der Familie	1	Furcht, Bedrohung
2	Liebe, Intimität, Selbstliebe, Beziehung, Geld, Sex	2	Selbstliebe, Integration
3	Vorstellung innerer Bilder	3	Wut, Ärger
4	Gefühle, Gedanken, Emotionen	4	Hoffnung, Ideen, Ansichten
5	Gegenwart, aktuelle Themen	5	Vergangenheit, Überzeugungen
Das 6. und 7. Chakra haben transzendente Welten und spirituelles Erwachen zum Thema.			

Der **rechte kleine Zeh**, dem Wurzel-Chakra zugeordnet, wird auch als **Angst- und Respektszeh** bezeichnet und verkörpert beides unter anderem in Bezug auf Autoritäten. Im Nagelbett-Eckpunkt auf der Außenseite endet der Blasen-Meridian, gegenüber beginnt der des Nieren-Funktionskreises.

Ein kurzer kleiner Zeh steht in seiner Kürze für ein Leben ohne große Angst, was bei einem sehr kurzen kleinen Zeh bis zur Respektlosigkeit gehen kann. Ist dieser Zeh aber unter den vierten Zeh geflüchtet, deutet es auf große Angst und erhebliche Rückzugstendenzen hin. Bei einem verkrüppelten Kleinzeh ist sein Besitzer aufgerufen, sich seine große Angst einzugestehen. Dreht

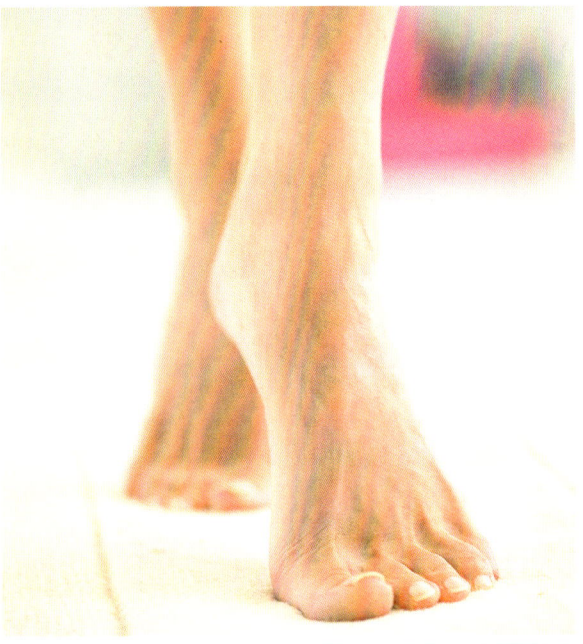

Wie die Finger geben auch die Zehen Auskunft über Selbstverständnis, Lebensweise und Aufgaben eines Menschen.

der kleine Zeh sich als Eilzeh nach außen, neigt der Betreffende dazu, seine Angst zu überspielen; wendet der Zeh sich nach innen, leidet die Person unter der Erinnerung an Ängste.

Zehenspitzen und Lebensausdruck

Die verschiedenen Formen der Zehenspitzen dokumentieren – ähnlich wie es die Fingerspitzen in Bezug auf unseren Zugriff tun –, wie wir der Welt entgegen*treten* und in ihr auf*treten* beziehungsweise auf*gehen*. Wir könnten sogar die Zehenabdrücke einer Analyse unterziehen und würden die schon von den Fingerabdrücken bekannten vier Prägemuster wiederfinden. Bezogen auf die Finger deuten sie an, welche Stempel wir der Welt aufdrücken und welche Abdrücke wir in ihr hinterlassen. An den Füßen sind sie jedoch häufig nur sehr schwer zu erkennen, weil vom Leben abgeschliffen. So überlassen wir es dem Forscherdrang der Leser, sie an den eigenen Füßen in ihrer Bedeutung zu entschlüsseln, die natürlich der an den Händen verwandt ist. Wir konzentrieren uns hier

Rundes Ende: freundliches, relativierendes und taktvolles Benehmen; Neigung zu Gehorsam in Verbindung mit viel Diplomatie oder Ängstlichkeit.

Kantiges Ende: kompromisslos nach außen gebrachte Energie; plötzliche, unvermittelte kraftvolle Äußerungen unter Verzicht auf Takt und Diplomatie.

Spitzes Ende: durchdringend geäußerte (keilförmige) Energie; plötzliche heftige bis donnernde Bemerkungen (wenn das Maß voll ist).

Flaschenhals: zeitweise behinderte Energie; gehemmter, zögernder und gebremster Energiefluss.

Reservoir: über lange Zeit gestaute Energie.

Verbreitertes Ende: gemächliches, aber bestimmtes Herantasten an lange vorhandene Probleme. Je nach Entwicklungsstand großes wachsendes Sicherheitsbedürfnis und Festhalten an alten Überzeugungen (Entwicklungstendenz zu kantigem Ende).

auf die Formen der Zehenenden, was schon mehr als genug Stoff zum Selbstver*ständn*is ergibt.

Runde Enden der Zehen kommen – wie an den Fingern – insgesamt am häufigsten vor, vor allem bei den ersten drei Zehen (gezählt wird immer vom großen Zeh aus). Die Äußerungen ihrer Besitzer sind diplomatisch und geglättet, ja geradezu abgeschmirgelt wie ihre Zehenenden. Alle Ecken und Kanten sind beseitigt, und übrig bleibt ein freundliches, taktvolles Benehmen bis hin zur Selbstverleugnung. Die Angst, andere zu verletzen oder auch nur zu konfrontieren, ist groß. Menschen mit solchen abgerundeten Zehen sind in der Regel diplomatisch; sie folgen gehorsam den Regeln der Umgebung und passen sich gut an. Aggression schlucken sie eher, als sie herauszulassen.

Kantige Enden treten am zweithäufigsten auf. Im Gegensatz zu den Menschen mit runden Zehenenden, bringen diejenigen mit kantigen Enden ihre Energie kompromisslos nach außen. Die Besitzer dieser Kanten haben wenig Sinn für taktvolles Benehmen und leben nach dem Motto: »So bin ich nun mal, daran lässt sich nichts ändern!« oder »Nach mir die Sintflut!« Sie scheren sich wenig darum, was die anderen sagen. Hinzu kommen oft großer Ehrgeiz und ein schwer einzudämmender Redefluss.

Spitze Enden sind nur bei den drei letzten Zehen häufiger. Diese Form verdeutlicht spitze Energie, die im Alltagsleben penetrant, unerwartet, heftig bis donnernd geäußert wird, sobald den Betreffenden der Geduldsfaden reißt. Besitzer von Zehen mit spitzen Enden sind oft ungeduldig, aber zielsicher.

Sie sammeln so lange Material, bis sie genug (Spreng-)Stoff zum Explodieren haben – und dies kann sowohl der dramatische schöpferische Durchbruch eines Künstlers sein als auch ein Amoklauf, wenn viel Aggression aufgestaut ist. Betroffene haben die Neigung, alles auf *die Spitze zu treiben*. Sie richten ihre Spitzen gern auf aktuelle Themen und zukünftige Entwicklungen.

Zehen, die in Gestalt eines **Flaschenhalses** enden, kommen relativ selten vor und künden von gestauten Energien. Hier wird Wesentliches zurückgehalten. Wenn das Geben und Nehmen nicht im Einklang sind, weil zu viel zurückgehalten wird, staut sich die Energie in den flaschenhalsförmigen Enden der Zehen oder in Reservoirs am Zehenende (siehe unten).

Bei einem Flaschenhals und kantigem Zehenende wird der Energiefluss allerdings nur zeitweilig behindert. Aus dem gehemmten Fluss kann es im Leben des Betreffenden zu Explosionen in jede Richtung kommen.

Sind die flaschenhalsförmigen Zehenenden spitz, staut sich ebenfalls Energie, explodiert aber irgendwann sehr zielgerichtet. Die Betroffenen sammeln gleichsam (Spreng-)Stoff, um dann mit geballter Ladung auf ihr Ziel loszugehen.

Ein **Reservoir** als Zehenende kündet von jahrelang gestauter Energie. Diese ab der Lebensmitte gar nicht so seltene Form ist fast immer sehr verhärtet und kann sich kaum noch erholen. Hier ist der Stau in Bezug auf das Lebensthema dieses Zehs ins Extrem geraten und wird zu einer Gefahr für das ganze System.

Zehen mit Reservoir sind für den betreffenden Menschen ein *deut*licher Hinweis, dass es an der Zeit ist, Offenheit für Wandlung, für Loslassen und Abfließen der gestauten Themen zu entwickeln.

Die **Verbreiterung**, die dem Zehenende eine leichte Trompetenform verleiht, kommt fast nur an den zweiten und dritten (mittleren) Zehen vor, also in Bezug auf die Themen Kreativität und Aggression, auf Gedanken und Wünsche sowie auf Herzensthemen. Ihre Besitzer zeichnet aus, dass sie sich langsam, aber energisch mit den anstehenden Problemen befassen. Mit weit ausgebreiteten Armen, der V-Form ihres Zehenendes entsprechend, gehen sie auf Themen oder Probleme zu, die sie integrieren wollen, ohne bereits zu wissen, wie dies geschehen könnte. Mit der Zeit wird das Thema häufig dominierend und kann sich bis zur Obsession auswachsen. Je nach Verlauf dieser Entwicklung wird bei unerfüllbaren (Wunsch-)Vorstellungen später ein wachsendes Sicherheitsbedürfnis hinzukommen.

Ein detaillierter Blick auf spitze, kantige und runde Enden

Im Gegensatz zu den Enden der Finger können sich die Enden der Zehen im Laufe des Lebens verändern und wandeln.

Die linke kleine Zehe

Thema: (Ur-)Vertrauen zur (Eigen-)Liebe, Sicherheit der Familie, Einstellung zu Religion und Gesellschaft. Vertrauenszehe.

Spitzes Ende: Nur die eigene Sicht wird toleriert; ein Abweichen von Erziehungsmustern, eigenen Normen, eingeimpfter Weltsicht fällt extrem schwer. Kritik an der eigenen Sicht wird kaum ertragen, und es kommt sehr rasch zu den typischen Explosionen, noch angestachelt durch die zur Spitze gehörende Ungeduld. Hinzu tritt eine Tendenz, andere zu belehren und zu missionieren. Wer die eigene Weltsicht nicht teilt, wird ignoriert oder attackiert. Sogar sich selbst gegenüber sind die Betroffenen oft rücksichtslos. Sie sollten jedoch nicht alles auf die Spitze treiben und bis zur Explosion warten, sondern im Vorfeld kommunizieren.

Kantiges Ende: Hier besteht die Neigung, die Weltsicht anderer abwertend zu kommentieren und sich um die Folgen wenig zu scheren. Betroffene haben wenig Angst beziehungsweise gestehen sie sich kaum ein, reden darüber hinweg und gehen ihren Weg ehrgeizig und kompromisslos. Auch mit sich selbst gehen sie kantig und hart um, fordern viel von sich, etwa im Sinne des Extremsportlers, der seinen Körper nicht nur ehrgeizig trainiert, sondern ständig überfordert. Die Lernaufgabe wäre, mit den eigenen Ecken und Kanten milder umzugehen, andere Meinungen gelten zu lassen oder sie wenigstens einmal zu prüfen und nicht gleich dagegenzuhalten.

Rundes Ende: Findet sich relativ häufig bei Weisheitslehrern, die bereit sind, alle religiösen Einstellungen zu würdigen und zu integrieren. Da die Betroffenen mit ihrer Herkunftsfamilie ausgesöhnt sind, akzeptieren sie andere Weltanschauungen leicht und problemlos. Urvertrauen und Eigenliebe können hier allerdings bis zur Selbstverliebtheit führen. Eine unter die vierte Zehe gerutschte kleine Zehe mit rundem Ende verbindet zum Beispiel das Angstthema der kleinen Zehe mit den Themen der vierten wie Liebe und Geldangelegenheiten. Ihr Besitzer traut sich an diese Themen kaum heran und verfällt in Liebesdingen manchmal sogar in kindliche Muster.

Die linke vierte Zehe

Thema: Liebe(sfähigkeit), Geben und Nehmen (als Schattenthema auch das Festhalten), Umgang mit Intimität und Geld. Liebeszehe.

Spitzes Ende: Ein unberechenbarer, extremer Umgang mit Liebe und Geld fällt auf. Die Betroffenen geben viel oder gar nichts, ohne ein Muster erkennen zu lassen. Es kann sich um Geizhälse handeln (besonders wenn mit der Form der Klammerzehe verbunden), die sich selbst wenig wert sind, die aber auch wieder in das andere Extrem verfallen und mit Liebesbeweisen und Geld nur so um sich werfen. In Verbindung mit einer abgehobenen Jubelzehe können sie mit beidem schlecht umgehen (zum Beispiel Playboys und Spieler). Beim Geben und Nehmen fällt es den Betreffenden schwer, im Rahmen ihrer Möglichkeiten zu bleiben. So kann es zu einem Leben über die eigenen Verhältnisse kommen oder zu Klammheit. »Alles oder nichts« ist die Devise.

Kantiges Ende: Hier zeigt sich Selbstsicherheit bis zur Überheblichkeit und Arroganz. Nur die eigene Auffassung in Liebes- und Gelddingen zählt; man schert sich wenig um Kritik. Die Standpunkte anderer werden kaum akzeptiert. Die Betreffenden gelten als anpassungs-, veränderungs- und beratungsresistent in Geld- und Liebesangelegenheiten und hinterlassen nicht selten Scherbenhaufen, zumal sie auch noch besserwisserisch und verletzend sein können. Mit ihren Ecken und Kanten, Haken und Ösen stoßen sie überall an und stoßen dadurch auf viel Ablehnung – der Fluss der körperlichen Liebe stagniert.

Rundes Ende: Bei dieser seltenen Kombination herrscht Harmonie im Hinblick auf das Geben und Nehmen und in Liebes- und Geldangelegenheiten. Eine gewisse Gefahr liegt in einer möglichen Harmoniesucht in den genannten Bereichen sowie im aufopfernden Versuch, es allen recht zu machen.

Die linke mittlere Zehe

Thema: Kreative Kraft, Vorstellungsgabe, Zugang zu inneren Bildern und zur Fantasie. Kreativitätszehe.

Spitzes Ende: Kreativität wird zum Ausdruck gebracht, der Durchbruch gewagt. Die Betreffenden agieren zielsicher aus ihrer Mitte heraus, haben eine präzise Vorstellungskraft und guten Zugang zur Fantasiewelt. Sie treffen oft den Punkt und können ihre klaren Vorstellungen mit viel Energie aus- und durchdrücken. Sollte diese Zehe gestaut sein, einen Flaschenhals haben oder gar ein Reservoir, müssen die Betreffenden sich ihrer Kreativität bewusster werden, da sich diese bei lang andauerndem Stau explosionsartig Bahn brechen wird.

Kantiges Ende: Kreative Vorstellungen und Fantasien können abgestumpft, blockiert und wie vor die Wand gefahren sein. Die Betreffenden könnten mit ihren Ideen oft genug angestoßen und angeeckt sein und in der Folge abgeblockt worden sein, so dass sie ihre Fühler eingezogen oder gar nicht weiterentwickelt haben. Diese Situation ist bei Depressiven nicht selten.

Rundes Ende: Die eigene Kreativität ist vor allem der Umwelt angepasst und eher zurückgehalten. Man neigt zum Beispiel dazu, Wohnungen für andere statt für sich selbst einzurichten, sich der Mode anzupassen und mit dem Mainstream zu schwimmen. Möglich ist auch ein weitgehender Verzicht auf eigene Kreativität aus Fantasielosigkeit und der Angst, aufzufallen und herauszuragen. Das Kopieren anderer ist dann eine Alternative, die im Modebereich durchaus gang und gäbe ist. Viele Betroffene haben nie gelernt, sich kreativ auszudrücken, sondern waren frühzeitig bereit, sich anzupassen und andere nachzuahmen.

Die linke zweite Zehe

Thema: Ausdrucksfähigkeit, Offenheit, Emotionalität. Gefühls- und Gedankenzehe.

Spitzes Ende: Man trägt sein Herz auf der Zunge, jedoch im Sinne eines Plappermauls. Die Betreffenden helfen gern, lassen es aber alle wissen.

Kantiges Ende: Die eigenen Gedanken sind von Ecken und Kanten geprägt und werden mit Nachdruck mitgeteilt und verbreitet. Die Betreffenden sind oft verbissen bis dominant und neigen dazu, anderen ihre Vorstellungen in unflexibler Art und Weise aufzuzwingen und damit Anstoß zu erregen und anzuecken.

Rundes Ende: Sehnsüchte und Gefühle werden nur vorsichtig preisgegeben. Man neigt zu Anpassung, will gefallen und sich Freunde machen. Aus Harmoniesucht nehmen die Betreffenden sich bereitwillig zurück, manchmal bis hin zu opportunistischen Gefühlsäußerungen.

Verbreiterung: Es gibt viele nicht eingestandene und deshalb nie geäußerte Sehnsüchte, die auf Umsetzung warten. Das ungelebte Leben, die unerfüllten (Herzens-)Wünsche und Sehnsüchte vermitteln das Gefühl, das könne noch nicht alles gewesen sein, und manchmal auch das frustrierte Empfinden, in der Falle zu sitzen.

Bei Menschen jenseits der Lebensmitte findet sich hier auch häufig eine **Jubelzehe**: Die Betreffenden fürchten, ihre Sehnsüchte in Herzensangelegenheiten, ihre Liebe nicht mehr verwirklichen und auf den Boden bringen zu können. Sie glauben, es sei nun dafür zu spät. In Luftschlössern, abgehobenen Träumen bewegen sie sich weit weg von jeder Realität.

Die linke große Zehe

Thema: Der ganze Mensch, Anima; Kummer. Kummerzehe.

Spitzes Ende: Ärger und Kummer werden scheinbar magisch angezogen. Die Betreffenden sind zielgerichtet auf Kummer gepolt. Wenn eine Eilzehenneigung hinzukommt, droht die Gefahr depressiver Entwicklungen. Hier wäre fremde Hilfe nötig, wie auch bei der noch als gravierender einzustufenden Hallux-Neigung.

Kantiges Ende: Es herrscht die Tendenz, stets das Schlechte zu sehen und sich im Kummer wiederzufinden, ja sich darin zu suhlen. Oft fällt die Neigung auf, genau dort, wo es wehtut, zu verweilen.

Rundes Ende: Bei nach vorn ausgerichteter Zehe besteht die Chance, die Vergangenheit loszulassen und die Gegenwart anzunehmen und in ihr zu leben. Im unerlösten Fall herrscht die Tendenz, vorhandenen Kummer nicht herauszulassen oder ihn herunterzuspielen und seine Tränen zu verbergen. Ernste Probleme kann es geben, wenn die Betreffenden sich ihren Kummer gar nicht eingestehen und dies bis zur Selbstverleugnung treiben.

Der rechte große Zeh

Thema: Der ganze Mensch, Animus; Freude. Freudenzeh.

Spitzes Ende: Es zeichnet Haudegen aus, die brutal vorwärtsgehen und den Speer vorantragen. Hier wird männliche Aggression unangenehm spürbar und im wahrsten Sinne des Wortes auf die Spitze getrieben. Im erlösten Fall kann es sich aber auch um starke Gefühlskontakte und rasche Hilfsbereitschaft handeln.

Kantiges Ende: Die Betreffenden neigen dazu, Freude erzwingen zu wollen, und laufen dabei oft vor die Wand und geraten in freudlose Situationen. Diese Menschen stehen dann oft allein da und wirken überheblich, weil sie so sehr von sich und ihrem Weg eingenommen sind. Ihre größte Kraft kommt nicht zum Einsatz, weil sie mit ihren energischen Äußerungen immer wieder an*ecken* und sich (an-)stoßen mit all ihren Ecken und Kanten.

Rundes Ende: Es besteht die Chance, Freude zu erfahren und von einem harmonischen Lebensgefühl getragen zu werden. Wenn der Zeh gerade nach vorn weist, handelt es sich um Menschen, die mit sich im Reinen sind und zu ihrer Vergangenheit und damit auch zu sich stehen können. Sie haben eine gesunde Dynamik im Fortschreiten und sind mit ihrem männlichen Anteil ausgesöhnt, ihre Kommunikation ist diplomatisch und verlässlich.

Der rechte zweite Zeh

Thema: Verlangen, Wünsche, Hoffnungen, Ideen und Ansichten. Wunsch- oder Sehnsuchtszeh.

Spitzes Ende: Besitzer dieses Musters preschen oft mit ihren Wünschen und Sehnsüchten zielbewusst vor. Da es sehr direkt und meist unbeholfen geschieht, machen sie sich damit ziemlich unbeliebt. Die Einstellung, nur die eigenen, scharf vorgetragenen Ansichten gelten zu lassen, macht sie obendrein wenig teamfähig. Diese Menschen sind ausgesprochen undiplomatisch und erreichen somit meist auch nicht so viel im Leben. Sie reden häufig und viel über sich, setzen aber wenig in die Tat um.

Kantiges Ende: Es spricht für klare Wünsche, Ansichten und Hoffnungen. Diese kantigen Typen wissen, was sie wollen, und können es meist auch verwirklichen, obwohl sie dabei nicht selten anstößig werden. Vorsicht ist hier geboten, falls Wünsche mit einem unerschütterlichen Verlangen verknüpft sind. Häufig liegt bei diesem Zeh eine Verbreiterung vor und zeigt, dass noch nicht alle Wünsche eingestanden sind und diese folglich offenbleiben.

Rundes Ende: Es gehört zu Menschen, die alles passend machen, aber nicht unbedingt für sich selbst. Sie neigen zur Anpassung an andere und die Umstände. Nicht selten versagen sie sich eigene Wünsche, haben ihre Hoffnungen oft begraben und ihre Ansprüche ans Leben abgeschliffen wie ihr Zehenende. Sie sollten mehr nach innen horchen, auf ihre innere Stimme hören und ihr auch gehorchen.

Der rechte mittlere Zeh

Thema: Aggression im Sinne von Tatendrang und Dynamik. Aggressionszeh.

Spitzes Ende: Es spricht für ungezügelte Aggression und immer drohende Explosionsgefahr. Hier ist Vorsicht geboten, da Wutausbrüche an der Tagesordnung sein dürften. Die Besitzer dieses Musters stauen ständig, bis ihnen der Kragen platzt und die Aggression scharf und akut (lat. *acutus* = spitz, scharf) herausbricht. Was sie einmal erworben haben, hüten die Betreffenden oft hartnäckig und verteidigen es mit explosiver Kraft.

Kantiges Ende: Mit ihren Ecken und Kanten wirken die Betreffenden wie ein ungehobelter, grober Klotz. Sie äußern sich oft in einer für andere verletzenden, zynischen und sarkastischen Weise und neigen dazu, alle über einen Kamm zu scheren und extrem zu polarisieren. In der erlösten Version haben sie gelernt, Denken und Handeln zu verbinden.

Rundes Ende: Die Aggression wird in kultivierter Form geäußert oder diplomatisch umschrieben. Bei gerade nach vorn weisendem Zeh finden sich hier Menschen, die ihre Aggressionsenergie in sinnvolle Bahnen lenken und mit ihrer Dynamik etwas in Gang bringen. Im unerlösten Fall können die Betroffenen ihrem Herzen kaum Luft machen, denn ihnen fehlt das Feuer, und sie dringen folglich mit ihren Anliegen oft nicht durch. Hier ist insofern Vorsicht geboten, als sie zu Krankheitsbildern neigen, die von geschluckter Aggression herrühren wie Magengeschwüre, Bluthochdruck, Infarkte und Depressionen. Grundsätzlich ist ihnen zu raten, ihre Vitalität mehr zu zeigen, dabei aber Hektik zu vermeiden.

Der rechte vierte Zeh

Thema: Das Maß und die Art von Zuneigung, die ein Mensch geben kann und will. Zuneigungszeh.

Spitzes Ende: Die Betroffenen vermögen Sinnlichkeit und Zuneigung auszudrücken. Sie schämen sich weder der Liebe noch der Erotik und können energiegeladen und einladend auf andere zugehen.

Kantiges Ende: Menschen mit diesem Muster nähern sich den Themen Sinnlichkeit und Zuneigung eher zögernd, etwas eckig und kantig. Die eigene Sinnlichkeit bekommt dadurch leicht etwas Unrundes, wobei sie auch sich selbst gegenüber eher unrund und kantig eingestellt sind.

Rundes Ende: Die Betroffenen sind meist den Konventionen verpflichtet und so angepasst, dass sie, und in der Folge auch ihre Partner, Sinnlichkeit und Liebe wenig genießen. Es fällt ihnen schwer, Zuneigung und Sinnlichkeit körperlich auszudrücken. Als Ergebnis mögen sie sich oft selbst nicht. Häufig leiden sie unter Anfällen von Angst und Unsicherheit. Aufgrund ihrer diplomatischen Art können sie allerdings manchmal mit Komplimenten gut umgehen, was wieder ein paar Chancen eröffnet.

Der rechte kleine Zeh

Thema: Angst und Respekt, Furcht und Panik. Anders als bei der linken kleinen Zehe folgt die Angst weniger aus mangelndem Urvertrauen als aus übertriebenem Respekt vor Autoritäten. Angst- oder Respektszeh.

Spitzes Ende: Die Betroffenen sind meist furcht- und angstlos und wirken dadurch oft bedrohlich auf andere, weil sie so mutig und gut geerdet ihren Weg gehen. (Be-)Drohungen geben sie in aller Regel nicht nach, gegen Erpressungen wehren sie sich um fast jeden Preis. Im unerlösten Fall können sie aber extreme Angstanfälle haben.

Kantiges Ende: Hier hat jemand eins vor den Bug beziehungsweise vor den Latz (geknallt) bekommen und möchte dies in Zukunft auf alle Fälle vermeiden, so dass Rückzugstendenzen deutlich werden. Die Betroffenen müssten lernen, mit ihrer Unruhe umzugehen und weniger anstößig zu leben.

Rundes Ende: Es findet sich bei vielen Menschen, die sich nicht trauen, ihre Angst zu äußern, und bei jeder Bedrohung den Kopf einziehen (»Schildkrötensyndrom«). Die große Angst ist aber oft nicht eingestanden, sondern wird schöngeredet und jedenfalls nicht gezeigt. Auch Unsicherheit wird meist verleugnet. Auf diese Weise hüten sie nicht selten zum Teil uralte Ängste im Verborgenen.

DIE PRAXIS DER FUSSANALYSE

Prioritätenliste

Entscheidend ist immer die Gesamtschau. Trotzdem hat sich eine gewisse Hierarchie bewährt. Bei der hier vorgeschlagenen Reihenfolge ist die Möglichkeit, sich selbst und anderen gerecht zu werden, am größten. Wie schon beim Thema Hände empfehlen wir dringend, bei der kritischen Analyse mit den eigenen Füßen zu beginnen und die Deutung der Füße Fremder sehr vorsichtig hintanzustellen, bis genügend Erfahrung gewonnen ist und die Gesamtschau eine Chance erhält.

- Die Gangart sowie der Stand des Menschen
- Die Einteilung von Körper, Geist, Seele am ganzen Fuß und an den Zehen
- Größenvergleich von rechtem und linkem Fuß
- Die Fußform und die Elemente

- Die Ausprägung der Fußgewölbe
- Der Harmoniebogen und etwaige Abweichungen des großen Zehs
- Abstände der Zehen sowie Chakren
- Die Einzelzehen und die Form ihrer Spitzen
- Besonderheiten wie Hallux und Hammer-, Krallen- oder Jubelzehen
- Druckstellen, Farbe, Schweißneigung, Hühneraugen, Warzen, Risse und andere auffällige Zeichen

Die Autorenfüße als Deutungsbeispiele

Die Füße von Ruediger Dahlke

Wenn man den Goldenen Schnitt als Maßstab anwendet, überwiegt bei Ruedigers Fuß das Seelisch-Spirituelle deutlich das Geistige. Im Vergleich zu anderen Füßen ist der Geistanteil jedoch immer noch überproportional groß.

Schon der erste Blick zeigt, wie ungewöhnlich und deshalb faszinierend diese Füße sind. Ins Auge springen die beidseitig sehr langen mittleren Zehen, die beiden sehr klein ausfallenden Kleinzehen sowie die runden Nägel der beiden eher kurzen Großzehen.

Die Haut beider Füße ist sehr zart, fast dünn. Sie entwickelt keinerlei Hornhaut oder Schwielen. Ihnen fehlt damit die Abschottung und Abhärtung gegenüber dem Außen und auch gegenüber Gefühlen. Er lebt sein Leben eher transparent und frei, wie es Menschen im Sonnenzeichen Löwe angenehm ist, und braucht deshalb keine harte Panzerung. Im Alltagsleben versteckt er sich nicht, sondern bleibt jederzeit ansprechbar. Seine Antworten kommen rasch, ehrlich und direkt, können sehr treffen.

Zarte Füße machen ihren Besitzer aber auch dünnhäutig und empfindlich. Obwohl er Kritik scheinbar gelas-

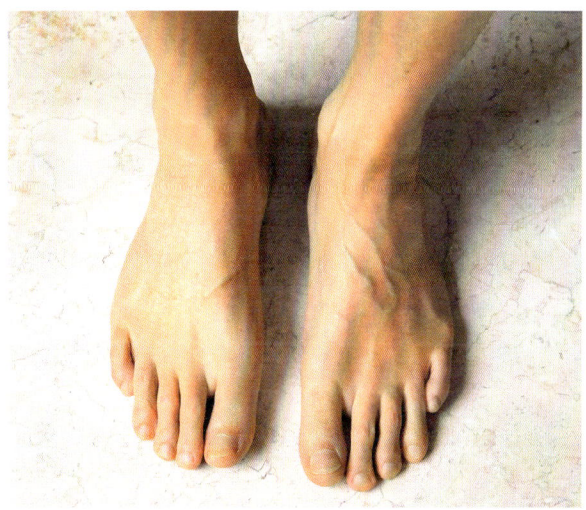

Das Auffälligste eines Fußes hat bei der Deutung oberste Priorität, im Fall des Autors die Betonung des Seelisch-Spirituellen durch ungewöhnlich lange Zehen.

sen wegsteckt und darauf gemessen reagiert, geht sie tief und verletzt. An den Füßen zeigt sich dies auch in Blasenbildung bei jeder Gelegenheit.

Ruedigers Füße weisen beim Stehen und Gehen direkt nach vorn. Auch alle Zehen, links wie rechts, sind bei ihm mehrheitlich gerade ausgerichtet. Das heißt, dass er kaum zu Umwegen neigt. Besitzer solcher Zehen gehen ohne Umschweife auf ihre Lebensaufgaben zu, stellen sich ihnen und verdauen die damit zusammenhängenden Themen.

Hinsichtlich der Aufteilung in Körper, Geist und Seele fällt an den Zehen auf, dass außer bei den kleinen Angstzehen das mittlere Zehenglied (Geist) sehr lang ist, ebenso das Endglied der langen Zehen (Bereich Seelisch-Spirituelles). Die Zehengrundglieder, die für den Körperbereich stehen, sind zwar nicht besonders kurz, aber sie fallen im Vergleich zu den anderen Zehengliedern, die den Geist und das Seelisch-Spirituelle symbolisieren, deutlich ab. Dies lässt darauf schließen, dass Ruediger dem Körper vergleichsweise geringere Priorität einräumt und im Geistig-Seelischen seine Schwerpunkte setzt.

Einzelne Zehen und ihre Deutung: Die linke große (Kummer-)Zehe bildet keinen ausgeglichenen Harmoniebogen mit dem restlichen linken Fuß. Das bedeutet, dass Ruediger sich seit Jahrzehnten in emotionalen Angelegenheiten zurücknimmt. Diese unausgeglichene Situation könnte ihn immer wieder aus dem Gleichgewicht bringen, weil er zu Multitasking neigt und zu viel von zu vielem gleichzeitig von sich verlangt. Seine geistige Arbeit steht an erster Stelle der Hierarchie, und er steht hinter ihr – inhaltlich und von den Zehen her. Die kurze Großzehe (Kummerzehe) verrät, wie er gelernt hat, private Bedürfnisse und Ansprüche hintanzustellen, sich möglichst diplomatisch zu äußern und hinter den Bedürfnissen von Familie und Umfeld zurückzustehen.

Seine Kummerzehe ist über die Jahre oft verletzt worden und hat – aufgrund hoher Sensibilität und Verletzlichkeit – über Sportverletzungen schon viele »blaue Zeiten« hinter sich. Der komplette Mangel an Hornhautbildung zeigt, wie wenig abgehärtet Ruediger ist und wie leicht verletzbar auf allen Ebenen. Wenn Kummer in sein Leben einbricht, nimmt er ihn sich zu Herzen und lässt sich oft davon absorbieren.

Der ungleich gestaltete Harmoniebogen in Kombination mit der Zehenneigung nach außen verrät, wie rasch er anstehende Probleme anpacken und lösen will und auch darüber hinweggeht. Die rundlichen Zehenenden an der Kummerzehe zeigen seine Art, dies mit Diplomatie und Wortgewandtheit zu versuchen, was aber häufig – bei unharmonischem Zehenbogen – zu seinen Lasten und zu Gunsten der Mitmenschen ausgeht.

Disharmonien erträgt er schwer und will sie schnellstmöglich überwinden, damit kein schlechtes Gewissen aufkommt.

Die besondere Länge seiner linken zweiten Zehe, die allgemein für Gefühle steht, macht deutlich, wie sehr er zum Analysieren von Gefühlen und Gedanken neigt. Diese Überlänge kommt durch sehr ausgeprägte zweite und dritte Zehenglieder, Geist und Seele symbolisierend, zustande. Deren abgerundetes, vormals kantiges Ende in Form eines Flaschenhalses mit Verbreiterung, das einen (Gedanken- und Gefühls-)Stau widerspiegelt, verrät geheim gehaltene und immer wieder zurückgedrängte Gedanken und Gefühle, um nicht noch verletzender und zynischer (kantiges Ende) zu sein.

Regenerationszeiten fallen kurz aus, weil die Aufgaben im Beruf als wichtiger eingestuft werden als das eigene Ruhebedürfnis. An der Überlänge dieser linken zweiten (Gefühls-)Zehe im Verhältnis zur großen Zehe und an dem großen Abstand zwischen beiden zeigt sich, wie sehr eigene Ansprüche gegenüber denen anderer zu kurz kommen. Die Lücke deutet auch an, dass eine Kluft zwischen Herz- und Kehlkopf-Chakra besteht und Ruediger sein Herz noch zu wenig sprechen lässt. Die nach außen blickende Gefühlszehe in Gestalt einer Eilzehe, verrät, wie rasch er Gefühle abhakt.

Der linke mittlere Zehe steht für Kreativität und läuft bei Ruediger spitz aus, was auf viele spontane Einfälle schließen lässt, die er kunstvoll zu integrieren versteht, was sich am parallelen Verlauf mit der zweiten (Gefühls-)Zehe mit der Wurzel auf gleicher Höhe zeigt. Dies spricht auch für den Einklang zwischen Gefühl (zweiter Zehe) und Intuition und Kreativität (dritter Zehe). Diese beiden Zehen spielen folglich gut zusammen, und ihre Themen liegen auf gleicher Höhe, wie die parallelen Zehenwurzeln andeuten, die die Verankerung des jeweiligen Themas darstellen. So kann sich Ruediger hinsichtlich des Gefühls- und Kreativitätsbereichs auf ein perfektes, ideal eingespieltes Team verlassen.

Die linke vierte Zehe steht für die Liebe. Bei Ruediger ist sie nach innen zur großen Zehe verdreht, was zeigt, wie sehr er in Liebesangelegenheiten zur Rückschau neigt und aktuelle Erfahrungen immer wieder mit denen der Vergangenheit vergleicht. Die Zehe endet in einer Spitze. Daher ist Ruedigers Ausdrucksweise von vielen Spitzen geprägt und undiplomatisch direkt.

An der kleinen Zehe, der Angst- oder Vertrauenszehe, imponiert ihre Kürze gegenüber den anderen Zehen. Sie bedeutet im Zusammenhang mit dem auch rechts ungewöhnlich klein ausfallenden kleinen Zeh, der dort für Angst und Respekt steht, dass diese Empfindungen im Leben nicht viel Raum einnehmen. Vielmehr lebt Ruediger aus einem großen Vertrauen heraus und weitgehend frei von Angst.

Diese kurze Zehenvariante könnte in anderen, unerlösteren Fällen auch auf unbearbeitete Angst hinweisen. Wären die Kleinzehen noch verkümmert, könnten spitze Enden – wie hier – sogar auf recht massive Angstattacken hinweisen. Runde, verdrehte Enden bei kurzen Zehen, die eventuell sogar noch unter die anderen Zehen rutschten, könnten Indizien für Weinerlichkeit oder Angstkrämpfe bis hin zu Panikattacken sein.

Zurück zu Ruedigers Füßen, wo die Nägel nach außen weisen, was darauf hindeutet, dass er sich mit seinen Ängsten ausgesöhnt hat und über sie hinwegschauen kann.

Da der rechte große (Freuden-)Zeh deutlich kleiner als die linke große Zehe ist, kommt zum Ausdruck, dass seine rationale Seite sich noch mehr zurücknimmt als die bereits beschriebene emotionale linke Seite und wie sehr er Kummer und Probleme über Freude stellt. Geschäftliches wird als lästige Aufgabe betrachtet, und er weicht lieber in Kreativität aus, die von der linken mittleren Zehe ausgedrückt wird. Es fällt jemandem mit dieser Konstellation ungleich leichter, sich kreativ und spielerisch zu betätigen, als die akuten Tagesgeschäfte, den Papierkrieg und die notwendige Organisation von Arbeit und Leben anzugehen. Hinzu kommt, dass der rechte große Zeh leicht nach außen (zum kleinen rechten Zeh) zeigt, was wiederum bedeutet, dass Ruediger diesen lästigen Alltagskram, der die Freude verderben könnte, ganz schnell beiseiteschieben möchte.

Der Nagel des rechten großen (Freuden-)Zehs ist quadratischer als der Nagel der linken großen (Kummer-)Zehe. Es bedeutet, dass die männliche Seite ein weniger großes »Fenster« im Leben bekommt. Lieber wird Ruediger das Weibliche, die Anima, leben, als den Animus-Weg durchzukämpfen und entsprechende wirtschaftliche Themen auf vernünftige Weise zu lösen.

Der rechte zweite (Wunsch-)Zeh ist weniger gestaut als seine linke Schwester und ragt als sehr langer, schlanker Zeh auch mehr vor und zugleich eher nach außen. Es zeigt, dass Ruediger schnell Wünsche entwickelt, ohne sich um die Details und ihre Realisierung (rundes Ende) zu kümmern. Er lässt lieber die Wünsche wieder los und ist schon beim nächsten Thema.

Der rechte mittlere Zeh steht für Aggression und ist bei Ruediger mit einem bescheidenen, aber dennoch spitzen Ende versehen. Das heißt, dass er lange braucht, bis er wütend oder gar aufbrausend wird. Trotzdem könnten lange zurückgehaltene Worte plötzlich hervorbrechen und sich zu einem großen, aufbrausenden Auftritt formen, weil der mittlere Zeh von Wunsch- und Zuneigungszeh eng umrahmt und sogar eingeengt wird. Bei der Schlankheit des Zehs sind solche Ausbrüche allerdings nur ganz selten zu erwarten.

Falls früher Aggression ein wesentliches Thema war, scheint es nun bearbeitet zu sein, und der Zeh zeigt an, dass sich sein Ende von ganz spitzig zu einem diplomatischen Restspitzchen abgeschmirgelt hat. Links ist die Spitze dagegen voll erhalten.

Der rechte zweitletzte (Zuneigungs-)Zeh ist deutlich ein Rückblickszeh, denn er zeigt mit einer Ecke nach innen zum großen Zeh. Dies bedeutet, dass Ruediger wahrscheinlich von Kindesbeinen an beim Thema Zuneigung genauso zum vergleichenden Rückblick neigt wie bei der schon beschriebenen Liebeszehe.

Der auffallend kleine letzte Zeh, der Angstzeh, weist sehr nach innen und scheint die anderen Zehen im Zaum zu halten. Die Angst hat wenig Raum bekommen. Sie ist konfrontiert und nimmt keinen Platz mehr im Leben ein, weil das Zehenfenster nach außen weist. Es heißt, dass sich Ruediger Ängste (und Panikthemen) baldmöglichst stellt und sie frontal angeht. Falls Angst auftritt, wird sie sofort mit den Erfahrungen der Vergangenheit verglichen und dann schnellstens vernünftig in Angriff genommen. Kurz aufflammender Angst wird auf diese Weise rasch der Boden wieder entzogen. Er zeigt obendrein noch einen leichten Kralleffekt in Richtung Zuneigungszeh; angelehnt an den Nachbarn, versteckt er sich fast ein wenig. Dies kann bedeuten, dass Unruhe und eventuell Angst bei der Verabschiedung oder dem Loslassen von Themen entstehen kann. Dieser kleine Zeh ist insgesamt recht anpassungsfähig und hat eine vergleichsweise hohe Flexibilität.

Die Füße von Rita Fasel

Die beiden zweitletzten mehrmals gebrochenen Zehen der Liebe und Zuneigung fallen sofort auf, weshalb diese beiden verkrüppelten Zehen auch mein Hauptthema sind. Was ich in Sachen Liebe erfahren und erleiden durfte, spiegelt sich in diesen wiederholten Knochenbrüchen. Bereits seit Teenagerzeiten sind meine Schwachstellen in dieser Weise offensichtlich. Das erste Mal brach ich mir den Zuneigungszeh beim Auszug aus dem Elternhaus, der nicht ganz friedlich war. Das zweite Unglück am anderen Fuß ereilte mich einmal direkt vor und ein zweites Mal gleich nach der Scheidung. So habe ich mich jeweils »un«-bewusst angestoßen und meine Anstöße bekommen.

Das Zuneigungsproblem zieht sich durch meine Herkunftsfamilie. Meine Mutter und meine Großmutter haben dieselbe Konstellation kralliger Liebes- und Zuneigungszehen.

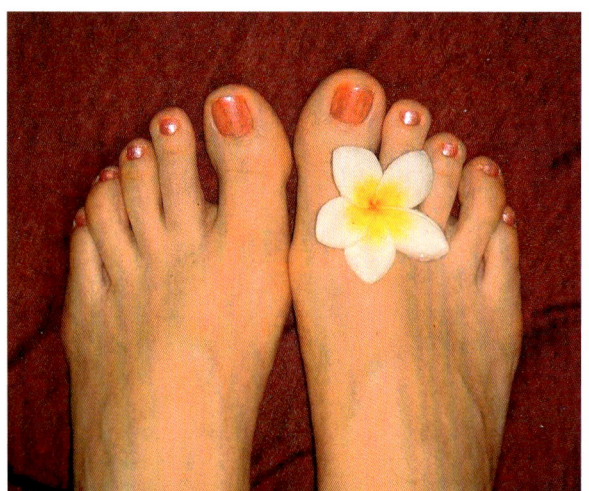

Manchmal kann sich an den Füßen ein Thema zeigen, das über Generationen hinweg in der Familie »bearbeitet« wird. Im Fall der Autorin handelt es sich um die intensive Auseinandersetzung mit Liebe und Zuneigung.

Auch auf den Füßen meiner beiden Töchter kann ich sehen, wie ausgeprägt dieses große Thema in unserer Familie angelegt ist. Beide nun fast erwachsenen Töchter besitzen ähnliche Zuneigungs- und Liebeszehen, ohne sie aber je gebrochen zu haben. Wir Frauen sind also mit dem gleichen Thema beschäftigt; vier Generationen können inzwischen darüber lachen und manchmal auch weinen. Die Aufgabe ist hier, in Fluss zu kommen.

Mitte zwanzig kam ich zum ersten Mal auf die Idee einer Korrelation zwischen meinen Füßen und Lebensthemen. In Israel erklärte mir eine Palästinenserin innerhalb von zehn Minuten mein Leben anhand meiner Füße. Sie faszinierte mich dermaßen, dass ich länger blieb und wochenlang hinter ihr saß, während sie Füße analysierte.

Meine drei kleineren Zehen links haben alle spitze Enden, und tatsächlich dauert es lange, bis ich explodiere, aber wenn, dann richtig. Die linke mittlere (Kreativitäts-) Zehe hat monatelange Phasen von Ideenstaus, aber sobald die Agenda es wieder zulässt, kommt es zur Entladung, und Neues kann entstehen in Gestalt von Bildern, Töpfereien oder Innendekorationen.

Die linke zweite (Gedanken- und Gefühls-)Zehe ist längst nicht mehr gestaut wie in »alten« Zeiten. Sie hat sich sehr verändert, seit ich meinen Betriebswirtschaftsjob mit meiner Be*ruf*ung und meinem Herzensanliegen vertauscht habe und der Irisdiagnose, aber auch der Arbeit mit Händen und Füßen Raum gebe. Auch meine linke große Zehe konnte ihren Stau aufgeben und sich verschlanken, seit die vielen kummervollen Jahre als alleinerziehende Mutter ohne Unterstützung über*standen* sind. Heute ist sie wieder frei beweglich.

In den fast zwanzig Jahren, als ich für meine Töchter und mich hart arbeiten musste, war es oft nicht einfach, Wirtschaftsjob und Geschäftsreisen mit Haushalt und Erziehungsaufgaben zu verbinden, obendrein die Wünsche der Mädchen zu erfüllen und Zeit für sie, geschweige denn für mich zu haben. In diesen harten Jahren in Business-Uniform, zu der auch selbstverständlich oft Stöckelschuhe gehörten, hat sich ein Anfangsstadium von Hallux valgus beiderseits entwickelt. Aus Eitelkeit habe ich lange nicht auf elegante Schuhe auf dem beruflichen Parkett verzichtet und mir mit der Kombination von Kummer und falschen Schuhen bald einen schmerzenden linken Hallux eingehandelt.

Durch Erkennen der Umstände und ihre Analyse, ohne dass ich damals bereits die äußeren Umstände verändern konnte, habe ich die Themen seelisch bearbeitet, die Schuhmode strikt geändert und konsequent Yogaübungen gemacht (siehe das Bild auf Seite 145). Innerhalb eines halben Jahres wurde ich wieder beschwerdefrei, und der Hallux besserte sich, um schließlich ganz zu verschwinden. Das Wohlgefühl dieses Sieges werde ich nie mehr vergessen, und die einfachen Yogaübungen haben in der Folge vielen Menschen geholfen.

Die rechte Seite zeigt wie die linke einen harfenförmigen Harmoniebogen, unter dem ich immer wieder »leide«. Gern habe ich Harmonie in der näheren Umgebung, und wenn sie fehlt, benötige ich viel Zeit für mich allein, um mich wieder aufzufangen. Eigentlich brauche ich eine schöne Umgebung, um das zu diesem Harmoniebogen gehörende Wohlgefühl zu erreichen.

Meine rechten Zehen beginnen mit einem wieder dynamisch gewordenen Groß- oder Freudenzeh, und gleich darauf folgt der in einer Verbreiterung endende Wunschzeh, mit einigen gestauten Wünschen, die zugleich mein Antrieb sind. Die letzten drei kleineren Zehen haben wieder alle spitze Enden. Für den dritten oder Aggressionszeh heißt das, dass ich lange gedanklich »Stoff« sammle, und wenn das Maß voll ist, kräftig und laut explodiere.

Der kleine Angstzeh in seiner spitzen Form schaut nach außen. Es heißt, dass ich meiner Angst und Panik bewusst ins Auge schaue und abwäge, ob ich sie zulasse oder ignoriere, und sie damit quasi für später aufhebe. Da meine Zehen sonst geradeaus weisen, ist meine Angst tatsächlich überschaubar. Ich habe gelernt, mit ihr umzugehen, und versuche, sie auf meine Art zu bewältigen, indem ich mir immer wieder folgende Fragen stelle: »Wenn ich diese Angst zulasse, was ist in neun Minuten und in neun Stunden? Wie werde ich mich in neun Tagen damit fühlen? Was bedeutet sie wohl noch in neun Wochen? Wie werde ich sie in neun Monaten erinnern? Und

Fußspuren im feuchten Sand geben sehr anschaulich wieder, wie ausgeprägt der Eindruck ist, den man zu hinterlassen vermag.

wie sieht sie im Rückblick nach neun Jahren wohl aus?« Das relativiert die Angst beeindruckend.

Zusammenfassend bleibt das Liebesthema im Zentrum, was sich auch an der Lücke zwischen Liebes- und Kreativitätszehe beziehungsweise zwischen Zuneigungs- und Aggressionszeh zeigt. Diese verdeutlicht eine mangelnde Verbindung zwischen Sakral- und Solarplexus-Chakra. Ich sollte also in meine Mitte kommen, um das Liebesthema zu erlösen.

Das Faszinierendste an Fußanalyse und auch Irisdiagnose ist für mich – wie dieser letzte Punkt andeutete –, wie deutlich sich der Zustand der Chakren erkennen lässt. Hier liegt eines der Geheimnisse guter Lebenshilfe mit Hilfe der Füße.

Gutes für die Füße

Wenn Sie nach all den Erkenntnissen über Ihre Wurzeln den Füßen Zuwendung schenken wollen, hier ein paar bewährte Vorschläge:

1. Ziehen Sie möglichst oft die Schuhe aus, gehen Sie barfuß, und lassen Sie Ihre Füße atmen, spüren und aufleben.

2. Ermöglichen Sie Ihren Füßen, bewusst an Ihrem Leben teilzunehmen und den jeweiligen Boden zu spüren, in dem Sie gerade wurzeln. Erlauben Sie ihnen, den Boden Ihrer Wohnung, Ihres Hauses und Gartens wahr- und wichtigzunehmen.

3. Übernehmen Sie die östliche Sitte des Schuheausziehens, bevor Sie ein fremdes Haus oder eine fremde Wohnung betreten. Diese Geste will Achtsamkeit vor dem Platz des anderen ausdrücken und führt auch dazu, ihn und seinen Platz viel lebendiger – und sozusagen von unten herauf – zu spüren. Daraus ergeben sich ein deutlich

bodenständigeres, weniger abgehobenes Zusammenleben und entsprechend besser geerdete Gespräche, die zur Sache kommen.

4. Lassen Sie Ihre Füße folgende Übungen spielerisch ausführen:
   • Verrichten Sie Tätigkeiten mit den Füßen, die sonst den Händen vorbehalten sind: Gegenstände (Taschentücher, Steine, Holzstücke) vom Boden aufheben, Lichtschalter drücken, die Toilettenspülung betätigen, die Musikanlage bedienen.
   • Lassen Sie Ihre Füße barfuß immer wieder verschiedene Untergründe erspüren. Testen Sie Ihre diesbezüglich wachsenden Fähigkeiten, und machen Sie vielleicht sogar Partyspiele daraus.
   • Zeichnen und malen Sie mit den Füßen. Es stärkt den Kontakt zu Ihren Wurzeln und damit zu sich selbst.

5. Sorgen Sie für Fuß-Sport: (Fuß-)Ball spielen, Gummibälle rollen und mit beiden Füßen hochheben, Bleistifte erfüßeln usw.

6. Lassen Sie Ihre Füße sprechen: Flirten Sie doch einmal wieder bewusst mit den Füßen im Sinne eines erotischen Füßelns.

7. Schenken Sie sich selbst eine Fußreflexzonenmassage von Hand zu Fuß, aber auch von Fuß zu Fuß.

8. Gönnen Sie sich professionelle Fußpflege und Fußmassagen.

9. Kultivieren Sie Wohlfühlmomente nach dem Nägelschneiden oder nach Fußreflexzonenmassagen.

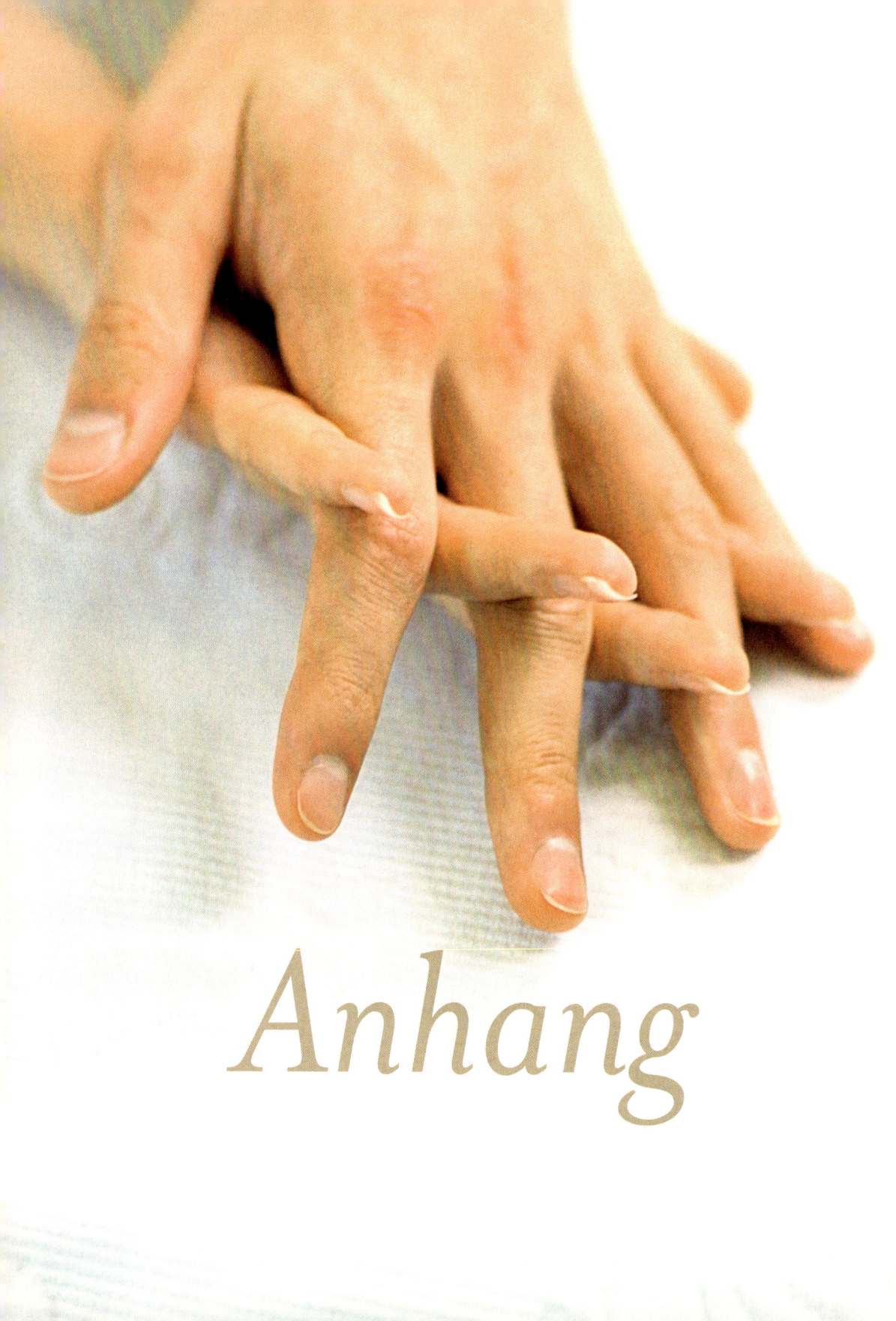

Anhang

Hin und wieder gibt es in der wissenschaftlichen Missachtung der Handdeutung Ausnahmen, die fast wie Ausrutscher wirken. Genannt wurde bereits auf Seite 13 der Fall einer medizinischen Dissertation zur Korrelation von Lebenslinie und Lebensalter. Anzuführen ist auch ein erst in Zeiten des Internets entdecktes und deshalb gar nicht mehr aus der Welt zu schaffendes Forschungsergebnis, das ebenso wenig ins Konzept passt. Der amerikanische Psychologe Breedlove von der Eliteuniversität Berkeley glaubte, einen Zusammenhang zwischen den Fingerlängen von Zeige- und Ringfinger und der sexuellen Orientierung gefunden zu haben. Dieses Ergebnis wurde sogar in der renommierten Wissenschaftszeitschrift *Nature* veröffentlicht. Dass in der Regel bei Männern der Zeigefinger kürzer als der Ringfinger ist, während bei Frauen beide gleich lang sind oder umgekehrt der Zeige- sogar länger als Ringfinger ist, war seit mehr als hundert Jahren bekannt (siehe auch den Test auf Seite 12). Schon Giacomo Casanova brüstete sich mit einem langen Ringfinger und sah darin seine Männlichkeit entsprechend eindrucksvoll bestätigt. Der englische Anthropologe und Psychologe John Manning entdeckte einen weiteren überraschenden Zusammenhang. Je länger bei Männern der Ringfinger im Verhältnis zum Zeigefinger, desto mehr Spermien produzierten ihre Hoden. Damit war der Bann gebrochen, und eine Flut von Studien befasste sich mit dem Längenvergleich dieser beiden Finger, obwohl die Hände, wie wir inzwischen wissen, weit Spannenderes zu bieten haben.

Manning formulierte als erster die These, im Mutterleib werde das Wachstum des Ringfingers vom (männlichen) Sexualhormon Testosteron gefördert und das Wachstum des Zeigefingers von (weiblichen) Östrogenen. Das Verhältnis der Fingerlängen ist demnach ein Indikator für den jeweiligen Hormonmix, der den Fötus (geschlechtsspezifisch) geprägt hat. Viel Testosteron vermännlicht den Organismus einschließlich seines Gehirns. Die Mischung von Östrogen und Testosteron bestimmt, ob sich ein Penis oder eine Vagina ausbildet und inwieweit das Wachstum der rechten Gehirnhälfte auf Kosten der linken gefördert wird.

Die Fingerlänge wird unter Einfluss der Geschlechtshormone schon im Mutterleib definitiv festgelegt. Männer mit einem im Vergleich zum Ringfinger kurzen Zeigefinger, also sehr männliche Männer, haben laut Studien mehr Sexualpartner und mehr Kinder als solche mit vergleichsweise langem Zeigefinger, also mit einem eher weiblichen Muster. Bei den Frauen sollen (nach Studien der Universitäten Bern und Lancaster) diejenigen mit einem vergleichsweise langen Zeigefinger, also die besonders weiblichen, entsprechend fruchtbarer sein.

Homosexuelle sollen demnach ein weibliches Fingermuster (langer Zeigefinger und kurzer Ringfinger) haben und lesbische Frauen ein eher männliches (relativ kurze Zeigefinger und lange Ringfinger). Wenn der Zeigefinger der rechten Hand kürzer ist als der Ringfinger, so weist dies einer solchen Theorie zufolge darauf hin, dass Frauen lesbisch seien. Letzteres wird von Breedlove bestätigt; auch er attestiert lesbischen Frauen eher männliche Hände mit kurzen Zeigefingern. Laut einer anderen US-Studie haben schwule Männer dafür ein eher weiblich strukturiertes Gehirn, was logisch erscheint.

Am besten wissenschaftlich belegt ist der Zusammenhang von Fingerlänge und sportlicher Leistungsfähigkeit. Erfolgreiche Fußballer, Sprinter, Skifahrer, Schwimmer und Fechter haben durchschnittlich längere Ringfinger als erfolglose Sportler oder als Nichtsportler. »Fingerforscher« Manning konnte bei einem Rennen allein aus den Fingerlängen die Reihung des Zieleinlaufs bei fünf Läufern voraussagen. Lediglich Platz 3 und 4 verwechselte er. Bei Sportlegenden, darunter vor allem Fußballstars, fielen ihm einige »unglaublich lange Ringfinger« auf. Im April 2009 veröffentlichte er eine Meldung zu »schnellen Fingern«. Da bereits bei Jamaikanern ungewöhnlich lange Ringfinger lange bekannt seien, sei es auch kein Wunder, dass der schnellste Mann der Welt ein Jamaikaner mit ebensolchen Fingern sei.

Auch Frauen mit relativ kurzen Zeigefingern schneiden in Sportarten wie Fußball, Leichtathletik oder Tennis besonders gut ab, ermittelten Forscher des King's College in London. Und nach einer Studie der Universität Berkeley waren unter ihnen überdurchschnittlich viele lesbisch. Weitere Studien ergaben, dass Menschen mit längerem Ringfinger aggressiver seien. Laut Karl Grammer von der Universität Wien neigten sie eher zur Promiskuität, was aufgrund eines beständig hohen Testosteronspiegels erklärbar wäre. Seiner Studie zufolge sagt das Verhältnis dieser beiden Finger zueinander auch etwas über die Treue in geschlechtlicher Hinsicht aus. Demnach sind Menschen mit männlichem Fingerverhältnis weniger treu als ihre Geschlechtsgenossen mit eher weiblichem Zeige-/Ringfinger-Verhältnis.

Von diesen Studien angestoßen, folgten weitere, so dass sich geradezu von einer wissenschaftlichen Handlese-Welle sprechen lässt. Der bereits mehrfach erwähnte John Manning erforschte an der Universität Liverpool, dass Frauen mit männlichen Fingermustern, also kürzeren Zeigefingern, weniger kommunikativ, dafür aber durchsetzungsfähiger seien. Weibliche Fingermuster – mit etwa gleich langen Zeige- und Ringfingern – bescherten ihnen dagegen sprachliche Begabungen. Männer mit betont unterschiedlichen Längen, also kürzeren Zeigefingern, seien sportlicher, aggressiver und potenter, ergaben weitere Studien und bestätigten die obigen. Wohingegen weiblich geprägte Fingermuster mit gleich langen Zeige- und Ringfingern Männer zu guten Wissenschaftlern machten und ihre Lesefähigkeit förderten. In diese Richtung weist auch eine Untersuchung des englischen Forschers Mark Brosnan von der englischen Universität Bath, der an Schulkindern mittels standardisierter Tests feststellte: Je männlicher das Fingermuster, das heißt je kürzer der Zeigefinger, desto besser waren die Schüler in Mathematik und je weiblicher die Finger, desto besser in literarischen Fächern.

Inzwischen sind solche leicht durchführbaren Untersuchungen schon auf viele andere Bereiche ausgedehnt worden. John Coates von der Universität Cambridge fand heraus, dass Börsenhändler, die ihren Tag mit einem erhöhten Testosteronspiegel begannen, deutlich mehr Geld verdienten. Als er die Zeige-/Ringfinger-Verhältnisse von 49 Londoner Devisenhändlern einbezog, fand er, dass diejenigen mit den längeren Ringfingern im Durchschnitt sechsmal mehr Profit erwirtschafteten und länger bei diesem Beruf blieben.

Die Titelstory der anerkannten Wissenschaftszeitung *New Scientist* lud ein, sich selbst besser durch Naturwissenschaft statt durch Meditation kennenzulernen. Mittels Fotokopierer und Lineal sollten die Leser die beiden ins wissenschaftliche Visier geratenen Finger abmessen. Auch wenn es hier noch viele Widersprüche gibt, *liegt es* doch *auf der Hand*, dass Zusammenhänge bestehen, deren Erforschung interessant ist. So wird es wohl nicht mehr allzu lange dauern, bis Wissenschaftler dem alten Volksspruch »Wie die Nase des Mannes, so auch sein Johannes« mit Lineal und Schublehre nachgehen. Erstaunlich überhaupt, dass die Illustrierten noch nicht den Querschluss von der Ringfingerlänge auf die des zugehörigen männlichen Gliedes gewagt haben, denn dieser Zusammenhang müsste wohl noch klarer sein als der zwischen Ringfingerlänge und Profitfähigkeit des jeweiligen Besitzers. Abgesehen von solchen Stilblüten aufkeimenden Wissenschaftsinteresses, das sich an beliebiger Stelle auf eine uralte Kunst und Tradition stürzt, steht in unseren Händen die Gebrauchsanweisung für unser Leben geschrieben, und sie ist leicht zu lesen, leichter jedenfalls als die meisten Bedienungsanleitungen für technische Geräte. Außerdem enthält sie keine Irrtümer und Fehler – Hände lügen nicht. Wir haben also den berühmten Wink des Schicksals in mehrfacher Ausgabe immer in der eigenen Hand und somit stets dabei.

GRÜNDE FÜR DIE FRÜHZEITIGE VERGEWALTIGUNG
VON LINKSHÄNDERN

Der Grund für die Umstellung von Links- auf Rechtshändigkeit liegt in der enormen Wertung, die in unserer Kultur zwischen Weiblich und Männlich oder Yin und Yang besteht. Die mehrheitlich passive linke Seite und Hand ist dem weiblichen Pol, die aktive dominante rechte Seite und Hand dem männlichen zugeordnet. Bei uns gilt alles Weibliche und damit auch Linke immer noch als minderwertig – ein Vorurteil, das aus der Abwertung des Weiblichen in der christlichen Tradition stammen dürfte, das sich aber auch in anderen patriarchalischen Religionen wie etwa der hinduistischen und muslimischen zeigt. In Asien ist die linke Hand dazu verurteilt, den Allerwertesten zu putzen, der dann doch eher abgewertet ist, und schon deshalb besonders »pfui«. Mit ihr darf nicht gegessen und keinesfalls begrüßt werden; in Bali darf sie nicht einmal etwas reichen oder jemanden berühren.

Wenn das Elend der Umstellung der Lateralität zum Glück bei uns auch überwunden ist, geht die Abwertung des Weiblichen fast ungemindert weiter. Wir sprechen von *linken Typen* und meinen damit ungute Menschen, während sich ein *rechter Kerl* bemüht, auf dem *rechten Weg* zu bleiben und das *Richtige* zu tun. *Recht* zu sprechen ist eine äußerst ehrenwerte Angelegenheit; jemanden zu *link*en meint dagegen, ihn übers Ohr zu hauen. Im Parlament mussten die in Opposition zum Bürgertum um ihre *Rechte* kämpfenden Parteien der Arbeiterklasse gleichsam als zu spät Gekommene links sitzen und wurden – wo möglich – links liegen gelassen. Bis heute gilt in der Politik links als revolutionär und aufrührerisch, während rechts für das Konservative, Bewahrende, Traditionelle steht. Da Veränderung in bürgerlichen Gesellschaften aber wie wenig anderes verpönt ist, bleibt auch hier am Linken ein negativer Beigeschmack haften. Solche Wertungen des Patriarchats dürften in Matriarchatszeiten ganz anders ausgefallen sein.

Wenn wir etwas *mit links* und damit sehr erfolgreich *machen*, sind viele davon wenig begeistert, obwohl es so viel leichter und lockerer geht. Im deutschsprachigen Raum möchte sich der typische Durchschnittsmensch gleichsam quälen, und alles, was entspannt viel bringt, ist ihm tendenziell verdächtig. Der harte rechte Weg ist angesagt; der linke leichte kommt weniger gut an, obwohl oder weil er genussvoller ist. Wer sich traut, mehr *mit links* und lockerer zu machen, hat viel mehr vom Leben, nur sollte er es nicht an die große Glocke hängen, um die Anerkennung seines Erfolges nicht zu mindern.

Wenn jemand bei dem Test auf Seite 19 herausgefunden hat, dass er eigentlich ganz anders gemeint ist, als er leben durfte, ist das viel besser, als es nie herauszufinden. Viele Fehlleistungen werden sich rückwirkend klären, und so kann diese Entdeckung Entspannung und große Erleichterung bringen. Die heute gültige, wissenschaftlich immer besser abgesicherte Meinung billigt Linkshändern eher bessere Chancen zu, weil sie ihr Gehirn gleichmäßiger nutzen und so eher kreativer sind. Für sogenannte Händigkeitsforscher sind gerade umgeschulte Linkshänder von großem Interesse, denn sie können uns einiges über die Funktion unseres Gehirns verraten. Eine entsprechende Studie der TU München ergab aus dem Vergleich der Gehirnaktiviät von Rechtshändern, Linkshändern und umgeschulten Linkshändern, dass Rechtshänder beim Schreiben nur Aktivität in der gegenüberliegenden linken Gehirnhälfte aufwiesen und Linkshänder entsprechend nur in der rechten Gehirnhälfte. Da Letztere als archetypisch weibliche Gehirnseite mehr mit ganzheitlichem Erleben und kreativen Prozessen wie Bilderwahrnehmung zu tun hat, ergeben sich daraus gewisse Vorteile. Bei umgeschulten Linkshändern fand sich dagegen Gehirnaktivität in beiden Gehirnhälften. Das Gehirn hatte also offenbar nur zum Teil umgelernt, und ein Gutteil der neuronalen Steuerung verblieb trotz pädagogischer Umschulungsversuche in der ursprünglich für die Steuerung der linken Hand vorgesehenen rechten Gehirnhälfte.

Dies liefert auf neuronaler Ebene Erklärungen für die unterschiedlichen Erfahrungen in der Lebenspraxis. Manchmal werden aus umgeschulten Linkshändern nach anfänglichen Schwierigkeiten noch sehr geschickte Menschen, denen es offenbar gelingt, das Beste aus beiden Gehirnhälften herauszuholen und zu kombinieren. Entwicklungen zum Tollpatsch mit den sprichwörtlichen zwei linken Händen dürften dagegen damit zusammenhängen, dass diesen Umschulungsopfern keine Synergie gelingt und sie mit keiner Seite so richtig ins Reine kommen und folglich ganz ohne Schokoladenseite bleiben. Bei Umtrainierten ergeben sich obendrein verschiedene Möglichkeiten aus der psychologisch schwierigen Ausgangssituation. Denn was lernt der Umtrainierte durch diese Prozedur? Er darf nicht er selbst sein, sondern wird belohnt, wenn er sich verbiegen lässt. Kinder bekommen nicht selten Schokolade für die Benutzung der vermeintlichen *Schokoladenseite* – die ihre falsche ist. Sie lernen so, auf das für sie falsche Pferd beziehungsweise die falsche Seite zu setzen, aber auch auf die falschen Partner zu stehen und vor allem nicht zu sich zu stehen. Die hier angenommene Botschaft lautet: »Irgendetwas ist mit mir falsch, ich bin falsch.« Es wird das Falsche in den Betroffenen angeregt und zum Beispiel eine *falsche Katze* herausgelockt. Solchermaßen verpolt, kann das Ergebnis sein, dass das Leben mit der falschen Hand nicht in den Griff zu bekommen ist. Die Betroffenen sind oft nicht in ihrer Kraft und finden nicht zu ihren Stärken, sie sind – im unglücklichen Fall – ständig auf dem falschen Fuß unterwegs und neben der (richtigen) Spur. Ein Tollpatsch hat dann zwei linke Hände, wobei er mit einer nichts anfangen kann und mit der anderen nicht darf. Die Umschulung kann sogar zu zwei linken Füßen führen, wobei er auch hier zu einer Seite nicht stehen kann und zur anderen nicht darf. Falls diese Menschen sich also ins rechte (Normal-)Maß pressen ließen und zu normalen, angepassten, dem Mainstream verpflichteten guten Mitgliedern der Gesellschaft wurden, mag ihre Kreativität auf der Strecke geblieben sein, weil sie sich nicht der Anlage entsprechend ausdrücken vermochten. Über den anderen, für sie falschen Weg konnten sie dann unter Umständen nicht an ihr Potenzial herankommen. Man stelle sich nur vor, Michelangelo Buonarotti wäre in Deutschland geboren und zum Recht(s)händer gezwungen worden. Was wäre aus seinem Genie geworden? Hätte er, was er so genial mit links schaffte, auch auf dem rechten, für ihn falschen Weg geschafft? Was wäre im Hinblick auf Kunst, Genie und Kreativität aus dem deutschsprachigen Kulturraum geworden, wenn man(n) nicht einen Großteil der Bevölkerung auf der falschen, aber für sie doch richtigen Seite erwischt und auf die richtige, für sie aber falsche gezwungen hätte?

Die Chance, aus potenziellen Genies Tollpatsche auf allen Ebenen zu machen, wurde über Jahrhunderte voll ausgeschöpft, und dies nur wegen des unkreativen Gedankens, alle müssten über einen Kamm geschoren und ins rechte Maß gepresst werden. Wo immer das Umtrainieren nicht gut anschlug, wurden die Umgepressten mit »zwei linken Händen« ins Leben geschickt, und wen wundert es, wenn sie dann gar kein *gutes Händchen* mehr für die wichtigen Dinge haben. Viele davon neigen ein Leben lang dazu, die Seiten zu verwechseln, rechts zu sagen, wenn sie links meinen, und umgekehrt. Sie verwechseln im Leben noch so manches und haben mit mehr oder weniger starker Desorientierung zu kämpfen – zeitlebens oder bis sie den Mut zur Revision der Umschulung finden.

Der Grund für die so häufig zu findende Diskriminierung von Linkshändern könnte auch darin liegen, dass die rechtshändische Mehrheit sie wegen ihrer Begabung fürchtet. Nach einer Studie der Johns Hopkins University verdienten Linkshänder unter den Hochschulabsolventen beruflich im Durchschnitt signifikant mehr als die Mehrheit der Rechtshänder. In der Politik ist die Lage an der Spitze offensichtlich. Bis auf Jimmy Carter und George W. Bush waren seit 1974 alle US-Präsidenten Linkshänder. Und auch 2008 hatten die Amerikaner diesbezüglich keine Wahl, beide Kandidaten, Obama wie McCain, waren Linkshänder.

Für den Neurologen Daniel Geschwind von der Universität Los Angeles ist der überproportional hohe Anteil von Linkshändern an der Spitze der Weltmacht USA »definitiv kein Zufall«, denn Linkshänder nutzten mehr als Rechtshänder beide Gehirnhälften. Es ermögliche ihnen, Probleme komplexer im Sinne von mehrdimensional wahrzunehmen und Lösungen besser zu visualisieren. Dies sei auch der Grund, warum besonders viele Wissenschaftler Linkshänder seien. Wissenschaftlich gesehen wirke sich die stärkere Nutzung beider Gehirnhälften auch positiv auf die Sprachfertigkeiten aus. Die Sprachgewalt und rhetorische Brillanz von Reagan, Clinton und Obama mögen als Beispiel dienen gegenüber dem sprachlich fast behinderten Rechtshänder George W. Bush, der als schwerer Legastheniker nicht einmal die für ihn geschriebenen Reden fehlerfrei ablesen konnte.

Der renommierte Biologe Amar Klar attestiert Linkshändern »einen größeren Denk-Horizont«. Ihre Gehirnhälften seien symmetrischer und weniger unterschieden als bei Rechtshändern. Auch Klar erwähnt die besonders hohe Zahl an Nobelpreisträgern, großen Malern und berühmten Schriftstellern, die zu dieser Minorität gehören. Die Liste der herausragenden Linkshänder würde den Rahmen des Buches sprengen, insofern hier nur eine kleine Auswahl, um vor allem Mut zu machen, zu seinen mitgebrachten Anlagen zu stehen, mit ihnen zu leben – und im Fall der Linkshändigkeit obendrein erfolgreich, genussvoll und locker.

Viele Große der Vergangenheit gehören zur Gruppe der Linkshänder – von Alexander dem Großen bis zu Karl dem Großen, von Cäsar über Napoleon und Churchill bis zu Mahatma Gandhi – und einige sehr (erfolg-)reiche der Gegenwart wie John D. Rockefeller und Bill Gates. Bei den Malern führten Peter Paul Rubens und Albrecht Dürer, aber auch Henri de Toulouse-Lautrec, Paul Klee und Pablo Picasso den Pinsel mit links. Bei den bildenden Künstlern schufen Michelangelo, Leonardo da Vinci und Käthe Kollwitz mit links. Die Linkshänderliste unter Musikern reicht von Mozart und Beethoven über Paganini und Caruso bis in die Gegenwart zu David Bowie, Paul Simon und Bob Dylan. Bei den Philosophen und Schriftstellern schrieben Friedrich Nietzsche, Johann Wolfgang von Goethe und Franz Kafka bahnbrechende Werke mit links. Zu den großen linkshändigen Wissenschaftler zählen Isaac Newton, Albert Einstein und Marie Curie. Unter den großen Ärzten ging Albert Schweitzer die Dinge mit links an. Auch der erste Mensch auf dem Mond, Neil Armstrong, war Linkshänder. Unter den darstellenden Künstlern reicht die Reihe von Charlie Chaplin, Peter Ustinov über Marilyn Monroe bis zu Robert De Niro, Robert Redford, Brad Pitt und Julia Roberts. In der Modebranche zeichnet Karl Lagerfeld seine Entwürfe mit links, und unter den Sportlern trafen der größte Boxer Muhammad Ali und der größte Fußballer Pelé vor allem mit links. In der Gegenwart ist der besonders hohe Anteil von Linkshändern unter Hochbegabten und Spitzensportlern belegt, aber – und damit kommt der Gegenpol im Sinne der Polarität zum Tragen – auch unter Lernbehinderten und besonders Ungeschickten. Wie hoch der Anteil an missglückten Umerziehungsversuchen an wenig geglückten Lebenswegen von Linkshändern ist, ist leider unerforscht.

Auf der Schattenseite ist in diesem Zusammenhang auch nicht zu übersehen, dass Hitler, Stalin und Osama bin Laden links agier(t)en. Die Einordnung von Mao Tse-tung und Fidel Castro müssen wir wohl der Geschichte überlassen; jedenfalls haben sie ihre für so viele ihrer Landsleute verheerenden Entscheidungen mit links abgesegnet. Legendäre Verbrecher wie Jack the Ripper und Billy the Kid waren ebenfalls links gepolt.

Zusammenfassend lässt sich feststellen, dass unter Linkshändern auffallend viele besondere Menschen sind. Die Autorin Melissa Roth argumentiert in ihrem Buch *The Left Stuff* über die ungewöhnlichen Erfolge von Linkshändern, dass sie als Außenseiter in einer auf Rechtshänder ausgerichteten Welt selbst in den angelsächsischen Ländern besondere Fähigkeiten entwickeln müssten, um sich sozial und beruflich durchzusetzen. Sie schreibt, dass Linkshänder spürten, dass sie anders seien, und dies ein Wesenszug sei, den Psychologen bei vielen Führungspersönlichkeiten fänden. In einer rechts gewirkten Welt, wo von links nach rechts geschrieben wird, stehen sie sich beim Schreiben gleichsam selbst im Weg und müssen eigenartige Verkrümmungen der Hand ausführen oder mit ihr über dem Papier schweben, um nicht gleich zu verwischen, was sie gerade erst geschrieben haben. Wer aber Umwege gehen und Auswege finden muss, wird natürlich erfinderisch.

Für eine Pädagogik der Zukunft wäre es gut, jedem seine mitgebrachte Schokoladenseite zu lassen und sie anzuerkennen. Zusätzlich ließe sich frühzeitig die andere mit entwickeln im Sinne von Bewusstseinsgymnastik[17], die nachweislich Koordination, Flexibilität und sogar Intelligenz – in jedem Lebensalter – erhöht.

---

17 Siehe dazu Dahlke, *Mein Programm für mehr Gesundheit*, München 2009.

HÄNDE UND FÜSSE – DIE ZUORDNUNGEN IM ÜBERBLICK

Die vier Elemente

Erde: irdische Bedürfnisse, Sicherheit, Ordnung, Struktur, Starrheit.
Wasser: Gefühle, Mütterlichkeit, Rhythmus, Ängste.
Luft: Denken, Wahrnehmung, Leichtigkeit, Beweglichkeit, Oberflächlichkeit.
Feuer: Energie, Aktion, Mut, Entscheidungsfähigkeit, Wut, Fanatismus.

Die klassischen Urprinzipien oder Archetypen

- **Mars**/Ares: Aggression, Selbstbehauptung, Mut, Tatendrang, Brutalität.
- **Venus**/Aphrodite: Beziehung, Ausgleich, Versöhnung, Liebe, Frieden, (Schein-)Harmonie.
- **Merkur**/Hermes: Vermittlung, Kontakt, (Ver-)Handlungsfähigkeit, Geschwätz.
- **Mond**/Diana-Luna/Artemis-Selene-Hekate: Widerspiegelung, Rhythmus, Mutter und Kind, Stimmungsabhängigkeit.
- **Sonne**/Apollon: Vitalität, Entfaltung, Ausstrahlung, Mitte des Mandalas, Egozentrik.
- **Jupiter**/Zeus: Entwicklung, Erfüllung, Großzügigkeit, Toleranz, Lebenssinn, Größenwahn.
- **Saturn**/Chronos: Struktur, Ordnung, Disziplin, Begrenzung, Einschränkung, Zeit, Alter, Krankheit und Tod.
- **Neptun**/Poseidon: Transzendenz, das Hintergründige, Auflösung.
- **Uranus**/Uranos: Spontaneität, Originalität, Exzentrik.
- **Pluto**/Hades: Metamorphose, Metanoia, Stirb und Werde, Tod und Wiedergeburt.

Hand

- **Linke Hand:** passive, archetypisch weibliche Seite. Bewusste Auseinandersetzung mit dem Du. Zeigt die mitgebrachten Anlagen und Details aus der Vergangenheit. Ist (bei Rechtshändern) die stille Hand. Offenbart die unterdrückten Vorgänge und Wahrheiten. Zeigt, wie wir sind, wenn wir uns unbeobachtet und privat fühlen.
- **Rechte Hand:** aktive, archetypisch männliche Seite. Repräsentiert die Gegenwart und die zu fällenden Entscheidungen. Spiegelt wider, was aus den mitgegebenen Anlagen

gemacht wurde, wie man mit ihnen umgeht. Öffentliche Hand, die der Welt gezeigt wird, zum Beispiel bei allen Gesten des (Be-)Grüßens. Bei Rechtshändern oft dunkler und schlanker, weil mehr benutzt und bewegt, also besser trainiert.

Finger

- **Kleiner Finger:** Urprinzip: Merkur. Element: Luft. Thema: Kommunikation, Kontakt, Verbindung, Verhandlung, Handarbeit, Sexualität. Meridian-Bezug: Dünndarm, Herz.
- **Ringfinger:** Urprinzip: Sonne. Element: Feuer. Thema: Ausstrahlung, Kreativität, Kunst, Kultur, Beziehung. Meridian-Bezug: Dreifacher Erwärmer.
- **Mittelfinger:** Urprinzip: Saturn. Element: Erde. Thema: Struktur, Ordnung, Reduktion auf das Wesentliche, Verantwortung(sbewusstsein), Arbeit, Pflicht, Krankheit und Tod. Meridian-Bezug: Herz-Kreislauf.
- **Zeigefinger:** Urprinzip: Jupiter. Element: Feuer. Thema: Selbstwertgefühl, Optimismus, Lebensfreude, Lebenssinn, Wegweisung und Zurechtweisung. Meridian-Bezug: Dickdarm.
- **Daumen:** Urprinzip: Mars. Element: Feuer. Thema: Ich-Behauptung, Durchsetzung, Aggression, Mut. Meridian-Bezug: Lunge.

Linker Fuß

Repräsentiert die archetypisch mehr passive, empfangende, aufnehmende Seite. Zeigt, wie Gefühle und Emotionen verarbeitet werden und Ausdruck finden. Im Einzelnen:

- **Große Zehe:** Thema: der ganze Mensch, Anima; Kummer. Kummerzehe.
- **Zweite Zehe:** Thema: Ausdrucksfähigkeit, Offenheit, Emotionalität. Gefühls- und Gedankenzehe. Element Luft.
- **Mittlere Zehe:** Thema: kreative Kraft, Vorstellungsgabe, Zugang zu inneren Bildern und zur Fantasie. Kreativitätszehe. Element Feuer.
- **Vierte Zehe:** Thema: Liebe(sfähigkeit), Geben und Nehmen (als Schattenthema auch das Festhalten), Umgang mit Intimität und Geld. Liebeszehe. Element Wasser.
- **Kleine Zehe:** Thema: (Ur-)Vertrauen zur (Eigen-)Liebe, Sicherheit der Familie, Einstellung zu Religion und Gesellschaft. Vertrauenszehe. Element Erde.

Rechter Fuß

Repräsentiert die archetypisch männliche aktionsbetonte, rationale Verstandesseite. Gibt wieder, wie es um den Tatendrang und die Wünsche an das Leben steht. Zeigt, was man aus sich macht. Im Einzelnen:

- **Großer Zeh:** Thema: der ganze Mensch, Animus; Freude. Freudenzeh.
- **Zweiter Zeh**: Thema: Verlangen, Wünsche, Hoffnungen, Ideen und Ansichten. Wunsch- oder Sehnsuchtszeh. Element Luft.
- **Mittlerer Zeh:** Thema: Aggression im Sinne von Tatendrang und Dynamik. Aggressionszeh. Element Feuer.
- **Vierter Zeh:** Thema: das Maß und die Art von Zuneigung, die ein Mensch geben kann und will. Zuneigungszeh. Element Wasser.
- **Kleiner Zeh:** Thema: Angst und Respekt, Furcht und Panik. Anders als beim linken bezieht sich diese Angst weniger auf Urvertrauen als auf Respekt vor Autoritäten. Angst- oder Respektszeh. Element Erde.

Literatur

Ann Gadd: *Fuß-Diagnostik. Füße als Spiegel der Seele*. Schirner, Darmstadt 2008.

Avi Grinberg: *Fuß-Diagnose. Die Füße, Spiegel der Seele*. Goldmann, München 1996.

Lori Reid: *Handlesen*. Premio, Münster 2006.

Melissa Roth: *The Left Stuff. How the Left-Handed Have Survived and Thrived in an Right-Handed World*. M. Evans, New York 2009.

Imre Somogyi: *Die Sprache der Zehen. Was uns Füße verraten*. Neuer Merkur, München, 2. Aufl. 2001.

Imre Somogyi: *Die Sprache der Zehen 2*. Neuer Merkur, München 2005.

Richard Unger: *Lebensabdruck. Was Fingerabdrücke über den Lebensweg verraten*. Integral, München 2008.

Veröffentlichungen von Ruediger Dahlke

Bücher

Neu: *Das Schatten-Prinzip: Die Aussöhnung mit unserer verborgenen Seite. Mit Übungs-CD*. Goldmann, München 2010.

Die Schicksalsgesetze. Spielregeln fürs Leben. Resonanz, Polarität, Bewusstsein. Goldmann, München 2009.

Sinnlich fasten (mit Dorothea Neumayr). Nymphenburger, München 2010.

Mein Programm für mehr Gesundheit. Aller guten Dinge sind drei. Bewegung, Ernährung, Entspannung. Südwest, München 2009.

Krankheit als Sprache der Kinderseele. Be-Deutung kindlicher Krankheitsbilder und ihre ganzheitliche Behandlung (mit Vera Kaesemann). C. Bertelsmann, München 2009.

Krankheit als Symbol. C. Bertelsmann, München, überarbeitete u. ergänzte Neuaufl. 2008.

Die Psychologie des Geldes. Erfolgreicher und glücklicher mithilfe der Lebensgesetze. Nymphenburger, München 2008.

Depression. Wege aus der dunklen Nacht der Seele (unter Mitarbeit von Margit Dahlke). Goldmann, München 2006.

Der Körper als Spiegel der Seele. Goldmann, München 2009.

Das große Buch vom Fasten. Goldmann, München 2008.

Die Notfallapotheke für die Seele. Heilende Übungen und Meditationen. Goldmann, München 2009.

Vom Essen, Trinken und Leben. Mit allen Sinnen kochen, 89 Rezepte für besondere Momente (mit Dorothea Neumayr). Haug, Stuttgart 2007.

Das große Buch der ganzheitlichen Therapien (Hrsg.). Integral, München 2007.

Meine besten Gesundheitstipps. Heyne, München 2008.

Wage dein Leben jetzt! Erhältlich über: www.heilkundeinstitut.at

Entgiften – Entschlacken – Loslassen. Erhältlich über: www.heilkundeinstitut.at

Arbeitsbuch zur Mandala-Therapie. Erhältlich über: www.heilkundeinstitut.at

Richtig essen. Der ganzheitliche Weg zu gesunder Ernährung. Knaur, München 2006.

Schlaf – die bessere Hälfte des Lebens. Sleeping Wellness für moderne Menschen. Heyne, München 2008.

Meditationsführer. Wege nach innen (mit Margit Dahlke). Schirner, Darmstadt 2005.

Worte der Heilung. Schirner, Darmstadt 2005.

Fasten Sie sich gesund. Das ganzheitliche Fastenprogramm. Irisiana, München 2004.

Von der Weisheit unseres Körpers. Interview mit der Gesundheit. Knaur, München 2007.

Aggression als Chance. Be-Deutung und Aufgabe von Krankheitsbildern wie Infektion, Allergie, Rheuma, Schmerzen und Hyperaktivität. Goldmann, München 2006.

Schwebend die Leichtigkeit des Seins erleben. Urvertrauen gewinnen durch Losgelöstheit und Aufgehen im Augenblick. Schirner, Darmstadt 2009.

Woran krankt die Welt? Moderne Mythen gefährden unsere Zukunft. Goldmann, München 2003.

Krankheit als Sprache der Seele. Be-Deutung und Chance der Krankheitsbilder. Goldmann, München 2007.

Mandalas der Welt. Ein Mal- und Meditationsbuch. Kailash, München 2006.

Frauen-Heil-Kunde. Be-Deutung und Chancen weiblicher Krankheitsbilder. (mit Margit Dahlke und Volker Zahn.) Goldmann, München, 3. Aufl. 2003.

Lebenskrisen als Entwicklungschancen. Zeiten des Umbruchs und ihre Krankheitsbilder. Goldmann, München, 2002.

Der Weg ins Leben. Schwangerschaft und Geburt aus ganzheitlicher Sicht (mit Margit Dahlke und Volker Zahn). Goldmann, München 2004.

Krankheit als Weg. Deutung und Be-Deutung der Krankheitsbilder (mit Thorwald Dethlefsen). Goldmann, München, 13. Aufl. 2000.

Reisen nach Innen. Geführte Meditationen auf dem Weg zu sich selbst. Ullstein, Berlin 2004.

Das senkrechte Weltbild. Symbolisches Denken in astrologischen Urprinzipien (mit Nikolaus Klein). Ullstein, Berlin 2004.

Mandala-Malblock. Edition Neptun, Kreuzlingen 1984.

Die wunderbare Heilkraft des Atmens. Der Weg zur Harmonie von Körper, Geist und Seele (mit Andreas Neumann). Heyne, München 2009.

Habakuck und Hibbelig. Eine Reise zum Selbst. Ullstein, Berlin 2004.

Die Säulen der Gesundheit. Körperintelligenz durch Bewegung, Ernährung und Entspannung (mit Baldur Preiml und Franz Mühlbauer). Goldmann, München 2001.

Wege der Reinigung. Entgiften, Entschlacken, Loslassen (mit Doris Ehrenberger). Heyne, München 2002.

Hermetische Medizin (Dahlke, Papus, Paracelsus). AAGW, Sinzheim.

Die Psychologie des blauen Dunstes. Be-Deutung und Chance des Rauchens (mit Margit Dahlke). Knaur, München 2000.

Gewichtsprobleme. Be-Deutung und Chance von Übergewicht und Untergewicht. Knaur, München 2000.

Herz(ens)-Probleme. Be-Deutung und Chance von Herz- und Kreislaufsymptomen. Knaur, München 1990.

Verdauungsprobleme. Be-Deutung und Chancen von Magen- und Darmsymptomen (mit Robert Hößl). Knaur, München 2001.

Audioprogramm

Geführte Meditationen auf CD

Neu bei Goldmann, München 2009: Das Gesetz der Polarität, *Das Gesetz der Anziehung (Resonanz)* und *Das Bewusstseinsfeld.*

Krankheitsbilder

Rheuma und *Übergewicht* (jeweils Vortrag und Meditation). Neptun, 2009.

Goldmann-Arkana-Audio

Text und Sprache: Ruediger Dahlke, Musik: Claudia Fried und Bruce Werber.

- **5 Selbsthilfe-Programme (CD und Taschenbuch) zu den Themen:**
  Angstfrei leben, Entgiften – Entschlacken – Loslassen, Mein Idealgewicht (3 CDs), Rauchen, Tinnitus und Ohrgeräusche.

- **Reihe »Heil-Meditationen«:**

  Allergien, Angstfrei leben, Ärger und Wut, Bewusst fasten, Den Tag beginnen, Depression – Wege aus der dunklen Nacht der Seele, Der Innere Arzt (2 CDs), Die 4 Elemente, Elemente Rituale (2 CDs), Energie-Arbeit, Entgiften – Entschlacken – Loslassen, Frauenprobleme, Ganz entspannt, Hautprobleme (2 CDs), Heilungsrituale (2 CDs), Herzensprobleme, Kopfschmerzen, Krebs, Lebenskrisen als Entwicklungschance, Leberprobleme, Mandalas, Mein Idealgewicht, Naturmeditation, Niedriger Blutdruck, Partnerbeziehung, Rauchen, Rückenprobleme, Schattenarbeit, Schlafprobleme, Schwangerschaft und Geburt, Selbstliebe, Selbstheilung, Sucht und Suche, Tiefenentspannung, Traumreisen, Verdauungsprobleme, Visionen, Vom Stress zur Lebensfreude.

- **Kindermeditation:** Märchenland.

CDs im Integral Verlag

7 Morgenmeditationen, Die Leichtigkeit des Schwebens, Erquickendes Abschalten mittags und abends, Schlaf – die bessere Hälfte des Lebens, Schutzengel-Meditationen, Die Heilkraft des Verzeihens.

CDs mit Übungen zum Buch bei LangenMüller/Hörbuch

Die Psychologie des Geldes, Die Notfallapotheke für die Seele.

Hörbuch-CD bei Hoffmann und Campe

Der Körper als Spiegel der Seele.

Vorträge auf CD im Rhythmusverlag

D-84381 Johanniskirchen, Hofmarkstraße 27, Telefon 00 49-(0)85 64 - 94 07 47, E-Mail: info@rhythmusverlag.de, Internet: www.rhythmusverlag.de)
Der innere Arzt, Gesetze des Lebens, Seelische Verletzungen, Visionen.

Vorträge/Tagesseminare auf CD, Video und DVD

Auditorium Netzwerk, D-79379 Müllheim, Hebelstraße 47, Telefon 00 49-(0)76 31-93 86 90, E-Mail: info@auditorium-netzwerk.de, www.auditorium-netzwerk.de

Adressen

Ausbildungen und Seminare von Ruediger Dahlke

Grundausbildung *Archetypische Medizin*. Weiterführende Ausbildungen: *Atemtherapeut-In, MeditationslehrerIn, FastenberaterIn, ReinkarnationstherapeutIn*.
Informationen:
Heil-Kunde-Institut Graz
Oberberg 92
A-8151 Hitzendorf
Telefon 00 43-3 16-7 19 88 85, Fax 00 43-3 16-7 19 88 86
Internet: www.dahlke.at
Internetportal: www.mymedworld.cc

Informationen zu Psychotherapien, Beratungen, Seminaren

Heil-Kunde-Zentrum Johanniskirchen
Schornbach 22
D-84381 Johanniskirchen
Telefon 0 85 64-8 19, Fax 0 85 64-14 29
Internet: www.dahlke-heilkundezentrum.de

Informationen zu Rita Fasel

Kontaktadresse in Österreich:
Taman Ga Center
Heil-Kunde-Institut Dahlke GmbH & Co. KG
Labitschberg 4
A-8462 Gamlitz
Internet: www.taman-ga.com
Internetportal: www.mymedworld.cc

Hand- und Fußdiagnosen, Workshops, Seminare
Internet: www.dahlke.at
E-Mail: info@dahlke.at

Irisdiagnosen: Internet: www.archimedes88.ch

Informationen zu Pascal Stössel

International Institute of Handanalysis
Pascal Stössel
Roosstrasse 33
CH-8832 Wollerau
Telefon 00 41- 4 46 87 60 90
Internet: www.handanalysis.ch
E-Mail: info@handanalysis.ch

DANK

Wir danken Raïssa Lara Fasel für Grafik-
ideen, die vielen Fotos und vor allem
für ihre Geduld, Pascal Stössel
für Anregungen im Handteil
und besonders für seine Ana-
lysen unserer beider Hände,
Lucia Nirmala Schmidt für
ihre schönen Chi-Yoga-Füße,
Leanja Kaiser für ihre bering-
ten Finger. Dank geht auch
an Dorothea Neumayr für die
Mitarbeit bei einigen Bildern.
Den mit Hand und Fuß beteilig-
ten Therapeuten aus der Ausbil-
dungsgruppe »Verbundener Atem«
2008/2009 in Montegrotto danken wir,
dass sie uns so bereitwillig Modell standen.
Marion Schulz und Christine Stecher danken wir
ihre Hilfe und Geduld.
Regina Etter danken wir den Fuß-Funken, den sie Rita vermittelte.

»Atem holen ist das Klügste, was man tun kann, wenn sich die Welt immer schneller dreht …«

Der Bestseller von Deutschlands bekanntester Yoga-Botschafterin

128 Seiten, Hardcover
12,90 € [D] / 13,30 € [A] / 23,90 sFr
ISBN 978-3-8338-0762-6

Kartenbox, 20 Karten, 24 Kartenstützen,
4 Zielkarten, Leporello, 12,7 x 8,7 cm
9,90 € [D] / 10,20 € [A] / 18,90 sFr
ISBN 978-3-8338-1245-3

Schnelle Übungen für jeden Moment des Alltags.
Ob im Bett oder im Auto, im Büro oder im Warte-
zimmer – wer will, kann es sich mit yoga für dich
überall und jederzeit gut gehen lassen.

Gräfe und Unzer

DIE FORMEN DER ZEHEN UND ZEHENENDEN UND WAS SIE BEDEUTEN

Rundes Ende: freundliches, relativierendes und taktvolles Benehmen; Neigung zu Gehorsam in Verbindung mit viel Diplomatie oder Ängstlichkeit.

Kantiges Ende: kompromisslos nach außen gebrachte Energie; plötzliche, unvermittelte kraftvolle Äußerungen unter Verzicht auf Takt und Diplomatie.

Spitzes Ende: durchdringend geäußerte (keilförmige) Energie; plötzliche heftige bis donnernde Bemerkungen (wenn das Maß voll ist).

Flaschenhals: zeitweise behinderte Energie; gehemmter, zögernder und gebremster Energiefluss.

Reservoir: über lange Zeit gestaute Energie.

Verbreitertes Ende: gemächliches, aber bestimmtes Herantasten an lange vorhandene Probleme. Je nach Entwicklungsstand großes wachsendes Sicherheitsbedürfnis und Festhalten an alten Überzeugungen (Entwicklungstendenz zu kantigem Ende).

ILLUSTRATIONSTAFEL

Oben links: die Zuordnung der Urprinzipien (S. 52ff.)

Oben rechts: die Fingerabdrücke (S. 77ff.)

Unten: die Zuordnung der Chakren am linken und am rechten Fuß (S. 146ff.)

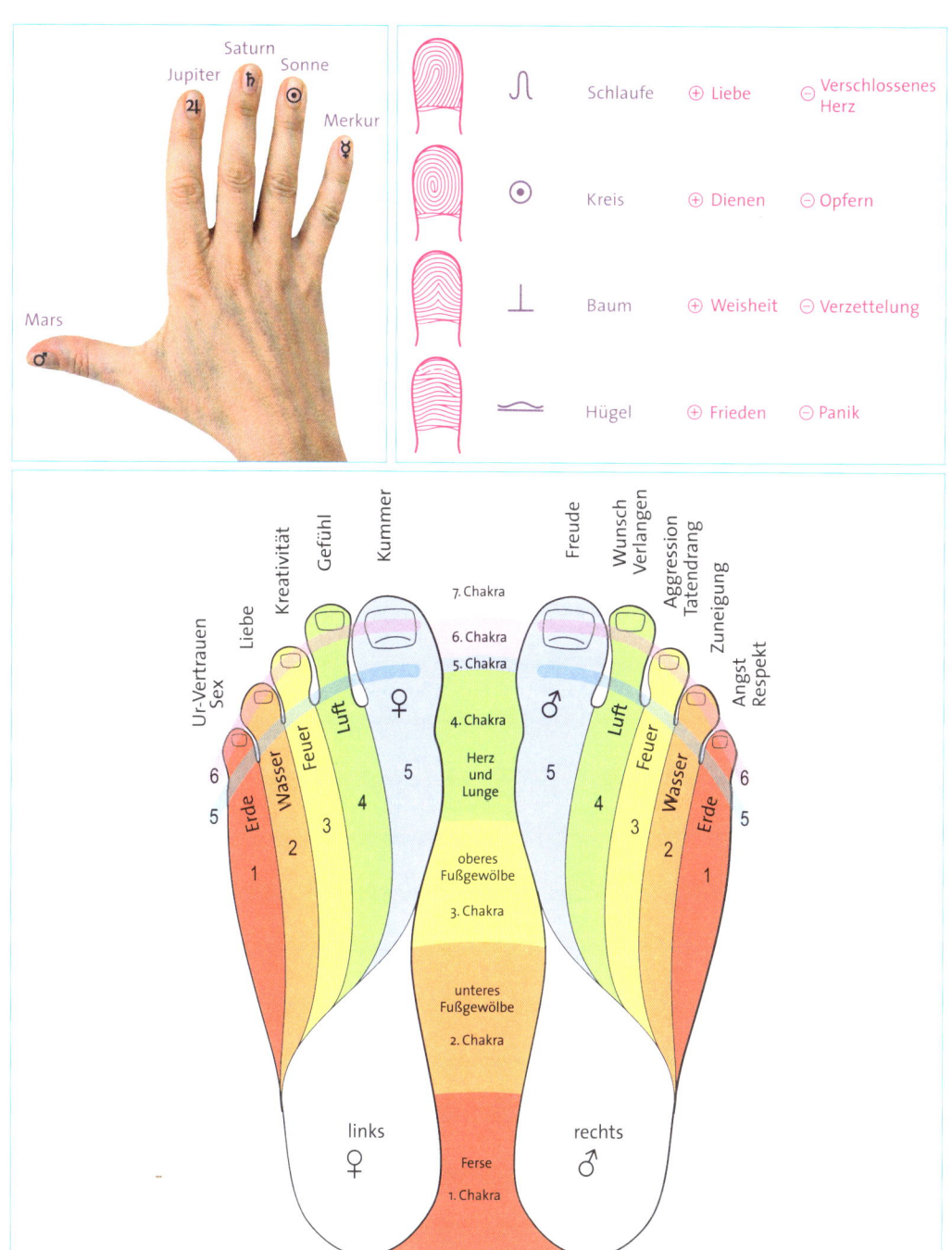